JN410787

목은 이색의

목은 이색의 철학적 인간관

지은이 박경심
펴낸이 김기창

편집디자인 김숙경
표지디자인 정신영
초판 1쇄 펴낸날 2009년 9월 15일

도서출판 문사철
서울특별시 종로구 명륜동 1가 51번지 트리플 빌딩 102호
전화 02)741-7719 / 팩스 0303)0300-7719
전자우편 bk010@naver.com
출판등록 제 300-2008-40호
ISBN 978-89-93958-00-3

책값은 뒤표지에 있습니다.

목은 이색의

철학과 인생관

박경심 지음

도서출판 **문사철**

서 문

목은 이색은 고려시대 대문호大文豪로 알려져 있지만 실은 한국성리학의 태두이다. 그는 고려 후기 사대부로서 송명리학을 수용하며 한국의 성명의리학을 토착화 시킨 인물이다.

한국유학을 논함에는 몇 가지 중요한 기본 관점이 있다. 첫째는 한국유학과 중국유학의 차별성에 관한 것이며, 둘째로는 중국유학이 한국에 전래 수용되는 과정이 어떠한가에 대한 문제이다. 이러한 문제를 정립해 줄 수 있는 인물이 바로 목은牧隱 이색李穡(1328~1396)이라고 할 것이다. 그는 공자학의 정수를 성문심법聖門心法으로 파악하여 한국에 토착화 시킨 홍유鴻儒라 일컬을 수 있다. 그의 성리학 이론 가운데 천즉리, 천인무간, 체용일원, 물아일체 등의 명제들은 정주도학程朱道學을 한국에서 심화 발전시켜 체계화가 이루어진 이론들이다.

이런 사실에도 불구하고 1980년대 이전에는 목은철학에 대한 학문적 평가가 그다지 높지 아니하였다. 그것은 조선조 건국과 관련하여 그의 제자인 정도전에 의한 역사적인 폄하와, 목은은 문학을 위주로 하고 불교를 곁들였으며 도학道學에 대해서는 별로 정확히 설파한 것이 없다는 퇴계 이황의 비평에서 영향을 받은 것이다. 그러나 조선조 중기 우암 송시열에 의한 목은의 의리사상에 관한 올바른 해석은 목은의 학문적 업적과 명예를 재평가 하는 좋은 자료가 될 수 있는 것이다.

목은은 한국유학을 철학적 인간학의 단계로 정착을 시켜, 성리학을 이론과 실천이 겸비하는 성명의리지학으로 조선조 유학의 정초를 마련해 준 것이다. 그는 천도가 인도 가운데에서 실현되는 것을 도학의 핵심주제로 삼았으며, 그는 천과 인이 간극이 없다는 이론의 기초위에서 중화적 실천을 이루어내는 것이 일중一中의식이라고 강조하고 있다. 일중이란 다름이 아니라 정일집중精一執中을 말하는 것이다. 중이란『역경』에서 말하는 경이직내敬而直內하고 의이방외義而方外한다는 말이다. 다시 말하자면 내적으로는 성명의 덕성을 경敬공부로써 함양하고 외적으로는 의리義理로써 인人·물物과 대응해야 한다는 것이다. 이른바『중용』에서 중화中和를 이룩함으로써 천지위언天地位焉하고 만물육언萬物育焉한다는 뜻은 천지만물 모든 것들이 인간을 포함하여 제자리에 제대로 자리 잡아 생동하는 것을 의미하는 것이다. 이와 같이 인성론을 중심으로 하는 조선조 유학의 주요 실천덕목으로서 제시된 성誠사상과 경敬사상이 목은에게서부터 제시되고 있는 면모를 우리는 살필 수 있다. 따라서 그는 조선조 유학사상의 특성이 성명학과 의리학을 합치하는 도학사상으로 전개되는 방향을 제시한 것이다.

본서는 2005년에 학위논문으로 제출한『목은 이색의 철학사상연구』와 부논문으로 작성한 목은의 성리학에 관한 글, 그리고 학위논문에서 미처 해명하지 못한 목은의 중화 실천유학에 관한 부분을 보완한 것이다.

필자는 만학도인데다 학부에서는 중국 어문학을 전공하고, 십 여 년간 성균관대 석박사과정에서 유교철학을 전공하였다. 그 과정에서 경전해석방법과 한문고전해독에 많은 어려움을 겪은 것이 사실이다. 재주가 비천하고 학문도 깊이 천착하지 못하는 처지에 부끄러움을 무릅쓰고, 이 책을 꾸려낸 것은 여러 선생님의 지도와 자상한 도움에 힘을 입었다. 한국유학사상에 대한 탐구에 방향을 잡아주신 도원 유승국교수님과 원전 해독에 큰 도움을 주신 양홍렬선생님, 임정기선생님께 깊은 감사를 드린다. 그리고 논문주제를 선정하고 집필과정을 격려해주신 이정복교수님. 목은사상의 주요체계를 세워주신 이기동교수님, 최영진교수님 그리고 논문심사를 맡아 지도해 주신 오석원교수님, 안재순교수님과 지도교수를 맡아 애써주신 서경요교수님께 심심한 고마움을 드린다.

아울러 이 책을 어려운 여건 속에서도 불구하고 기꺼이 출판을 권유하신 도서출판 문사철 김기창사장님께 깊은 사의를 표하는 바이다.

모름지기 본서가 나옴에 따라 한국성리학사의 형성과정에 새로운 시각이 제공되는 성과가 있기를 바라는 마음이 간절할 뿐이다.

2009년 8월

연당서재 蓮塘書齋에서

박 경 심 근지謹識

차 례

목은 이색선생 영정

이끄는 글

고려사대부 목은의 성명의리학 개척

이 글은 고려 후기 한국성리학의 대학자인 목은牧隱 이색李穡(1328~1396)의 철학적 사유체계와 그 실천의 요체를 파악하기 위한 연구이다. 목은의 철학적 사유체계는 정주학程朱學의 범주 속에서 유불선 삼교사상을 원융적으로 발전시키고 있다. 그는 유학의 정수를 성학聖學의 심법心法으로 이해하고, 그 전통을 계승했을 뿐만 아니라 독자적인 가치판단으로 유학의 이론을 철학적 인간학의 범주로 발전시켰다. 목은은 신흥 사대부士大夫의 가문에 태어나 사대부 학자와 중국 국자감의 학자들과의 교류와 교수를 통해 도학의 은미한 뜻을 강구하였다. 그는 당시 학계의 원로로서 성균관 대사성[1]을 맡아 고려 후기의 유학적 학풍에 철학적 사유체계를 도입한 성과를 이룩한 것이다.

고려 전기 유학은 사장학詞章學[2] 중심의 유학사상이 주를 이루는 것에 반해, 고려 후기의 유학은 사대부 사회가 송원 시대의 정주학을 수용하여

1. 성균관의 으뜸벼슬

2. 문사를 통칭하는 말로 뒤에는 시문 잡문통칭. 도학의 상대적인 명칭으로 사장학이라 불렀다

철학적 사유를 전개하는 단계로 발전했다. 고려 후기에는 한국 성리학의 수용 단계와 토착화 과정이 이루어지고, 그리고 조선조에서는 성리학의 독자적 발전 단계로 보아야 한다. 따라서 한국유학사의 흐름에서 이른바 '여말선초'로 묶는 시대구분은 세분화하여야 한다. 왜냐하면, 목은은 정주도학을 고려 후기에 한국적 토착화를 마련함으로써 성명학과 의리학을 합치하는 성명의리지학性命義理之學을 집대성한 인물이기 때문이다.

고려시대는 조선조와 달리 불교를 중시했다. 그러나 고려 불교는 호국불교 차원에서 사원寺院에 대한 특혜가 이루어져 사원경제가 국가경제를 좌우하게 되고, 승려는 국사國師나 왕사王師의 지위까지 누리게 되어 왕권에 버금가는 권한을 지니기도 하였다. 그럼에도 불구하고 중국 송원 시대의 유학적 영향을 받아 나라를 이끌어 가는 정치 방면에서는 유교적 지성에 의한 윤리정치를 시행하였다. 고려 태조의 「훈요십조訓要十條」는 유교적인 내용이 절반을 차지하고 있다. 제3조에서 요堯가 순舜에게 선양禪讓하는 제도[3]를 도입할 것과, 제10조에서 경사經史에 박람博覽하고 주공周公이 『서경』의 「무일無逸」편으로 성왕成王에게 경계하도록 하는 내용 등에서 치국에 대한 유교적 정치사상을 볼 수가 있다. 광종 9년(958)에는 과거제를 시행하고, 태조 때 서경과 개경에 교화기구로 세운 학교를 계승하여 성종 11년에 국자감을 세웠다. 또한 공자묘를 세워 현종 때 신라의 선현인 설총薛聰(생졸 미상)과 최치원崔致遠(857~ ?)을 사당에 종사從祀[4]하는 일련의 일은 불교와 다른 현세적인 유교의 교화적 역할을 분명하게 드러내 주는 것이다.

3. 선양제도란 왕위를 부자가 세습적으로 계승하지 않고 다른 신하에게 물려주는 것을 말한다. 요堯임금 이후에 천자의 지위가 그 아들 단주丹朱에게로 가지 않고 순舜에게 왕위를 넘겨주고 순은 우禹에게 왕위를 넘겨주었는데, 재위기간에 나라 안에서 인재를 골라 통치 경험을 쌓게 한 후에 다음 왕위계승자로 지명해서 뒤를 잇게 한 것이다.

4. 문묘나 사원에 학덕이 있는 이의 입회를 배향配享하는 것을 말한다.

유교의 사회적 교화는 세상을 문화적으로 성숙시키기 위하여 예교禮敎를 통한 '이풍역속移風易俗'이 주제이다. 다시 말해서 고려 전기에는 유교의 역할이 문화적으로 풍속을 교화하는 것이었다면, 후기에는 정주학이 수용된 이래로 불교의 사회적 폐해를 구제하기 위해 신흥 사대부들에 의해 유학사상이 고취되었던 것이다. 고려 건국 당시부터 정치와 종교에는 유교적 정치사상이 주를 이루며, 그 후 중기에는 정치질서와 사회질서를 바로 잡기위한 개혁 정책으로서 유학자인 최승로崔承老(927~989)의 시무책時務策이 건의되기도 한다. 그 시무책에 보이는 바와 같이, 불교와 유교의 역할이 분할되어, 불교는 수신 부분을, 유교는 정교政敎의 부분을 구분하여 담당하게 되었다. 고려시대에서 유학의 학문적 보편화는 최충崔沖(984~1068)이 사학私學을 발전시킴에 의해 이루어진다. 이러한 유학사상은 신흥 사대부에 의해 원대 정주학이 수용되는 과정으로 발전하여, 고려 후기에는 정주학의 진수를 심도있게 파악하여 심화시켜가는 단계인 것이다.

고려왕조에서 유학이 흥기하게 된 요인으로는 고려가 대외적으로 몽고의 침략과 간섭을 받아 국가 통치체제가 불안하고, 호국불교가 기복祈福적인 사상으로 기울어져 그 기층이 해체되기 시작함에 있는 것이다. 한편 유교는 불교와 공존할 수 있는 방안으로 불교의 병폐를 지적하여 개선할 것을 제기하였다. 목은은 상소문 「억이단抑異端」에서 승려가 출가할 때에 국가가 그 신분을 공인해 주는 승려의 도첩제度牒制를 도입하여 승려의 수를 억제하여야 사원이 사리私利의 소굴이 되지 않을 것이며, 국고의 탕진을 막을 수 있다고 왕에게 건의하기도 했다.

고려 후기 유학의 본격적인 부흥은 신흥 사대부에 의하여 이루어진다. 이는 송대 초기의 사대부형성과 유사한 점을 찾아 볼 수 있다. 고려 후기에 수용한 원대 정주학은 그 당시 원나라 연경(지금의 북경)을 왕래하던 사신들 중 안향安珦(1243~1306)이 접한 신유학이다. 이는 남송의 이학理學

이 아니라, 남방의 유학자가 북방으로 올라가 형성한 원대 이학理學인 것이다. 바로 일종의 국가에서 설립 운영하는 관학官學적인 성격을 지니는 원대의 신유학은 주로 조복趙復(1215~1295), 허형許衡(1209~1281)등이 주도하는 정주학이 중심이 된다. 그 후 고려에서는 신진사류인 백이정白頤正(1260~1340), 박충좌朴忠佐(1287~1349), 이제현李齊賢(1287~ 1367), 이곡李穀(1298~1351), 이인복李仁復(1308~1374), 백문보白文寶(1303~1374) 등이 연경을 왕래 교류하며 신유학을 수용하여 연구하고, 송학의 기본적인 교과서로서 『주자집주朱子集註』와 『정자역전程子易傳』 등을 수입한다. 그 후 목은에 의해 고려유학이 성명의리지학으로서 이른바 '동방이학東方理學'으로 토착화되고, 그의 제자들인 정도전鄭道傳(? ~1398), 권근權近(1352~1409) 등에 의해 조선조 성리학으로 계승 발전되었다. 한편 목은은 정몽주鄭夢周(1337~1392)를 '동방이학의 조祖'라고 평가한다. 이는 고려 후기 유학이 정주학을 수용하여 독자적으로 발전시킨 점을 중시한 것이다. 따라서 '동방이학'이라고 부르는 것은, '달가達可(정몽주)의 논리가 대단히 정연하고 탁월해서 이치를 논하는 것이 이렇게 말해도 저렇게 말해도 이치에 맞지 않는 것이 없다.'[5]는 내용에서 볼 수 있듯이, 동방이학의 이학이란 고려 유학이 논리적 체계가 있다는 것을 의미하는 것이다. 이와 같이 도학道學이나 성학聖學, 심학心學이라고 표현하지 않고 이학理學이라고 한 것은 고려 후기에 수용된 정주학에 대하여 철학적 사유가 시작되고 있다는 점을 의미한다. 또한 당시 성리학을 '성명의리지학'이라고 지칭하기도 한다. 이는 성명학性命學의 철학적 사유와 인간학의 의리학적 실천을 분리하지 않고 연마하는 학문이라는 의미를 지니고 있다. 따라서 우주론을 바탕으로 인간 수양론의 범주를 주제로 삼고 있다는 것

5. 『三峯集』 卷3, 「圃隱奉使橋序」 : 牧隱先生 喜而稱之曰 達可豪爽卓越 橫說竪說 無非的當

이다. 이러한 점에서 목은은 『중용中庸』과 『역경易經』의 연구를 통해 우주론적 천도관과 인간심성에 대한 이론과 덕성의 실천을 종합하여 이른바 '천인무간天人無間'의 논리를 제시한다. 이는 천인의 관계를 논함에 있어 천도와 인도가 합일된다는 정주학의 '천인합일天人合一'사상과는 다른 것이다. 천인이 접전摺轉으로 분리되지 않는다는 견지에서, 인도가 천도와 간극이 없다는 이론으로서, 인간 생명체 중심의 관점으로 전환되는 학설이다. 다시 말해서 목은은 도학적 시각에서 모든 생명체의 본질을 체인하고, 물아일체物我一體의 경지를 논의하고 있는 것이다. 이와 같이 원대元代의 정주학이 고려 후기에 토착화되어 조선조 성리학으로 심화되며, 독자적으로 발전하는 토대를 마련해 준 성리학자는 바로 목은牧隱 이색李穡이라 할 수 있는 것이다. 목은은 송원유학의 철학적 개념을 수용 계승하였지만, 전수에만 그치지 않고 독자적으로 심화시키고 있을 뿐만 아니라 당시의 시대정신으로 유불선儒佛仙 회통會通의 체계를 세우고자 하였다. 또한 동인의식東人意識을 바탕으로 하는 역사인식에서 토착화된 고려유학의 성명학과 의리학을 체계화한 것이다.

목은은 포은圃隱 정몽주鄭夢周, 도은陶隱 이숭인李崇仁과 더불어 '불사이군不事二君'했다는 정치적 결과를 두어 '삼은三隱'[6]이라 칭해지고, 고려후기의 학자로서는 드물게 문집이 방대하여 대문호라고 평가한다. 따라서 그는 문학적으로 높은 평가를 받아 고려 오백년 동안에 문장으로서 가장 이름난 문장가이다. 한편 목은은 한국유학사에서 중요한 지위를 지니는 도학자로서 한국 성리학의 원천을 제시하는 철학자이기도 하다.[7]

6. 三隱에 관한 설은 목은 이색과 포은 정몽주, 도은 이숭인, 또한 목은, 포은, 冶隱 吉再를 말하는 두 가지 설이 있다. 후자는 계룡산 동학사의 삼은각에 삼은을 향사한데 연유한다. 그러나 河崙은 야은 대신 도은을 삼은이라 한다. (『東文選』 卷93, 「遁村先生雜識序」 참조) 목은은 「포은재기」와 「도은재기」에서 삼은을 논하고 있다. 또한 益齋 李齊賢과 목은을 二隱이라 하며, 목은, 포은, 도은을 삼은이라 한다. (『湖巖全集』, 文一平 참조)

먼저 목은사상에 관한 연구 성과를 검토함으로써 그 연구범위와 방법을 모색하고자 한다.

목은의 철학사상 체계에 관한 연구는 1980년대 이전에는 미미하였다. 문학연구 영역에서 그의 성리학적 세계와 시문학의 관계를 논하거나 사학적史學的 검토 과정에서만 한 부분으로 그의 학풍과 사상을 소개하는 정도이었다. 유학사적 연구 방면에서도 "목은의 학문은 대개 문장을 위주로 하고 불교를 곁들였으며 도학에는 별로 정확히 설도한 곳이 없었으니, 후일 이황李滉(1501~1570)의 평과 같다."[8]라는 수준에서 주목 받지 못하였다. 그 후 본격적인 목은 사상의 철학적 연구는 『고려유학사』[9]에서 「이색의 계왕개래적繼往開來的 위치와 학설」이라는 제목으로 심도 있게 분석하였다. 여기에서 목은의 경륜사상은 개량改良주의이며, 목은의 문학관은 상질尙質주의이며, 성리학의 도학관, 천인물天人物일체관, 리기심理氣心일통관, 그리고 역용易用학일도관에서는 『역경』에 관한 학설과 『중용』에 관한 학설 등으로 세분하여 논의하고 있다. 그리고 이어서 결론적으로 고려유학은 『중용』을 중시하였는데, 이러한 전통은 목은에 의해 정주학의 영향을 수용함으로써 성학聖學 실천으로 정착되었으므로, 목은의 학문은 중화中和사상에 귀착하였다고 지적하고 있다.

뒤이어 『동아시아에서의 주자학의 지역적 전개』[10]에서는 목은의 천인무간설 이론은 주자학이 고려 유학에서 발전 심화된 내용으로 논의하고 있다.

1996년 목은선생 서거逝去 600주년을 기념하기 위해 목은연구회에서

7. 이기동, 『이색』, 성균관대출판부, 2005.

8. 이병도(李丙燾), 『한국유학사』, 민족문화추진회, 1987, 93쪽. 『退溪集』 卷2 참조.

9. 김충렬, 『고려유학사』, 고려대출판부, 1984, 176~189쪽.

10. 이기동, 일본 쯔꾸바대학 대학원, 박사학위 논문, 1985.

발행한 『목은 이색의 생애와 사상』에서 2편[11]의 논문을 찾아볼 수가 있다. 두 편의 논문은 목은의 성리학 이론, 불교, 도가관을 중심으로 한 내용과, 경학과 예학의 맹아萌芽, 성리학과 수양론의 정립, 벽불론의 전개 등에 관하여 개괄적인 고찰을 하고 있다. 최근의 연구로서 '한국 성리학의 원천'이라는 부제가 달린 『이색』[12] 단행본이 있다. 여기서는 제1부에서 목은의 생애를 시기별로 살피고, 제2부 목은의 사상에서 그의 사상적 기반, 철저한 수양철학, 정치적 실천철학, 초월원융철학, 그리고 목은 이후 한국 성리학의 세 흐름 등에 관하여 서술하고 있다. 또한 최근에 중국 북경대학중국철학문화연구소와 한국 목은연구회가 공동으로 개최한 「중한 목은 이색 학술사상 연토회硏討會」에 발표한 논문[13]들이 있다. 모두 12인의 논문으로 각자의 시각을 가지고 논의하고 있으나 목은의 철학사상을 공통적으로 논의하여, 종합적으루 망라하고 있는 특징이 있다.

한편 목은의 문집에는 정주학에서 논의하는 리기론이나 수양론에 대한 전문적인 저술은 보이지 않는다. 따라서 목은에게는 철학적으로 독립된 문편이 없다는 점에서 연구 자료가 부족하다는 제약이 따른다. 그의 성리학적 논설은 잡저雜著 형식의 산문으로 자세히 언급한 것이 아니라 도체시道體詩의 성격을 지니는 시문과 기설류에 나타나 있다.

목은의 시작詩作은 음풍농월吟風弄月을 읊기 위한 것이 아니다. 그의 다음과 같은 시편을 보면 그의 시작은 도체시의 격조를 지니는 것임을 알 수 있다.

11. 윤사순, 「목은 이색의 사상사적 위상」, 금장태, 「목은 이색의 유학사상」

12. 이기동, 『이색』, 성균관대출판부, 2005.

13. 그 목록은 다음과 같다.
유승국 : 목은사상과 세계화시대/ 이기동 : 목은사상의 내용과 특징/ 최영진 : 고려말기 조선 초의 사상동향과 목은의 역사가치/ 곽신환 : 목은 이색 군자론/ 유인희 : 신유학의 발전과 유학적 각색/ 김주창 : 淺談 家亭 李穀의 사상/ 陳來 : 牧隱이학사상 簡論/ 陳戰國 : 仁者之樂 – 牧隱의 精神境界/ 張學智 : 牧隱이색 유학사상의 연원과 특점/ 張敏 : 淺論 牧隱의 "隱也顯也"/ 胡軍 : 李穡牧隱 "天地萬物一體"說 解讀/ 李中華 : 牧隱思想의 儒學眞義.

평생 동안 호고好古함을 칭예稱譽하나, 平生稱好古
수시로 옮기는 풍속이 한스럽네. 風俗嘆移時
성인의 도는 글 속에서 찾거니와, 聖道書中覓
인정은 날이 추워진 뒤에야 안다오. 人情歲後知
청산은 약속이나 한 듯하고, 靑山如有約
대낮의 해는 무사無私하도록 바로 잡아주네. 白日正無私
다행히도 시 짓는 세계가 있기에, 賴是詩家地
참으로 노년을 의탁할 만하구나.[14] 眞堪托老衰

이와 같이 그의 시문에서 주로 언급하는 내용은 성인聖人의 도에 관한 것이다. 뿐만 아니라 정주학의 사유세계를 살필 수 있는 기록으로는 설류, 기문류, 서문류 등에 보이는 논설 등이 있다.

목은이 살던 당시 고려 학술계에는 성리학적 글쓰기, 철학적 개념의 정의와 대비와 분석을 위주로 하는 산문적 글쓰기가 아직 정착되지 않은 것이다.[15] 그러나 그의 시문에 표현되는 것은 유학의 철학적 사유와 인간학적 인생 체험이 수록되어 있다. 또한 목은의 시구에 "정주 도학은 천지와 짝하나니, 해와 달처럼 높아 의연히 행하도다."[16]라는 내용과 같이 그의 시는 성리학적인 분석 없이는 이해할 수가 없다. 따라서 본고에서는 그의 시문을 주된 자료로 활용하고자 한다.

본서의 구성은 다음과 같이 꾸려진 것이다. 맨 먼저 고려 후기 사대부로서의 목은사상의 특성에 관한 서설序說을 제시하였다. 목은의 철학적 사유체계를 이해하기 위해서는 그의 학문적 성장 배경에 대한 이해가 중

14. 『목은시고』 卷8, 「又作」.

15. 곽신환, 「이색의 학문관과 군자론」, 「中韓(2005), 목은이색학술사상연토회.

16. 『목은시고』 卷9, 「寄贈金敬叔少監」 : 程朱道學配天地 直揭日月行徐徐

요하다. 따라서 목은의 학맥과 정주학의 수용과 정착과정은 그의 학문세계를 이해하는 데 중요한 대목이다. 그는 가학家學인 이곡李穀의 학문과 사대부 학자들의 전통을 계승하고, 원나라 국자감에서 3년간 수학하여 정주학을 수용하고 있다. 특히 사대부 출신 학자인 이제현의 학문과 정치의 영향은 목은의 청년기 정치와 학문적 활동에서 중요한 전기를 마련해 주고 있다. 아울러 그는 송유宋儒들과는 다른 실천성에 중점을 둔 도통의식으로 실천유학의 성격을 동방이학東方理學에 접목시키며, 성균관 중흥을 통한 정주학의 철학적 사유세계를 제시해 주고 있는 것이다.

목은사상의 철학적 기반은 천지자연의 천문天文의 리理와 인문人文이 따로 떨어져 있는 것이 아니라 하나라는 개념을 위주로 한다. 그는 천리와 인성의 보편성을 중점으로 하늘의 이치와 인간의 이치가 하나라는 관념의 체계를 수립하고 있는 것이다. 그의 형이상학적 존재론은 현상계와 본체계의 관계는 간극이 없다는 현미무간顯微無間의 이론과 체용體用이 동일한 근원이라는 사유체계를 갖추어 철학적 인간학의 기반으로 삼고 있는 것이다.

그는 천즉리天則理이론과 천인무간의 주장에 따라, 그의 인간이해에서는 천인이 미분未分한다는 존재론을 중심으로 천지와 성인聖人이 같음을 말하고 있다. 인성과 물성의 근원은 다르지 않다는 '이동불이理同不異'함을 통해 물아일체物我一體라는 관념을 지니고 있다. 그리고 그는 천인 관계의 중화론을 바탕으로 인간의 덕성을 실천하는 인간군자론을 제시하고 있다.

이어서 목은의 성리학이해의 면모를 파악해보고자 한다. 한국사상사에서 고려 후기는 유불사상의 변환기에 해당한다. 특히 유학적으로 이 시기는 송대 주자학의 전성기를 지나고 원나라와의 교섭을 통하여 원대 주자학이 수용되어 토착화하는 과도기이다. 한국 학술사의 특이한 점은 외래사상을 받아들이는 데 있어 외래 학자에 의한 전래가 아니라 한국 학자에 의한 수용으로 독자적인 발전이 이루어진다는 것이다. 또한 조선

시대의 유학사상의 발전양상 등을 통해 볼 때, 한국과 중국 사이에 유학사상은 동 시대적으로 교류가 이루어지지 않았을 뿐만 아니라 그 특성이 다르다.

그럼에도 불구하고, 고려 후기의 성리학자인 목은 이색은 안향을 비롯한 여러 학자들에 의해 수용된 주자학을 원대 주자학의 기초 위에서 토착화하여 조선조 초기 도학사상의 토대를 마련한 것이다.

그가 남긴 「문록」과 「시록」의 시문을 통하여 불교관을 이해할 수 있으며, 이른바 도체시道體詩로 분류할 수 있는 시편들이 있으며, 또한 도가道家사상을 파악할 수 있는 시들이 있다. 한편 도학사상은 『소학』의 실천을 통한 실현유학이므로, 조선조 초기 도학자들과 마찬가지로 단편적인 저술만이 남기고 있는 것이다. 그리고 그 당시 사회가 배불론을 내세우는 시대였음에도 불구하고, 부처와 성인을 동일시함으로써 영불佞佛하였다는 평가[17]는 이른바 '단장취의斷章取義'하는 방법론의 잘못이며, 또한 유불도 삼교가 회통하는 당시의 학술적 경향성을 배제한 것이다.

이러한 한계점은 근본적으로 목은을 고려 유학자로 보는 것이 아니라 조선 유학자로서 보고 있는 시각의 잘못에서 기인하는 것이다. 그가 고려 후기 변환기에 남긴 업적은 절의정신의 고양과 아울러 그는 관학 차원의 성균관에서 본격적으로 성리학을 강의하여 정도전, 권근 등의 학자를 양성한 것이다.

목은은 원나라 유학留學과 벼슬살이(사환仕宦)를 통하여 직접 원대 관학인 허형許衡(자는 중평仲平, 호는 노재魯齋)의 실천적 성리학을 접하게 된다. 그리고 원유元儒 구양현歐陽玄(1328~1396)과의 교유는 과거볼 때의 시관인 좌주座主와 문생門生간으로 학술교류가 이루어져 원대 성리학의 진면목을 파악하게 된 것이다. 그는 성명의리의 탐구에 있어서도 성리

17. 한국유학사, 이병도, p. 92.

철학을 실천적으로 이해함으로써 원대 성리학을 고려후기에 토착화하였으며, 조선조 도학사상의 초석을 마련한 유종儒宗이 된 것이다.

그의 사유체계 속에 중요하게 자리 잡은 유불선의 사상적 원융은 나옹懶翁 혜근慧勤(1320~1376)과의 교류에서 비롯한 것이다. 그리고 목은과 행촌杏村 이암李嵒(1297~1364)과의 사제관계는 목은의 유선儒仙의 혼융과 천리본연의 관한 논의를 가져오게 한다. 이는 그의 철학사상을 파악하는 중요한 요체이다. 또한 목은의 불교인식과 유가와 불가가 인간학적 관점에서는 원리적으로는 같으나 교리적으로는 서로 다르다는 주장을 하고 있다. 한편 목은의 유유자적한 삶을 통하여 그의 선교인식을 알 수 있다. 그는 유불儒佛의 중도中道사상과 자연과 일상의 중화주의, 그리고 자연과 선정禪定의 융해를 주장하여 유불선을 원융시키고 있다.

그의 철학적 인간학의 실천체계는 도학의 중용적 실천이 이루어져야 한다는 사상을 바탕으로 그의 유학사상의 핵심인 중화사상의 실천이론이다. 도학사상은 득도得道보다는 행도行道에 주안점을 두는 사상이다

따라서 그의 도학사상은 중정中正의식을 위주로 하는 실천사상이다. 또한 성경誠敬관념을 중심으로 하는 그의 수양철학의 내용이며, 중화사상에 따른 권도權道의 실천사상이며, 생사일여生死一如라는 초월적이며 융해적인 실천사상이다.

이러한 고찰을 통하여 목은의 철학사상은 그 기반이 천인이 무간하다는 체용일원적 사유체계를 가지고 있으며, 인간 심성의 수양을 통해 인간존재를 현실에서 유유자적할 수 있는 원융철학적 견해를 지니고 있음을 알 수 있는 것이다. 따라서 한국유학의 도학적 전통이 『소학』의 실천에 있고, 성학적 도통 계승은 공문孔門 심법心法의 요체가 되는 『중용』에 있으며, 조선조 성리학이 인간이해를 위한 인성론으로 발전하는 기반을 이해할 수 있는 것이다. 목은 사상의 특징은 철학적 논리구조와 윤리적 실천체계를 하나의 범주 속에 총괄시켜 철학적 인간학으로 정립하고 있는 것이다.

조선조 유학이 실천유학 중심사상으로 전개되는 양상의 원천이 되는 관점은 그가 중화실천의 이론을 체계화하고 있다는 점이다.

목은의 학문형성을 다시 정리해보면 고려의 유학자들과 원대유학자들에게서 많은 영향을 받았다. 송원宋元의 성리학은 고려유학자 안향安珦의 도입으로부터 조선조에서 발전하게 된다. 목은은 고려의 숭문관崇文館에 들어가 선배들의 유학적 소양을 습득하고, 부친 이곡李穀에 힘입어 원나라의 국자감國子監에 입학하여 정주학程朱學의 진수眞髓를 전수받고, 한국 유학이 철학적 인간학으로 발전하는 계기를 마련하였다. 그것은 고려 사대부 출신의 학자들에게서 영향을 받고, 또한 원대 사대부 학자들과의 교류를 통해서 송학의 진수를 수용하여 이루어진 것이다. 원대의 신유학은 주로 조복趙復, 허형許衡 등이 주도하는 정주학이다. 원대 유학자들의 사상적 기반은 『소학』의 실천사상이다.[18] 목은은 유학 당시 원대의 정주학을 주도하던 허형許衡의 문인인 구양현歐陽玄의 교수를 통해 계승 발전시켜 중화의 실천의식을 강조한 것이다.

한편 그의 사상적 핵심은 유교儒敎의 중화의식과 실천에 두고 있다. 그는 유불도 삼교를 융화적으로 회통시키고 있다. 그의 불교에 관한 인식은 '위인爲人'에 관주貫注하여 이해하고 있으며, 또한 그의 도교에 대한 인식을 통하여 그의 삶이 유유자적한 처세로 허허虛虛한 세계를 이루도록 하였다. 이러한 융화는 역시 중도中道 관념을 그 핵심으로 삼고 있음을 알 수 있다. 그의 인생체험이 도학적道學的이며 성학적聖學的으로 실천되는 것도 이러한 영향에 의한 것이다. 그는 도학적 실천으로서 중정中正의식에 의해 일상의 도가 행해지는 군자의 처세를 제시하고, 성경誠敬사상의 수양을 강조하여 성인의 도를 실천하고 있다. 따라서 그의 권도에 따른

18. 『魯齋遺書』 卷9, 「與子師可」 : 小學四書 吾敬信如神明 自汝孩提便令講習 望於此有得 他書雖不治無憾也

실천도덕은 『중용』의 성誠 사상을 현실에 구현하는 언론을 통하여, 중화적中和的으로 융해하는 실천이다.

고려시대의 유교의 지위는 수신의 근본을 불교에 분할한 채 나라 다스리는 경세의 방면만을 분담하는 실정이었다. 그러다 정주학이 본격적으로 수용된 이후에야 비로소 유교적 교화와 유교의 인륜정치가 행해져서 유교 본래의 명분을 찾게 된 것이다.

고려 말의 정국은 명나라가 새로 세워지자 친원 보수 세력과 친명 신진 세력으로 나누어져 역성혁명관과 개량주의 정치관으로 그 주장이 달라졌다. 이러한 시기의 정치현실은 우왕을 폐출하고 신돈이 창왕을 내세워 국권을 장악하였던 시기이다. 이러한 정황에서 은자隱者는 어떤 정세를 피하여 숨는 것이 아니라 '시중은자市中隱者'라는 말과 같이 그 상황 속에서 중화적으로 실천하는 사람이라고 할 수 있다.

목은의 중화의식은 유가에서 고대로부터 도통으로 전해 오는 이른바 공문심법, 유가의 사유방법으로 이론과 실천을 겸한 마음 씀씀이라고 풀이할 수 있다. 그는 정치적 시련을 이러한 중화의식으로 극복해서 철학적 인간학의 사유체계와 그 실천을 몸소 보인 것이다. 그의 수양론의 핵심은 '호연지기浩然之氣'를 기르는 양기설이다. 그는 실리를 중리中理로 파악하고 있다. 따라서 그의 중화론의 기반은 주관을 객관화하는 반관反觀의식과 바르게 하여 굳어지는 정고貞固의식과 실천적으로 자신을 곧추세우는 중정中正의식에 두고 있다.

유교의 이상은 인간 세상은 자신이 살고 있는 현실을 부정할 수 없다고 보고, 천하에 대도大道가 행하여져 믿음의 기반을 가지면서 화목을 닦아 개인의 안녕만을 추구하지 않고 인간이 서로 어울려 살아가는 대동세계大同世界를 구축하는 것이다. 따라서 현실의 생명보다 그 생명의 가치를 생각하여 자신을 객관화하는 것이 인간의 의리 실천이며, 그 실천은 중정의식과 정고의식에 바탕을 둔 중화사상의 실현인 것이다.

1

목은의 학맥과 정주도학

가학 계승과 원조元朝 태학太學의 유학遊學

목은牧隱 이색李穡(1328~1396)은 고려 후기 사대부사회의 출신으로 문신文臣과 학자를 겸한 가정稼亭 이곡李穀(1298~1351)의 자제로 태어났다. 그의 휘는 색穡, 자는 영숙穎叔, 호는 목은이다. 충청도 한주(지금의 한산) 사람이다. 목은은 유년기인 8세(1335 충숙왕 복위4)부터 한산에 있는 숭정산 절에서 글을 읽기 시작했다. 14세(1341년 충혜왕忠惠王 2년)에는 강화도 교동 화개산에서 독서하며 승려인 송성총宋性聰의 권유로 성균시에 응시할 기회를 얻어 가을에 성균관 시에 합격하였다.[1] 당시 부친은 원나라 연경(지금의 북경)에 체류 중이었으며, 모친은 아직 목은을 어리게만 보고 계셨기에 아이가 분별없이 행동하는 것으로 여겨 종이도 주지 않았다. 그러나 송성총은 종이를 사주며 응시할 것을 적극적으로 권하여 시험장에 나갔다가 진사시에 합격한 것이다.[2] 목은은 송성총의 영향을 받

1. 牧隱硏究會, 『牧隱李穡의 生涯와 思想』, 一潮閣, 1996, 386쪽.

은 것에 대하여, '한산자韓山子여! 한산자여! 그대는 곧 송씨가 만들어 놓았구나.'라고 하여 송성총에게 처음으로 인정받아 은덕을 입음을 노래했다. 목은의 행장에는 목은이 총명하고 지혜가 뛰어나서 스스로 글을 읽을 줄 알고, 보기만 하면 외웠다 한다. 또한 이인복李仁復(1308~1374)은 '목은은 참으로 천재다'라고 말했다.[3] 그러나 목은 자신은 14세에 합격한 것이 실력에 의한 것이 아니라 요행에 의한 것이라 하여 더욱 학문에 힘쓸 것을 스스로 다짐했다.[4] 진사시에 합격한 후 지은 시에서 "중화中華에 유학하여 앞날에 뜻을 이루고자 더욱 힘쓰리라"고 읊어 부친이 계신 곳에서 학문을 닦고자 했다.[5]

목은은 15세에 20세 연상인 이인복을 처음 알게 된다. 목은은 이인복의 묘지명에, 이인복은 목은의 스승인 이제현李齊賢(1287~1367), 그의 부친 이곡과 학문적 경향을 같이 한 인물이라고 기록했다. 바로 "이인복은 천자의 조정에서 대책을 할 때 나의 선고先考 이곡에게 물어서 깊은 뜻을 풀었다"[6]하였다. 목은은 이인복의 제문에서 이인복의 거동을 본받았다고 했다. 또한 목은은 이인복과 함께 이곡의 추천을 받아 충열왕 · 충선왕 · 충숙왕의 실록을 편수하고, 시중侍中 이제현과 같이 편찬 작업을 하

2. 『牧隱文稿』 卷20, 「宋氏傳」 : 先君 在燕都 大夫人 又少予 聞吾欲赴試曰 汝必妄也 汝之學 必不合赴試 汝必忘也 不然 則人必誑汝爾 不給紙扎 宋氏 自市紙扎 勸益力 予不獲已旣試 偶中

3. 李光靖撰, 『牧隱先生年譜』, 述先錄, 回想社, 1987, 32쪽.
李光靖이 年譜서문에 "이 연보는 누가 작성한 것인지를 알 수 없으며 내용이 生卒과 官職만이 있는 것뿐이고 선생의 평시의 높은 언행은 기록되어 있지 않으며 權近과 河崙의 行狀과 碑銘을 지었으나 換朝革命의 시기이라 이조의 佐命功臣으로 고려조의 事績을 사실대로 기록할 수 없음을 알고 … 선생의 事績을 정당하게 사실대로 밝히는 자 없었음은 슬프고 한스러운 일 이었다"고 밝히고 있다

4. 『목은문고』 卷20, 「宋氏傳」 : 予因自念 僥倖而得爾 非吾實有才也 學不可以不力

5. 『목은선생년보』, 李光靖撰, 述先錄, 回想社, 1987, 28쪽.

6. 목은연구회, 『牧隱李穡의 生涯와 思想』, 一潮閣, 1996, 35쪽.

기도 했다.[7]

목은은 16세에 성균관의 사서오경四書五經을 공부하는 구재도회九齋道會에 나가 공부한다. 18세 때는 대둔산大芚山 등에서 계절에 따라 산사를 옮겨가며 독서를 했다.

목은은 부친의 훈도를 받아 가학을 승계하고,[8] 주변 사대부와의 교류를 통해 학문적 성장을 이루었던 것이다. 다음은 그 당시 부친 이곡이 연경에서 목은에게 권학할 것을 당부하는 글이다.

> 남아가 벼슬을 하려면 제왕의 도읍에서 해야 할 것이고, 자아를 세우려면 두루 노력을 기울여야 한다. 너는 공자께서 천하가 작다 한 말씀 기억하리라, 자기 몸이 태산의 정상에 올라간 까닭이다. 남아는 30세 전에 독서를 게을리 하지 않아야 한다. ……[9]

일반적으로 고려 전기의 유학은 사장학詞章學의 성격을 지닌 학문으로 최충에 의해 사학私學을 중심으로 유교의 경전 육경六經과 사서四書의 학습이 이루어졌다. 그러나 고려 후기의 유학은 사대부 학자들이 유학서의 도입과 원나라와 활발한 교류를 통하여 정주학을 수용하고 학자들의 적극적인 정치적 참여에 의하여 관학官學으로서의 주자학 연구에 새로운 전기를 가져왔다.[10]

무신武臣의 난(1170)에는 많은 문신유자文臣儒者들이 죽음을 면치 못

7. 고혜령, 『高麗後期 士大夫와 性理學 受容』, 一潮閣, 2001, 88쪽.

8. 『청음집(淸陰集)』 卷38, 「稼亭集重刊序」 : 牧隱之學 出於其父稼亭先生

9. 『목은선생년보』 : 男兒須宦帝王都 若欲致身均是勞 汝識宣尼小天下 只緣身在泰山高 三十年前懶讀書 虛名却歎白頭餘 富貴可求緣木魚

10. 원의 인종은 과거제를 정식으로 시행하였다. 과거시험에 주된 교과서는 주자의 『대학장구』 『중용장구』 『논어집주』 『맹자집주』로 삼았다.

하였고, 또 많은 문신유자들이 승려가 되어 산 속으로 숨어들거나 초야에 숨어 지내게 되었다. 그리하여 고려의 유학계에 침체기를 몰고 왔다. 한편 승려와 유자儒者 사이의 교류는 학문적인 차원으로까지 발전하여 유자들이 승려에게 배우는 데까지 이르렀다.[11] 이러한 경향은 무신의 난 직후에만 그치지 않아 불교의 승려 중에는 유가儒家에 달통한 사람들이 적지 않았던 것으로 보인다.[12] 무신 난에 따른 이러한 경향은 공식적으로는 유학儒學[13]의 위축을 가져온 것이 분명하지만, 한편으로는 상당한 유학적 소양을 지닌 인물들이 지방으로 확산되는 계기가 되기도 하였다. 왜냐하면 고려후기의 성리학 수용계층인 신진사류들이 주로 지방에 근거를 둔 중소지주 출신들이었기 때문이다.

목은의 부친인 이곡 역시 마찬가지였다. 이곡은 한산군 향리의 아들로 태어나 일찍 부친을 여의고, 1319년(충숙왕7)에 과거에 급세하였으며, 35세 1332년(충숙왕후원년)에는 정동성 향시에 1등으로 합격하였고, 이듬해 원의 제과에 2등으로 합격하여 원에서 한림국사원 검열관에 임명되어 원에 거주하면서 중국의 문사들과 교유 강마講磨하여 성리학적 소양을 쌓았다.[14] 이곡은 자신이 닦은 학문과 문학 및 정치력 등을 목은에게 전수한다.[15] "우리 동방의 문학하는 선비로서 중국의 과거에 급제한 사람

11. 『고려사』 卷第110, 「列傳」 第23, 李齊賢條 : 又問 我國古稱文物侔於中華 今其學者 皆從釋者而習章句何耶 … 不幸毅王季年 武人變起 玉石俱焚 其脫身虎口者 逃遯窮山 蛻冠帶而蒙袈裟以終餘年 若神駿悟生之類是也 其後國家稍復文治 雖有志學之士 無所於學 皆從此徒而講習之 故臣謂學者 從釋者學其源始此

12. 『韓國歷代文集叢書』 13, 경인문화사, 1993, 98쪽 : 嘗見神孝寺堂頭正文 年八十善說語孟詩書

13. 유학의 명칭은 학문적인 방면을 강조한 것이며, 유교는 정치적 교화에 중점을 두어 칭한 것이며, 유가는 제자백가의 한 학파라는 것을 의미한다.

14. 『고려사』 卷第109, 「列傳」 第22, 李穀條 : 李穀字中父 初名芸白 韓山郡吏自成子也 … 忠肅後元年中 征東省鄉試第一名 遂擢制科 … 宰相奏授 翰林國史院檢閱官 穀與中朝文士交遊講劘 所造益深

이 많지만 부자父子가 서로 잇달아 높은 과거에 발탁된 것은 가정稼亭 이곡과 목은뿐이다."[16] 이곡의 『가정집』을 보면 『맹자』 『논어』 『주역』 등을 빈번히 인용한다. 유학에서는 자신이 처한 현실을 우선으로 착실히 자신의 삶을 현실사회로부터 이루어 나간다. 이곡은 비록 원나라에서 벼슬을 하고 있지만 당시 고려의 현실에 대한 깊은 관심을 가지고 있었다. 그는 군자君子를 천거하여 쓰도록 재상들에게 글을 보내어 현실참여 의지를 보여주고 있다.

> 생각하건대 우리 삼한三韓은 나라가 나라답지 못하게 된 지 오래되었다. 풍속이 무너지고 형정刑政이 문란하여 백성들은 삶을 잇지 못하고 마치 도탄에 빠진 것 같다. … 지금 본국의 풍속은 재산이 있는 것을 능력 있는 것으로 삼고, 권세가 있는 것을 지혜가 있는 것으로 삼는다. 조의朝衣와 유관儒冠을 광대의 잡극 유희로 생각하고, 직언과 정론을 항간의 망령된 이야기로 생각하는 데까지 이르렀으니, 나라가 나라답지 못하다는 말이 마땅하지 않은가?[17]

이곡은 백성들은 도탄에 빠지고, 재산이 있는 자가 능력 있는 자로 삼고, 권세가 있는 것을 지혜가 있는 것으로 알아 직언直言과 정론正論을 보통 민중들 사이의 망령된 이야기로 생각하니, 나라가 나라답지 못하다고 생각했다. 이러한 현실 인식 아래 그는 '대체로 군자를 등용하면 사직社稷인 토신곡신이 안정되고, 군자를 물러나게 하면 백성이 병드니 이것은 고

15. 김시황, 「稼亭牧隱선생의 사상과 문학」, 영덕의 명현 · 牧隱학술발표대회, 20004, 49쪽.

16. 『稼亭集』, 「跋文」, 柳思訥撰 : 吾東方文學之士 登中朝科者多矣 然父子相繼 擢高科登史翰 名聞中夏 世稱其美 惟稼亭與牧隱 兩先生而已

17. 『고려사』, 卷109, 「列傳」 卷第22, 李穀條 : 惟吾三韓 國之不國 亦已久矣 風俗敗壞刑政紊亂 民不聊生 如在塗炭 … 卽今 本國之俗 以有財爲有能 有勢爲有智 至以朝衣儒冠 爲倡優雜劇之戲 直言正論 爲閭里狂妄之談 宜乎國之不國也

금이 같은 이치이다. 그러한즉 사람을 등용하는 일은 정치의 근본이다.'[18] 라고 하여 군자다운 인재 등용의 중요성을 말하고 있다. 유학에서 군자는 덕을 생각하는 도덕적 인격의 소유자이다. 이곡은 당시 권문을 배경으로 원과 결탁하여 정치적 자질이나 유학적 소양도 없이 관리가 되는 일부 권문이 정사를 좌우하고, 왕의 즉위에까지도 영향을 미칠 수 있는 고려 정계의 근본적인 문제점을 지적하여 인재등용의 중요성을 강조한 것이다. 그는 이와 같은 인식 아래 민생과 관련된 여러 가지 제도, 즉 법률제도나 화폐제도에 관심을 가지고 과거응시자들에게 이에 대한 계책을 물었으며,[19] 또 홍수피해와 가뭄피해에 대하여 그 원인을 찾는다.

> 옛 사람은 인사를 닦아서 천수에 응했기 때문에 9년 7년의 (수재와 한재의) 액이 들어도 백성이 병들지 않았는데, 후세 사람들은 천수에만 맡기고 인사를 폐지하였으므로 한두 해의 재액만 있어도 백성은 이미 구학에 굴러 떨어져서 죽는다.[20]

이곡은 위와 같이 당시 관리들이 선악의 구별도 없이 자기 사욕에 눈이 어두워 민을 돌보지 않는 무책임과 불공정한 일처리를 탓하고 있는 것이다, 그리고 윗글의 마지막에 "천수 · 인사 어느 것이나 그 요체는 탐욕을 버리는 것뿐이다. 만약 탐욕을 버리고자 한다면, 제대로 이루어진 법이 갖추어져 있게 되니 그것을 들어서 실행하는 일은 천하를 주재하는 자에게 있을 뿐이다."[21] 라고 하여 성리학적인 수양론의 일단인 마음에서 학문

18. 『고려사』 卷109, 「列傳」 卷第22, 李穀條 : 夫進君子則社稷安 退君子則人民病 此古今之常理也 然則 用人又爲政之本也

19. 『가정집』 卷1, 「策問」.

20. 『가정집』 卷1, 「原水旱」 : 古之人 修人事以應天數 故有九七年之厄而民不病 後之人委天數而廢人事 故一二年之災而民已轉于溝壑

과 가치실천 등이 바르지 못할까를 언제나 걱정하는 자기성찰의 정신으로 우환의식憂患意識을 내보이고 있기도 하다. 오랫동안 원에서 벼슬을 하고 있으면서도, 본국인 고려의 어려운 현실에 깊은 관심을 가지고, 당시 백성들에게 참으로 많은 고통을 주고 있던 원의 빈번한 공녀貢女 요구에 대하여 그것을 폐지할 것을 상소하여 원나라 황제로 하여금 그 요구를 수용하게 하였다. 이와 같은 현실에 대한 관심은 역사편찬에 눈을 돌리게 하여 스승인 이제현과 함께 『편년강목編年綱目』을 증수하고 충렬왕 · 충선왕 · 충숙왕 삼조三朝의 실록편찬에 참여하기도 하였다.[22] 이곡의 이러한 비판과 현실참여를 뒷받침하고 있는 것은 목은에게 그대로 전수된다. 목은은 부친의 별세로 원에서 돌아온 다음해(1352, 공민왕 원년)에 막 즉위한 공민왕에게 그 당시의 시폐를 지적하고, 정치에 있어 개혁해야할 다섯 가지를 건의하였다.[23] 전제의 경계를 바르게 하고, 분배를 균등히 하고, 국방개혁안으로 육전 · 해전으로 나라를 공고히 하고, 왜인과 여진을 위협하게 하고, 불교 폐해의 시정을 촉구하고, 정치 교육의 근본인 인재양성을 위해 성균관을 세워 유도儒道교육의 진흥을 주장하였다. 이러한 것은 목은 또한 인재등용의 중요성을 인식하고, 인재양성을 강조하는 것으로 현실에 대한 깊은 관심에서 현실을 바르게 보고 처방한 것이다.

목은에게 전수된 현실에 대한 깊은 관심을 뒷받침하고 있는 것은 이곡의 정주학적程朱學的인 수양론修養論이었다.

> 대개 반드시 도를 행하는 것은 마음에 얻은 것이 있고 난 후에야 제반 정사에 베풀어질 수 있습니다. … 신이 듣기에 마음은 몸의 주재요 만화萬化

21. 『가정집』 卷1, 「原水旱」 : 然則天數也人事也 其要去貪而已 如欲去貪則 有成憲具在 擧而行之 在乎宰天下者耳

22. 『고려사』 卷109, 「列傳」 卷第22, 李穀條.

23. 李光靖撰, 『목은선생년보』, 述先錄, 回想社, 1987, 51~52쪽

> 의 근본이며, 임금의 마음은 정치가 나오는 근원이요 천하가 다스려지고 어지러워지는 기틀이라 하였습니다.[24]

위의 책문에서 보면 마음은 만화의 근본이니, 치자治者의 마음수양이 정사에 근본이 됨을 말하고 있다. 이곡의 이러한 경세經世론은 다스리는 사람이 먼저 바르게 행동해야 함을 강조한다. 이어서 그는 『대학』의 팔조목을 인용하여 자신의 논리를 뒷받침하고 있다.

이곡은 마음을 바르게 하는 수양의 방법으로 경敬을 주로 삼는다.[25] 그의 수양론은 경을 통하여 사사로운 욕망 등으로 마음을 빼앗기지 않아 마음이 깨끗하고 밝아지는 '정심正心[26]'으로 마음에 주된 것이 있게 수신함은 목은에게로 전해져 목은 또한 '무불경毋不敬'을 말한다.[27] 유학자는 개인의 도덕적 완성만을 지향하지 않고, 세상의 도덕적 교화를 함께 생각하는 것이다. 따라서 이곡의 불교관은 스승인 이제현과 마찬가지로 불교에 대해 현상적인 폐해를 지적하고 있다. 즉 불교 자체를 배척하지 않고 그 긍정적인 기능을 인정하며 유학과 불교의 유사점을 찾아 융합시키려는 의도를 드러내고 있다. 그는 불교와 유학을 비교하여 다음과 같이 말한다.

> 마음의 물物됨은 본래 원근과 피차의 다름이 없다. 유자는 정正으로써 수신하여 제가齊家, 이국理國, 평천하平天下에 이르고, 불자는 관觀으로써 행을 닦아 견성見性하여 성불成佛함에 이르러서 자신과 남을 이롭게 한다.[28]

24. 『가정문집』 권13, 「廷試策」 : 蓋必行道 有得於心然後 可措諸攸…… 臣聞心者一身之主 萬化之本 而人君之心 出治之原 天下治亂之機也

25. 『가정문집』 권7, 「題勤說後」 : 勤則爲君子 惰則爲小人…… 然勤有義利之分 鷄鳴孜孜 舜跖俱有焉 故必以敬爲主

26. 『대학』의 전7장 修身 在正其心

27. 『목은시고』 권14, 「君子愼所趨」. 『가정문집』 권3, 「新作心遠樓記」 : 儒者以正以之修身.

유자는 정심으로써 수신하고, 불자는 관조觀照함으로써 언행을 닦아 자신과 남을 이롭게 한다. 한편 수정장로水精長老에게 보내는 글에서는 불교의 교리는 공空하고 적寂하고 고원高遠하며 세상의 이치에 관련 없이 사정에 어두워 유자들은 그것을 비방했다고 하여 불교와 유교의 이치가 다름을 말한다. 그러나 이곡은 이 밖에도 불교관계의 여러 명銘이나 찬讚 등을 써서 불교에 대한 호의를 드러내 보여 유교와 같음을 말하고 있다. 이곡은 「조포충효론趙苞忠孝論」에서는 효孝가 근본으로 그것을 바탕으로 하여 충忠이 이루어질 수 있음을 강조한다. 그리고 불사佛事 역시 효심에서 하는 것이니, 이것을 칭송하여 불교를 배척하지 않았다. 이곡은 "성인聖人의 생을 아끼는 덕德과 불자의 살생하지 말라는 경계는 동일한 인애仁愛이며 동일한 자비이다"[29]라는 언급에서 보이듯이, 그는 유학의 입장에서 불교를 배척하지 않고 인정하여 유불의 융해적 사유체계를 가진다. 이러한 불교 인식은 아들인 목은에게 계승된다.[30]

이곡은 연경에 머물러 있는 시기가 많았으므로 목은에게 직접 훈도할 기회는 적었다. 그러나 목은은 가학의 훈계에 힘입은 바가 크다. 목은은 6세 때에, 부친이 원나라 과거 회시會試에 합격한 일에 큰 자극을 받고 자부심을 지니게 된다. 목은 또한 27세에 원의 국자감 회시에서 차석으로 합격하여, 응봉한림문자승사랑동지제교겸국사원편수관應奉翰林文字承仕郎同知制敎兼國史院編修官을 제수 받는다. 같은 해 3월에 본국에 돌아와 이 때 지은 시에서 "우리 집이 있는 한산은 비록 작은 고을이지만, 우리 부자가 중국의 제과에 급제한 까닭으로 천하가 모두 동국에 한산이 있는 줄을 알

28. 『가정문집』 卷3, 「新作心遠樓記」 : 心之爲物 本無遠近彼此之殊 儒者以正以之修身 以至于齊家理國而平天下 佛者以觀以之修行 以至于見性成佛而利自它

29. 『가정문집』 卷6, 「金剛山長安寺重興碑」 : 盖聖人好生之德 佛者不殺之戒 同一仁愛 同一慈悲也

30. 유명종, 「稼亭牧隱 두 선생의 사상과 그 영향」, 영덕의 명현 · 牧隱학술발표대회 2000, 16쪽.

게 되었다."[31]고 하여, 아버지에 대한 자부심을 나타내었다.

앞서 밝혔듯이 부친은 원에 유학하여 과거에 합격하고, 원의 조정에서 관리로 있으면서 원의 학자들과 학문적 교류를 통해 그들에게 사상적 영향을 받았듯 목은 또한 원에 유학하여 관직에 있으면서 학자들과 교류하였다. 20세에 원나라로 부친을 근친覲親하러 가서 원조元朝의 정주학을 수용할 기회를 가져 원의 우문량宇文諒에게 『주역』을 배웠다.[32] 우문량은 이곡과 갑장 친구로 둘 다 『주역』에 대한 조예가 깊었다.[33] 이곡이 당시 원에서 중서사전부중서사전부中瑞司典簿中瑞司典簿로 있을 때, 목은은 조정 관리의 자제로 국자감 생원이 되어 국자감에서 3년 동안 정주학을 열심히 탁마했다. 이와 같이 목은의 학문적 성장은 한편으로는 원나라 태학에 유학하여 정주학을 공부함으로써 이루어진 것이다. 목은의 나이 27세에 당시 원나라의 홍유인 한림학사승지翰林學士承旨 구양현歐陽玄과 예부상서禮部尙書 왕사성王思誠이 함께 관장한 회시에서 차등으로 합격한다. 당시 좌주인 구양현은 목은을 크게 칭찬하며 상을 내리고, 다음과 같이 시문을 주고받았다.

> 구양현 : 짐승의 발굽과 새의 발자국 같은 도道로 중국의 선비와 사귀려하는가
>
> 목　은 : 닭 우는 소리와 개짖는 소리가 천하에 퍼진다.
>
> 구양현 : 술잔을 가지고 바다에 들어가면 바닷물이 많음을 알 것이다.
>
> 목　은 : 우물 안에 앉아 하늘을 보고 하늘이 작은 줄만 아는구나.[34]

31. 『목은시고』 권3, 「吾家韓山 雖小邑 以予父子登科中國 天下皆知東國之有韓山也 則其勝覽不可不播之歌章 故作八詠云」

32. 李光靖撰, 『목은선생년보』, 述先錄, 回想社, 1987, 40쪽.

33. 『목은문고』 권4, 「朴子虛貞齋記」.

34. 李光靖撰, 『목은선생년보』, 述先錄, 回想社, 1987, 399~400쪽 : 獸蹄鳥跡之道交於中

구양현은 원나라 북방유학의 대종인 허형許衡의 문인이다. 허형이 수양의 근본으로 삼은 것은 『소학』이다.[35] 구양현은 허형을 "문장과 도덕이 탁월하여 세상에 이름이 났다"[36]고 칭송하였다. 또한 그는 어려서부터 모친에게서 직접 『효경』과 『논어』 등의 가르침을 받았고, 약관의 나이로 수년에 걸쳐 사서四書를 비롯한 경전과 백가百家를 연구하지 않은 것이 없어 성리학의 연원에 대해 정통했다고 한다.[37] 구양현은 이곡이 1333년 원의 제과에 합격하여 한림국사원검열로 있다가 1334년에 귀국하는 이곡에게 송별시를 지어주기도 한다. 그는 친구의 자제 목은에게 정주학의 실천적인 이론에 큰 영향을 주기도 한다.

원의 고시관이었던 구양현은 목은의 과거답안지를 보고서 '의발衣鉢은 응당 해외로 전해지리라'[38]라고 말하는데, 이는 전수받은 도통이 동방으로 전해졌다는 것을 뜻한다. 훗날 목은은 "그 누가 알았으랴 의발이 해외에 전해질 줄을, 규재圭齋(구양현)의 말씀 이 한마디 아직도 귀에 낭랑하구나"[39]라고 하여, 자신을 인정해 주는 구양현의 언급을 상기한다.

고려의 성리학은 안향에 의하여 도입되었다고 하는 것이 일반적인 견해이다. 그가 원의 사신으로 가서 『사서집주』를 베껴오고, 주희朱熹(1130~1200)의 화상을 가져온 시기부터이다. 『동국문헌록』[40]을 보면 안향의

國 鷄鳴狗吠之聲達于四境 持杯入海知多海 坐井觀天曰小天

35. 高惠玲, 『高麗後期 士大夫와 性理學 受容』, 一潮閣, 2001, 205쪽.

36. 『宋元學案』 75, 「北山四先生學案」.

37. 『宋元學案』 75, 「北山四先生學案」.

38. 『世宗實錄』 卷59, 15年, 2月, 癸巳 : 成均司藝金泮上言曰 惟吾益齋李齊賢 唱名道學 牧隱李穡實傳正印 臣師陽村權近獨得其宗 而近之學之源 出於穡 穡之學之正 出於齊賢 三子之學 非他 汎焉 先儒之比 故元朝湯炳龍讚齊賢曰 光嶽其鍾 爲儒之宗 圭齋歐陽公贈穡曰衣鉢當從海外傳

39. 『牧隱詩藁』 卷13, 「紀事」 : 衣鉢誰知海外傳 圭齋一語尙琅然

40. 『東國文獻錄』, 儒林篇, 1804, 목판본.

〈표 1〉 이색의 학문적 맥락

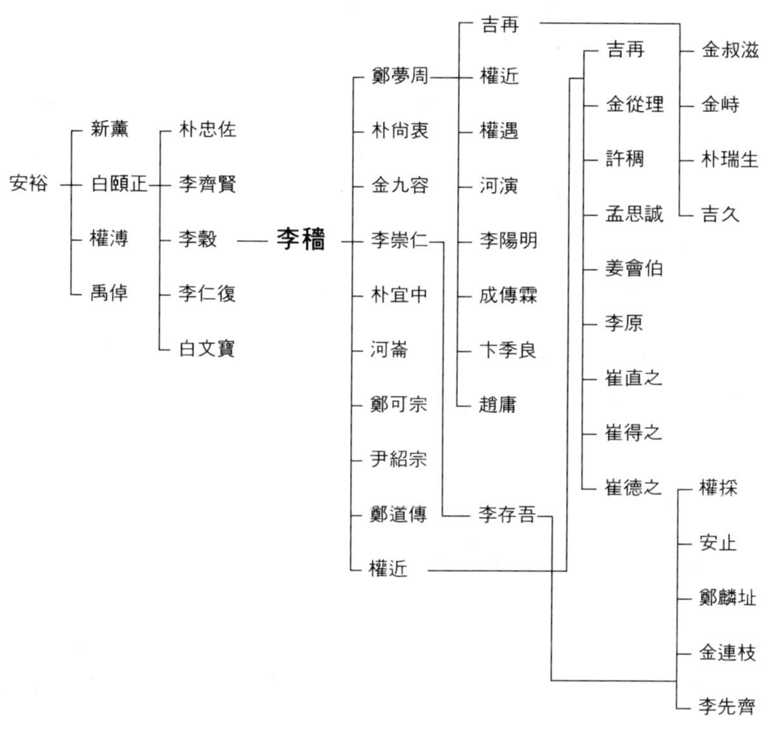

제자로 백이정白頤正(1260~1340) · 우탁禹倬(1247~1323) · 권부權溥(1262~1346) 등을 열거하고 있으며, 백이정의 문하생으로 박충좌 · 이제현 · 이곡 · 백문보 · 이인복 등을 들고 있다.[41] 그리고 이인복 이후 목은으로 이어진다. 『동방사문연원록』에서는 신라 고려시대의 도학연원과 도통관계를 설총– 최충– 안향– 우탁– 이색 등으로 기록되어 있다. 그러므로 목은 학문의 연원은 안향에서부터 이어져온 부친 이곡에게서 계승한 바

41. 白文寶, 『淡庵逸集』, 同門錄.

가 크다고 하겠다. 이와 같이 목은의 학문적 성장은 그의 부친으로부터 전해 받은 가학과 원나라 유학당시의 스승인 구양수와 후술하는바 고려 사대부 학자인 이제현에게서 큰 영향을 받은 것이다.

고려 말의 신진 사대부 성리학자들 대부분 목은의 문하에서 배출된 것을 볼 때, 정도전과 정몽주 · 권근 등 조선왕조의 창립에 참여하거나 조선 성리학에 절대적인 영향을 끼친 성리학자들은 당시 원로인 목은에게서 배운 자들이다.

목은의 학문적 맥락은 조선조의 박세채朴世采(1632~1695)가 그린 『동유사우록東儒師友錄』의 〈유현연원록儒賢淵源錄〉이 가장 정당한 제시라고 할 수 있다. (〈표 1〉 참조)

사대부 학자와의 교류와 정주학 수용

목은은 신흥 사대부 출신이다. 고려 후기 사대부는 권문세족에 맞서 국가 경제 구조를 개선하여 궁핍한 농민생활을 안정시키고 기존의 사회적 기반을 유지하기 위해 정계로 진출하였다. 성리학 도입 전후로 고려의 시대상황은 내외적으로 어려운 사정에 처해 있었다. 먼저 정치적으로, 오랜 권문귀족정치와 지나친 문신우대의 상황이 촉발시킨 무신의 난 이후 1258년까지 고려의 왕권을 유명무실 상태로 만들어 고려 유학을 침잠시키는 결과를 낳았다. 반란으로 정권을 잡은 무신들은 그 동안 쌓인 원한으로 "무릇 문관을 쓴 자는 비록 서리胥吏라도 죽여서 씨를 남기지 말라."[42]하여 문신들에 대한 무참한 살육을 자행했고, 살아남은 문인들은 산속으로 달아나 승려의 옷을 입고 목숨을 부지하는 형편이었다. 이러한 상

42. 『高麗史』 卷128, 「列傳」 卷第41, 鄭仲夫條 : 凡戴文冠者 雖胥吏殺無遺種

황은 충선왕과 이제현의 대화에서 잘 드러난다.

충선왕 : 우리나라는 옛날부터 문물文物이 중국과 같다고 하였는데 오늘날에는 학자들이 다 승려를 좇아서 장구章句나 익히고 있는 것은 무슨 까닭인가?

이제현 : … 의종 말년에 무인이 변고를 일으켜 옥석이 모두 다 죽고, 호랑이 입에서 그 몸이 빠져나온 자는 궁벽한 산골로 달아나 관대冠帶를 벗고 가사를 입고 남은 목숨을 부지하였는데, 신준神駿・오생悟生과 같은 사람이 그들입니다. 그 후에 국가가 점점 문치文治를 회복하고 나서 비록 학문에 뜻을 둔 선비들이 있어도 배울 곳이 없어 모두가 이러한 무리들을 좇아 배웠습니다. 그러므로 신은 배우려는 자들이 승려를 좇아 배운 근원이 여기에서 비롯되었다고 하는 것입니다.[43]

위 대화에서 무신정권 초기와 당시의 유학계의 상황을 미루어 짐작할 수가 있다. 최충헌이 정권을 잡은 1196년 이후 무신정권이 어느 정도의 안정을 되찾고 나서는 행정적인 면에서 큰 불편을 느껴 문사文士들을 등용하려 하였다. 여기에서 문사등용의 기준으로 삼은 것이 덕행이나 경술보다는 행정 편의를 위한 이문吏文에 능한 자였다.[44] 이문은 중국과의 주고받는 외교문서에 사용되던 문체이다. 그러나 순수한 한문만이 아닌 '즘마怎麽(어떤)', '저리這裏(여기)' '나시那厮(저놈)' 같은 중국의 구어口語와 조회照會(각서, 각서를 보내다의 뜻) 같은 특수한 용어로써 한문만 통달하

43. 『高麗史』 卷110, 「列傳」 卷第23, 李齊賢條. : 又問 我國古稱文物侔於中華 今其學者皆從釋者而習章句何耶 … 不幸毅王季年 武人變起 玉石俱焚 其脫身虎口者 逃遁窮山 蛻冠帶而蒙袈裟以終餘年 若神駿悟生之類是也 其後國家稍復文治 雖有志學之士 無所於學 皆從此徒而講習之 故臣謂學者 從釋者學其源始此

44. 『高麗史節要』 卷第18, 元宗, 元年條

여서는 그 뜻을 이해하지 못한다. 이렇듯 당시 상황으로 무신의 난을 경계로 하여 그 전후의 유학자들의 성향은 매우 달라졌을 것으로 생각된다. 즉 무신의 난 이전에 행정과 학문을 전담하고 있던 권문귀족들이 물러나고, 그들과 성향을 달리하는 새로운 계층, 즉 가문의 배경은 비교적 약하며 행정능력을 갖춘 문인계층이 등장하였던 것이다.[45] 그러나 이들은 여전히 경전經傳보다는 사장詞章을 주로 하는 문사들이었다.[46] 이규보李奎報와 이인로李仁老는 무신정권 초기와 최충헌 집권기에 등장한 대표적인 인물이다. 이인로는 무신의 난을 피해 승려가 되었다가 세상이 안정된 후에 환속한 사람으로, 그를 비롯한 '칠현七賢'들은 염세적인 성향이 강한 문사들이었고, 이규보는 최충헌에게 적극적으로 협력한 사람으로 이승휴李承休(1224~1301) 등의 인재를 선발하기도 하였다. 그러나 사장 중심의 유학은 성리학 수용이후 점차 변화를 일으키게 된다. 이러한 변화는 충숙왕대 이제현이 지공거知貢擧(과거의 고시관)가 되어 처음으로 책문策問[47]을 과거의 과목으로 채택하고,[48] 충목왕 원년(1344)에 『대학』『논어』『맹자』『중용』인 사서가 과거 과목으로 채택된[49] 사실에 잘 나타난다.

당시 고려왕조의 정신적 지주였던 불교 또한 타락하여 제 기능을 발휘하지 못하고, 정치적인 기능을 하고 있던 유학 또한 사장을 중요시하는 풍조가 만연하여 위기를 타개해 나갈 만한 추진력을 가지지 못한 상태였다.

45. 韓國史硏究會編, 『韓國史硏究入門』, 지식산업사, 1981년.
李源明, 「性理學受容의 背景에 관한 一考察」, 『서울여자대학교 논문집』 제16호, 1987.

46. 『高麗史』 卷第102, 「列傳」 第15.

47. 책문은 과거시험시 임금의 말로 묻기도 하고 고시관이 묻기도 하는 (당면한 여러 가지 문제를 응시자에게 제시하여 그 책략을 구하면 그에 응답하는) 시험문제이다.

48. 『高麗史』 卷第73, 「志」 第27, 選擧1, 科目1 : (忠肅王)七年六月 李齊賢 朴孝修典擧 革詩賦用策問.

49. 『高麗史』 卷第73, 「志」 第27, 選擧1, 科目1 : 忠穆王卽位之年八月 改定初場試六經疑四書疑 中場古賦 終場策問

이러한 상황에서 몽고족인 원의 침략을 받은 고려는 원에 굴복하여 사상 유래 없는 굴욕적인 종속국의 형태를 띠게 되고, 원의 영향을 받게 되었다. 당시 고려 국왕은 원 황제의 사위이자 외손자로 고려 왕실은 사실상 원의 지배를 받고 있었다. 이러한 상황은 유학계도 예외가 아니었다. 원의 절대적인 영향을 받는 상황에서 성리학의 도입이 체계적으로 이루어지게 되었고, 이러한 성리학의 도입은 무신의 난 이후 새롭게 등장한 사대부 계층에 의해 이루어졌다. 고려후기 성리학 도입에 적극적이었던 유학자들은 대부분이 지방 출신으로 향리들이었다. 그들은 중앙 진출을 위해 과거에 응시하고 또한 원의 과거에 합격하거나 원의 조정에서 벼슬을 한 사람들이었다. 당시의 관리들 가운데 과거출신자의 비율이 50%도 되지 않는다는 사실[50]을 생각할 때 그들의 정치적 성향이나 학문적 성격을 파악할 수 있는 중요한 자료라고 볼 수 있다. 그러나 원으로부터 노입된 성리학을 익힌 신흥 사대부들은 이러한 현실에도 불구하고 의리 사상에 철저한 정주학을 익혀 정주학의 이념으로 원의 그릇된 요구를 비판하고 원과 결탁한 이들의 부패한 권력에 대한 개혁을 시도하였다.

이제현은 사대부 출신으로 고려 후기의 대표적인 유학자이며, 목은과 그의 부친 이곡의 스승으로 목은에게 직접적인 영향을 주었다. 따라서 이제현의 사상을 살펴보는 것은 목은의 학문적 성격을 규정하는데 도움이 된다. 이제현은 백이정의 문하에서 성리학을 배웠으며, 권부의 사위이다. 이제현은 28세 때인 충숙왕 원년(1314)부터 10여 년간 충선왕을 가까이 모시어 연경에 머무르는 동안 만권당에서 원의 학자들과 교유하고 중국 각지를 여행하며 학문과 식견을 넓히고, 견문을 쌓기도 하였다. 하지만 그는 다른 친원인들과는 달리 철저한 동인의식東人意識을 가지고 원과의 각별한 관계를 가졌다. 사실상 당시 원의 왕실과 고려의 친원세력들은 고

50. 閔賢九, 「整治都監의 성격」, 『東方學志』 23 · 24합집, 1980

려를 원에 편입시켜 하나의 성省으로 만들려는 의도를 가지고 있었다. 그러나 이제현은 이에 대하여 원나라 조정에 항의하기를 『중용』을 인용하여 그 부당함을 지적하는 상소를 올린 것이다. 또 이러한 이제현의 나라에 대한 충성심은 내적인 의식과 외적인 행위가 겸비되어 있는 것이다. 이것은 '주충신主忠信'하는 사상에서 기인한 것이라 할 것이다. '주충신'사상의 실천의 핵심은 의리에 합하는 행동에 있는 것이다.

> 사람의 도는 오직 충신忠信에 있는 것이니 성실하지 못하면 사물이 없다. 게다가 출입은 일정한 때가 없어서 그 지향할 바를 알지 못하는 것이 사람 마음이니, 만일 충신이 없다면 어찌 다시 딴 물物이 있겠는가.[51]

이와 같이 충신함은 바로 성실함에서 비롯하는 것이요, 의리에 합하게 하는 행위 인 것이다.[52] 신의의 기본적인 뜻은 성실과 진실로서 인간의 언행속에 거짓됨이 없는 것을 의미하는 것이다. 공자의 제자 유약有若은 '신뢰성이 의리에 가까우면 말은 실천할만한 것이다.'라 하여 언행일치를 강조하고 있는 것이다. 『중용』에서도 오달도의 하나로 신信을 중요시하고 『논어』에서도 '신이 있은 후에 백성을 부린다.', '윗사람이 신을 좋아하면 백성들이 감히 성실하지 않은 이가 없을 것이다.' 라고 하였다. 이것은 정치적 신을 의미하며, 차라리 죽을지언정 신을 버릴 수 없다는 것이다. 신의 바탕에는 의義가 있다. 이러한 이제현의 의리에 합한 실행은 목은에게 지대한 영향을 주었다. 의義에 적합함을 행하기는 목은이 말한 "혼연히 하나가 되는 시기는 언제나 적고 분열되는 시기는 언제나 많다."[53]는 뜻이

51. 『論語』, 「學而」 8, 程子註 : 人道惟在忠信 不誠則無物 且出入無時 莫知其鄕者 人心也 若無忠信 豈復有物乎

52. 『論語』, 「子罕」 29, 程子註 : 可與權 謂能權輕重 使合義也

53. 『牧隱文稿』 卷1, 「流沙亭記」 : 然混一常少 兩分裂常多

다. 이 혼연히 하나가 되는 시기가 충신에 위주 하는 것을 의미하는 것이다. 이러한 도학의 실천은 목은의 '성실되지 못함은 모든 만물이 없다는 것'[54]과 연관된다. 이것은 형체가 바르면 그림자는 당연히 굽을 수는 없는 것이고, 근원이 맑고 상류가 맑으면 하류도 맑듯이 뿌리 깎인 나무는 무성치 못하다고 친압하여 완롱한다면 이건 금수의 성정이더라 하며, 황음荒淫한 짓은 본성을 상실하게 되고 망령된 행동은 정기를 손상시킨다 하여 안일하게 즐기는 곳에서도 경홀히 할 수 없음을 강조하여 진실하지 않으면 사물의 존재가치를 실현하지 못한다는 것이다. 목은은 이것을 좌우명으로 삼아 자손들에게 잘 살피라 당부한다.[55]

이제현은 충목왕이 어린 나이로 즉위하였을 때 고려후기 최고의 정무기간인 도당都堂에 상소하여 『효경孝敬』과 사서를 배우게 할 것과 최씨 정권의 권력기관이었던 정방政房과 백성에게 괴로움을 가중시키던 응방鷹房과 내승內乘을 폐지할 것을 건의하였다. 자질이 부족한 자를 부득이하게 뽑아야 할 경우에는 차라리 중앙의 관직을 줄지언정 지방관으로는 임명하지 말 것을 말하여 위민爲民 정신을 드러내고 있다. 이제현은 이러한 여러 번의 상소에서 그의 풍부한 지식과 함께 적극적으로 현실에 대한 관심을 나타내고 있다. 같은 맥락에서 그는 당시 고려의 과거제도가 시부詩賦를 중심으로 하여 급제자를 뽑는 것을 옳지 않게 여겨 자신이 지공거가 되었을 때는 시부로 뽑는 것을 혁파하여 책문으로 급제자를 선발하였다. 이러한 실용적인 학풍을 바탕으로 그는 역사의 중요성을 파악하여 태조太祖에서 숙종肅宗까지 열다섯 왕의 사찬을 짓고, 민지閔漬(1248~1326)가 편찬한 『편년강목編年綱目』을 증보하였으며, 충렬왕 · 충선왕 · 충숙왕 3조朝의 실록을 편찬하기도 하였다. 이와 같은 현실에 대한 관심과 역사에

54. 『牧隱詩稿』 卷26, 「示子孫一篇」, 無物由不誠.

55. 『牧隱詩稿』 卷26, 「示子孫一篇」

대한 해박한 지식으로 이제현은 충선왕과의 대화[56]에서 보듯이 당시 고려 유학계의 문제점을 정확하게 인식하고 있었으며, 상소문에서 『중용』『맹자』 등을 인용하고, 충목왕에게 사서와 『효경』을 강의할 것을 건의한 것을 보면 그는 『논어』에서 공자는 '사람은 소중하다(인위귀人爲貴)' · '널리 대중을 사랑한다.(범애중泛愛衆)'하여 위민爲民정치를 말하는 유학 이념으로 고려의 중흥을 꾀했다. 그리하여 원에서 받아들인 성리학의 이념으로 원의 횡포에 대항하고, '위민'의 정치를 찾아보기 어려운 시대에 백성을 위하여 지방관의 자질을 논할 수가 있었다. 그는 또한 '위민'으로 당시 불교계의 문제점을 인식하여 다음과 같이 불도들의 폐해를 지적하고 있다.

> 내가 생각하기에 요즘 부도浮圖의 무리들은 해야 할 일이 있으면 반드시 권문 호걸의 가에서 힘을 빌려 백성에 해를 끼치고 나라를 병들게 한다. 공연히 일을 빨리 이룰 것에만 힘쓰고 복을 심으려 하는 것이 원망을 안겨 주는 것을 알지 못한다.[57]

이것은 승려들이 권문과 결탁하여 각종 폐해를 자행하며 본래의 역할을 하지 못하고 있음을 지적한 것이다. 또한 사찰의 낭설을 경계하여 지나친 숭불로 인한 부작용을 언급하여 잘못된 불교신앙은 오히려 해를 가져오고 원망을 살 수 있다고 지적하기도 했다. 그러나 그는 불교 자체를 비판하는데 까지 나아가지는 않았다. 불교 자체는 문제가 없으나 그것을 잘못 신봉하는 사람들에게 문제가 있다고 본 것이다. 즉 현상적인 폐해를

56. 『高麗史』卷第110,「列傳」卷第23, 李齊賢條 : 又問 我國古稱文物侔於中華 今其學者皆從釋者而習章句何耶 … 不幸毅王季年 武人變起 玉石具焚 其脫身虎口者 逃遯窮山 蛻冠帶而蒙袈裟以終餘年 若神駿悟生之類是也 其後國家稍復文治 雖有志學之士 無所於學 皆從此徒而講習之 故臣謂學者 從釋者學其源始此

57. 『益齋亂藁』卷6,「重修開國律寺記」: 余惟近世浮圖之類 有所經爲 必假勢於權豪之家 毒民病國 徒務亟成 而不知種福爲歛怨也

지적하고 있었다. 그리하여 다음과 같이 불교의 덕목을 유학의 덕목으로 설명하여 유학과 불교가 근본적으로 다르지 않음을 드러내고 있다.

> 불교의 도는 자비희사慈悲喜捨로써 근본을 삼는다. 자비는 인仁의 일이고, 희사는 의義의 일이다.[58]

이와 같이 자비를 베푸는 것과 희사하는 것은 인의仁義의 일이라 하여, 불교와 유학의 일치점을 찾고 있다. 이를 미루어 보면, 유불이 각기 제 기능을 발휘하게 하여 두 사상이 조화를 이루게 하려고 노력한 것을 알 수 있다. 이러한 이제현의 불교관은 호국불교를 국가이념으로 신봉하고 있었던 당시의 상황에서 따른 것이라 할 것이다. 그는 고려 말 성리학 도입기에 정책 수립 등의 현실적인 면이나 사상적인 측면에서 중요한 역할을 했다. 목은은 이제현에 대하여 다음과 같이 평가를 내리고 있다.

익재 문하는 해동을 압도하기가	益齋門墻壓東海
북두칠성이 하늘에 꽂혀 하늘이 거기에 의지한 듯	斗柄插天天倚蓋
문장의 원기는 사시의 변화를 참작하여	文章元氣酌四時
중화풍을 토해내어 해외로 불어 내네	吐出華風吹海外[59]

목은은 스승 이제현을 북두칠성으로 비유하여 하늘에 북두칠성이 있어 뭇별들이 그것을 의지하듯, 고려의 학문과 문장에 으뜸이라 하였다. 이를테면, "몸은 해동에 거하나 도덕적으로는 수장이 되며 문장에서는 종장宗匠이라"는 것이다.[60] 그것은 다만 고려에만 미치는 것이 아니라 해외

58. 『益齋亂藁』 卷5, 「金書密教大藏序」 : 佛氏之道 以慈悲喜捨爲本 慈悲仁之事也 喜捨義之事也

59. 『牧隱詩稿』 卷17, 「題宗孫詩卷」

로까지 미치는 것을 묘사하고 있다. 이제현의 학문과 인품이 고려를 넘어 중국에까지 미침으로써 고려와 중화의 문화적 수준을 같이 했을 뿐 아니라 오히려 우월하다는 말이라 하겠다. 또한 목은은 다음과 같이 그를 평가한다.

> 한 세상을 울릴 만한 인재는 그 사이에 뒤섞여 배출되나, 농익은 향기에 깊이 잠기어 그 정수精粹를 널리 모아, 이를 문장으로 펼쳐 내어 일대의 이치를 떨쳐 장식한다.[61]

이것은 이제현이 문장과 경세를 한 몸에 지니고 있는 사람으로 평하고 있는 것이다. 이제현은 유학이 사장에 힘쓰기보단 실제적인 학문으로 실학에 치중해야 한다는 학풍의 형성을 본격화 하였다. 이러한 제반의 사상은 이곡과 목은에게 그대로 전수된다.

신축병란 이후 학교가 피폐됨에 목은의 건의로 숭문관은 중흥되고, 성균관이라 명명하였다.[62] 목은은 성균관 대사성을 겸직하게 되었다. 그는 정주의 뜻에 합치하도록 힘쓰면서 밤이 되어도 권태로워 할 줄은 몰랐다. 학도들에게 기송記誦과 사장의 구습을 버리고 신심성명身心性命의 이치를

60. 『牧隱文稿』 卷7, 「益齊先生亂藁序」 : 身居海東 道德之首 文章之宗

61. 『牧隱文稿』 卷7, 「益齊先生亂藁序」 : 有命世之才 雜出乎其間 沉浸醲郁 攬結粹精 敷爲文章 以賁飾一代之理

62. 그 당시 공민왕 10년(1361년) 홍건적이 송도를 점령하고 난을 일으킨 이후 병화로 숭문관이 소실되자 6년 뒤에 이 자리에 건물을 새로 지우면서 성균관이라고 명명 되였던 것이다. 말하자면 이 해가 성균관의 창설 연호가 되는 것이다 하겠다. 그러나 『고려사』에 나오는 내용 등 을 미루어 오늘날 성균관 600주기 起算은 조선조 한양천도 이후의 성균관의 년대이다. 고려조 성균관을 없애고 조선조 성균관의 起算法은 고려조를 배타하는 의미에서 조선조 國是와 상반된다 하겠으나 오늘 날의 성균관의 창설 년대는 바로 고려조부터 기산 되어야 하리라 믿는다. 사실 『고려사』에 목은에 대한 역사적史實기록은 많은 취사선택과 정치적 정황으로 보아 외곡 폄하 된 것도 없지 않으리라 여겨진다. 왜냐하면 『고려사』가 지어진 시기는 조선조 세종 31년(1449 년)에 편찬을 시작하여 2년 후인 문종 1년 (1451 년)에 완성되어진 총 139 권의 역사서이기 때문이다.

궁구하면서 의를 바로잡고자 하여 공리를 꾀하지 않게 하였다. 이렇듯 정주학을 가르치고 발전하는 계기를 마련하게 되었다. 고려후기 정주학이 흥성하게 되는 과정과 목은의 역할에 관해서 자세히 살펴보면 다음과 같다.

> 원래 신축병란 이후 학교가 피폐됨에 왕이 다시 일으키고자 하여 숭문관의 옛터에 성균관을 개창하였다. 강사 또한 적어 당대의 경술지사를 동원하였으며 예를 들어 김구용·정몽주·박상충·박의중·이숭인 등이 모두 다른 관직에 있으면서 학관을 겸한 이들이다. 목은은 이들 중에도 으뜸인지라 대사성大司成을 겸하게 하였다. 대사성을 겸직으로 가지는 일은 목은으로부터 시작되었다. 무신년 봄에는 사방으로부터 학도가 모여들어 선생들이 경전을 분담하여 가르쳤다. (선생들은) 매일 강의를 마치면 의문점을 함께 논변하였는데 마침내는 제각기 극도로 대립되었다. 목은은 즐겨 중간에서 변석하며 절충하되 반드시 정주의 뜻에 합치하도록 힘쓰면서 밤이 되어도 권태로워 할 줄은 몰랐다. 이에 동방의 성리학이 크게 일어나게 되었으니 학자들은 기송과 사장의 구습을 버리고 신심성명의 이치를 궁구하면서 이 도를 종주로 하여 이단에 미혹되지 않을 줄 알게 되고, 의를 바로잡고자하여 공리를 꾀하지 않게 되었다. 유풍학술의 완연 일신케 됨이 다 이색의 가르침의 힘이다.[63]

여기에서 '유풍학술의 완연 일신케 됨이 다 이색의 가르침의 힘이다'는 것은 "이전에는 관생이 수십 명에 불과하였으나, 목은이 다시 학식을 정하여 매일 명륜당에 앉아서 경서經書를 나누어 교육하고, 강의가 끝나면 서로 모여 어려운 부분을 토론하고 바쁜 줄을 몰랐다. 이에 배우고자 하는 자가 떼지어 몰려들고 서로 감화되니 정주程朱의 성리학性理學이 비로

63. 『牧隱詩稿』, 「行狀」(權近撰)

소 홍기 하였다."[64]라는 것과, 목은은 덕행과 경술이 있는 김구용 · 정몽주 등의 사대부들로 하여금 학관 직을 겸하여 분담하여 교육을 담당하게 한 것임을 나타낸다. 특히 그의 교육 내용은 사서와 오경이었다. 목은은 평생에 과거 시험을 다섯 번 주관하여 많은 인재들을 선발해 냈다.[65] 을사년 동지공거의 직책에 있으면서 엄소종 등 28명을 선발하였는데, 후일에 그의 신도비를 지은 제자 하륜河崙(1347~1416)도 이 해에 급제하였다.

목은의 문하에서 공부하고 학문이 깊어진 사람들은 정몽주 · 이숭인 · 정도전 · 권근 · 하륜 등으로 이들 문하생들은 후에 조선조 건국과 성리학 발전에 매우 중요한 역할을 하게 된다. 이러한 점에서 정주학의 수용은 이제현 이후 특히 목은을 중심으로 사대부학자들에 의해서 이루어진 것이다. 당시 사대부학자들의 사제관계는 혈연으로 이어져 그들의 학문적 유대와 교유는 정주학程朱學의 학풍을 수용하는 것이었다. 특히 사대부 사회를 중심으로 하는 성균관 교육을 통하여 실천유학적 사상체계를 형성하기에 이르렀다.

도통의식道統意識과 동방이학東方理學

목은은 송대의 주자학을 수용하기 보다는 성문심법을 승계하는 정주도학을 바탕으로 한국적 토착화로서 성명의리지학性命義理之學의 토대를 마련해 준 것이다. 이른바 성명의 내적인 의식과 의리의 외적인 행위가 겸비되어 있는 것이다. 송대 도학자들은 도불道佛 사상에 대하여 도학의 정당

64. 『高麗史』 卷115 列傳28 李穡/『牧隱詩藁』(韓國文集叢刊 3) 行狀 參考
先是館生不過數十 穡更定學式 每日坐明倫堂 分經授業 講畢相與 論難忘倦 於是學者集 相與觀感 程朱之學始興

65. 『牧隱文稿』, 「神道碑」(河崙撰) : 凡五掌試 多知名士

성과 정통성을 주장하기 위하여 도통론과 벽이단론闢異端論을 전개하였다. 도통의식은 중국 역사상 가장 성왕으로 일컬어지는 요·순으로부터 수수되는 '정일집중精一執中'의 도가 유학의 정통임을 밝힘으로써 도학의 정통성을 주장하는 사상이다. 유학에서 도통론의 선하先河를 이루는 것은 맹자이다. 전국 시기에 맹자는 공자의 인仁에 의義를 덧붙여 인의를 강조하였고, 특히 양주나 묵적과 같은 유가를 비판하는 사상가를 강하게 배척하며 공자의 사상을 선양하고자 하였다. 이 과정에서 유학의 연원을 밝히고 정통성을 확립하기 위하여 맹자는 자신에게까지 이르는 유학적 도道의 수수 과정을 밝힌다. 맹자가 천명한 요, 순, 우, 탕, 문, 무, 주공, 공자로 이어지는 이러한 도통은 천여 년 동안 끊어졌고, 한대에 유학은 통치사상으로 채택되었지만 그 도가 이어지지는 못하였다. 맹자의 도통론 또한 오랫동안 언급되지 않고 있다가 불교의 극성기인 당대 후기에 이르러 한유韓愈에 의해 다시 제기되기에 이르렀다.[66] 이후 도통론은 송대로 이어지고 주희에 이르러 도통론은 체계적으로 정리되었다. 주희의 도통론은 원대에 들어와 원의 유학자들에게 받아들여졌다. 『송사宋史』의 「도학전」에는 주돈이周敦頤(1017~1073)와 정호程顥(1032~1085)·정이程頤·장재張載(1020~1077)·소옹邵雍(1011~1077)과 정씨 형제의 문인, 그리고 주희와 장식張栻(1133~1180)이 편입되어 있어 주희의 도통의식이 그대로 반영되어 있다.[67] 결국 요순으로부터 주희에 이르는 유학의 도통론은 원대에 이르러 확고해졌다고 볼 수 있는 것이다. 그러나 목은은 후술하는 바 그의 도통론[68]은 송대의 도통론에 구양수를 포함하고 있는데,

66. 『韓昌黎集』 卷11, 「原道」 : 曰斯道何謂也 曰斯吾所謂道也 非向所謂老與佛之道也 堯以是傳之舜 舜以是傳之禹 禹以是傳之湯 湯以是傳之文武周公 文武周公傳之孔子 孔子傳之孟軻 軻之死不得其傳焉 荀與揚也 擇焉而不精 語焉而不詳

67. 『宋史』 卷427, 列傳186, 「道學」1, 2, 3 참조.

68. 『牧隱文藁』 卷9, 「選粹集序」.

그것은 문장을 중시하는 그의 학문적 경향을 주목한 것이다. 또한 그 당시 원대 성리학의 종장은 허형이다. 따라서 목은은 당시의 유학계의 상황과 학풍을 반영하고 있는 것이다. 원대의 학풍이 성리학의 이론적 천착보다는 도학적 실천에 역점을 두고 있었다는 사실을 목은은 중시한 것이다. 원대의 성리학은 실천성을 그 특징으로 한다. 특히 허형은 '『소학』과 사서를 신명처럼'[69] 떠받들면서 『소학』을 도에 나아가는 기초로 삼았다. 그는 제자들에게 『소학』에 대하여 다음과 같이 말한다.

> 옛날에 가르치고 배우던 것들은 아주 맹랑하다. 지금 비로소 학문을 하는 차서를 들었으니 만약 서로 좇고자 한다면 마땅히 전에 배우던 장구에 대한 습득은 버리고 『소학』에 종사하여 쇄소灑掃응대應對로 덕에 나아가는 기초로 삼아야 한다. 그렇지 않을 것이라면 다른 스승을 구하는 것이 마땅하다.[70]

허형은 여기에서 『소학』을 자신의 학문과 타인을 가르치는 근본으로 삼을 것을 분명히 하고 있다. 그는 『소학대의』 『소대학혹문』 등을 지어 『소학』에 대한 이해를 돕고자 하였다. 허형의 이러한 『소학』중시에 대하여 『국학사적』에는 "선생은 『소학』을 자득하고 이 책을 주로 하여 학자들을 이끌어 주었다."[71]고 적고 있다. 또 요목암姚牧菴(요수姚燧)은 "선생의 학문은 오직 주자의 말을 스승으로 삼아 궁리에서 치지에 이르고 그것을 자신에게 돌이켜 실천했으며, 처음에는 자신의 집에서 행하고 마침내는

69. 『魯齋遺書』 卷9, 「與子師可」: 小學四書 吾敬信如神明 自汝孩提便令講習 望於此有得 他書雖不治無憾也

70. 『元朝名臣事略』 卷8, 「左丞許文正公」: 聚學者謂之曰 昔者授受 殊孟浪也 今始聞進學之序 若必欲相從 當悉棄前日所學章句之習 從事於小學 灑掃應對 以爲進德之基 不然 當求他師 衆皆曰唯 遂悉取向來簡帙焚之 使無大小 皆自小學入

71. 『魯齋遺書』 卷13, 「國學事蹟」, 附錄: 先生自得小學書則 主於此書以開道學者

다른 사람들에게까지 미쳤다."[72]라고 하였다. 원의 유학계에서 허형이 차지하는 위상을 볼 때 허형의 학풍은 그대로 원대 성리학의 학풍이라고 보아도 무방하다. 이러한 원의 학풍에 영향을 받은 목은은 학문연구에만 몰두하지 않고, 당시 극심한 혼란기에 있던 고려의 현실을 개혁하려 노력하였고, 여말선초의 수많은 개혁적 성리학자들을 제자로 길러내었으며, 자신의 제자들이 주축이 되어 건국한 조선에서는 벼슬을 하지 않음으로써 성리학적 의리사상을 실천하였다고 할 수 있다. 종합하면, 목은은 송대 도학자의 도통의식을 계승하나 주희는 언급하지 않고 원대의 유학자까지도 포함시키고 있다. 송대의 도통관은 송조宋朝육현六賢이 맹자를 계승하였다는 점을 강조하여 사서의 성립을 확연하게 한 것에 비해, 목은의 도통관은 유학의 실천성을 줄거리로 삼아 원대의 허형까지를 포함시켜『소학』을 중시하고 있는 것이 특징이다.

한국유학에서는 성리학이라는 용어를 '성명의리지학'이라고 표현한다. 여기서 성명性命이라는 의미는 공문심법에 이론적인 주제를 가리킨다. 의리義理라는 의미는 천의를 주제로 하는 실천적인 덕목을 말하는 것이다. 다시 말해서 내적인 성명과 외적인 의리가 내외를 관통하는 일중一中의식을 주제로 삼아, 실천과 이론이 함께 이루어져야하는 것을 내포하고 있는 것이다. 실천과 이론이 함께 한 목은의 제자 정몽주는 여말선초의 정치적 유동기에서 절의정신을 실천한 인물이다. 그러므로 목은은 정몽주의 학문에 대하여 "달가(정몽주)의 학은 횡橫으로 말해도 수竪로 말해도 이치에 맞아 동방이학東方理學의 조祖가 된다."[73]라고 높이 평하였다.

목은은 성학심법의 전통에 대해서 다음과 같이 말한다.

72.『魯齋遺書』卷14,「先儒議論」,「姚氏牧庵語」: 先生之學 一以朱子之言爲師 窮理以致其知 反躬以踐其實 始而行其家 終而及之人

73.『高麗史』,「列傳」卷30, 鄭夢周條 : 牧隱先生 喜而稱之曰 達可 豪爽卓越 橫說竪說 無非的當

복희 황제 세대는 멀다 하더라도　　　　　羲軒世云遠
주공과 공자는 지금 어디 갔는가　　　　　周孔今安歸
요순시대는 한창 태평했었는데　　　　　二帝日正午
소왕 때 비로소 도가 쇠미해졌네　　　　　昭王始衰微
진시황 때는 극도로 암흑시대라　　　　　秦天極昏黑
길을 잃고 돌아갈 바를 몰랐거니와　　　　　失路迷所歸
주렴계가 정주를 개도하긴 했으나　　　　　濂溪導伊洛
근원이 멀어져 형세 더욱 희미했네　　　　　源遠勢益微
주 선생이 비로소 세상에 나와서　　　　　考亭夫子出
이학의 정미한 곳을 관통했는데　　　　　理學通精微
노재가 다행히 기호를 같이하여　　　　　魯齋幸同嗜
조정에서 수시로 이를 발휘하였네　　　　　北庭時發揮
정자 주자는 도를 실은 그릇이라　　　　　程朱載道器
노씨 불씨 잘못을 크게 배척했는데　　　　　大斥二氏非
아직 구절 따라 해독이나 하는 자들이　　　　　尚作句解讀
누가 다시 삼희가 있음을 알리요　　　　　誰復知三希[74]

목은은 삼황시대로부터 하상주 삼대의 유학을 논하고 진시황 때 유학이 미로에 빠졌다가 주돈이가 정주程朱를 개도한다고 하였다. 여기에서 정주가 함께 언급되고 있는데, 이는 송학의 정미한 이론에 대한 평가인 것이다. 그러나 그 근원은 명확하지 아니하였는데 주희가 나와서 송대리학의 정미함을 관통하고, 원대의 노재魯齋는 기호를 같이하여 나라에서 이학을 발휘하였다고 했다. 노재는 정주학程朱學에 깊이 통하였고 벼슬은 국자좨주에 이른 허형의 호이다. 또한 정주는 재도載道의 학문으로 노불老佛의 잘못됨을 배척하고, '성인은 하늘을 바라고, 현인은 성인을 바라고, 선

74. 『牧隱詩藁』 卷6, 「有感四首」.

비는 현인을 바라는' 성현지도聖賢之道를 탐구하였다고 하여, 이러한 점에서 그들을 유학의 정통으로 보았던 것이다. 한편 목은은 도학의 계통에 대하여 다음과 같이 말한다.

> 공자는 요임금과 순임금의 도를 받들어 계승하고 문왕과 무왕의 법을 드러내 밝히면서 시경과 서경을 정리하고 편찬하고 예와 악의 제도를 제정하였다. 그리하여 나라의 정치를 바람직한 방향으로 인도하고 사람의 성정을 바로잡음으로써, 풍속이 모두 한결같이 되게 하고 만세토록 태평을 누릴 수 있는 근본 바탕을 마련해 주기에 이르렀다. 그러니 '이 세상에 사람이 생겨난 이래로 우리 선생보다 훌륭한 분은 나오지 않았다.' 고 한 말을 어찌 믿지 않을 수 있겠는가. 그러다가 진나라 때에 이르러 이런 책들이 모두 불에 타서 없어져버리고는 겨우 일부의 이런 책자만이 나오게 되었으므로 시와 서의 도라는 것도 그만 무너져버려 잡스럽게 뒤섞인 채 혼란스럽게 되었을 따름이었다. 그런데 당나라 때에 이르러 한유가 홀로 공자를 존숭할 줄을 알아 문장이 마침내 크게 변하게는 되었으나 그의 대표작이라 할 '원도原道' 한편만 보더라도 원래의 고문古文과 비교해 보면 그 득실이 어떠한지 충분히 살펴볼 수 있겠다. 그 뒤 송나라 시대에 들어와서는 한유를 본받아 고문을 배운 자가 구양수 등 몇 사람에 지나지 않았으나, 급기야는 공자와 맹자의 학문을 강명하고 도교 불교를 축출하여 만세토록 가르침을 내려 주기에 이르렀으니 이는 바로 주돈이와 정자형제의 공로라고 할 것이다. 그러다가 송나라가 망하고 나서 그 학설이 북쪽으로 흘러 들어가서는 노재 허선생이 그 학술을 응용하여 원세조를 돕기에 이르렀는데, 이렇게 해서 중통中統과 지원至元의 치세가 모두 이를 바탕으로 나오게 되었으니, 참으로 성대했다고 말할 만하다.[75]

75. 『牧隱文藁』 卷9, 「選粹集序」 : 類書以代 孔氏法也 故上古之書目曰 虞書, 夏書, 商書, 周書 類詩以體 亦孔氏法也 故侯國之詩目曰風 天子之詩曰雅 曰頌 孔氏 祖述堯舜 憲章文武 刪詩書 定禮樂 出政治 正性情 以一風俗 以立萬世人平之本 所謂生民 以來 未有盛

여기에서 그는 공문심법의 도맥을 요堯 순舜 · 문무文武 · 공자 맹자 · 한유韓愈 · 구양수歐陽脩 · 주돈이周敦頤 · 정호程顥 정이程頤 · 허형許衡으로 계승된다고 보았다. 이와 같이 목은의 도통관은 송대 정주학자의 도통관에 주희는 보이지 않고 거기에 허형을 도道의 전수자로 삼고 있는 것이 특이하다. 그는 원대의 허형을 공자의 도통을 이은 한유 · 구양수 · 정씨형제와 같은 계통의 학맥으로 파악한 것이다. 원대의 주자학과 관련하여 우리가 주목해야할 학자는 허형이다. 주자학이 원 조정의 국학이 되며 원의 안정적 성장과 통치는 허형의 영향이 결정적이었다. 허형은 정주의 서적이 아니면 읽지 않을 정도로 그들에 대한 존신의 염念이 높았던 인물이다. 주지하듯이 주자학에는 다소의 민족주의적 요소, 이적夷狄 배척의 분위기가 배어있다. 따라서 몽고라는 이민족의 침탈에 의해 세워진 원 정권에 송말의 성리학자 허형이 참여 · 협조하는 데는 갈등이 없을 수 없었다. 그는 도를 후대에 전하는 전도傳道의 문제와 도를 존귀하게 여기는 존도尊道의 태도 사이에서 갈등을 겪었고, 그 나름으로 제시한 명분은 전도가 중요하다는 판단을 하였다. 허형은 이민족이라 할지라도 그들에게 중화의 성인聖人이 제창한 문명의 학문을 가르치고 이를 후대에 전하자는 열린 마음의 소유자였다.[76] 목은은 정주학의 실천적 성격을 중시하여 허형을 포함한 것이다. 따라서 원대 유학은 바로 『소학』의 실천성을 강조한 점에서 송대 유학의 실천적 성격을 계승하고 있다.

목은의 동방이학의 토착화는 원대의 도학정신에 영향을 받은 것이다. 동방이학이라는 명칭은 두 가지의 의미를 지니고 있다. 하나는 한국적

於夫子者 詎不信 然中灰於秦 僅出孔壁 詩書道缺 泯泯棼棼 至于唐韓愈氏 獨知尊孔氏 文章遂變 然於原道一篇 足以見其得失矣 宋之世 宗韓氏 學古文者 歐公數人而已 至於講明鄒魯之學 黜二氏 詔萬世 周程之功也 宋社旣屋 其說北流 魯齋許先生 用其學 相世祖中統 至元之治胥 此焉出 嗚呼盛哉

76. 郭信煥, 「李穡의 學問觀과 君子論」, 中韓(2005) 牧隱李穡學術思想硏討會

도통의식에 따른 실천의식이 뚜렷하다는 것이요, 하나는 중국학자에 의해 전수된 것이 아니라 자득하여 체계를 세운 정주도학의 공문심법이다.

한편 그의 도통의식의 형성에는 고려가 원보다 문화적으로 우월하다는 동인의식이 작용한다고 할 수 있다. 목은은 최해崔瀣(1287~1340)의 『동인지문東人之文』에서 보이는 당시의 동인의식을 유지하여 동국에 대한 자부심을 가지고 있다. 목은은 고려에 원의 법제를 적용하라는 원의 요구에 대해 고려는 고려대로의 전통과 습속이 있어 중국과 다르므로 강제성을 띄면 오히려 역효과를 낼 것이라고 하면서 거부하였을 정도로 동인의식이 매우 강하였다. 그의 이러한 동인의식은 고려의 독자성을 강조하는 최해 · 이제현 · 이암 · 이곡 등에게서 영향 받은 것이기도 하다. 목은은 동한東韓이 하상시대엔 중국에 신복하지 않았음을 아래의 글 「파사부婆娑賦」에서 말한다.

동한은 어질고 오래 사는 군자의 나라로서	東韓仁壽君子國
요임금 무진년에 처음 시조가 탄생하였네	唐堯戊辰稱始祖
하상 시대엔 중국에 신복하지 않았다가	綿歷夏商不純臣
기자가 봉작된 이후로 사도가 새로워졌네	箕子受封師道新[77]

목은은 여기에서 우리 한국 민족의 기원이 요임금과 같은 해 무진년에 단군이 개국했다고 한다. 고대 한국을 인수仁壽의 나라 군자국이라고 한 것과 같이 상고대에 있어 중국인들이 한국을 군자국이라 불렀다. 중국에는 군자는 많이 있지만 군자국이라고 할 때는 동방의 고조선을 가리키는 것이다. 그리고 군자국 사람들은 성품이 유순하고 인자하다고 하였으며, 단군 이래 자주독립국으로 유구한 역사가 이어왔고, 기자箕子가 동

77. 『목은시고』 卷3, 「婆娑賦」

래東來한 이후로 사도師道가 새로워 졌다는 것을 논증하였다.[78] 이러한 견해는 고려가 고려대로의 전통과 습속이 있는 문화국이라는 점을 강조한 것이다. 서거정徐居正(1420~1488)은 『동문선』 서문에서 "이 책은 중국의 송나라나 원나라의 글도 아니고 바로 우리나라의 글이다."라고 하여, 강한 동인의식을 나타내 보이고 있다. 이러한 서거정의 동인의식은 목은에게서 영향을 받게 된 것이다.

한편 성균관 중흥 1년 후 목은의 나이 41세 때에는 왕이 임석하는 과거에서 시험관으로 이첨李詹(1345~1405) 등 7명의 문하생을 얻는다. 권근은 "목은은 일찍이 가학을 이어받고 어려서 벽옹에 들어가서 정대하고 정미한 학문을 연구하였고 돌아와서 그는 유학의 조종祖宗이 되었으며, 여말선초 시대의 대학자인 정몽주 · 이숭인 · 정도전 등은 모두 그 문하에서 공부하여 학문이 깊어진 사람들이다."[79]라고 말하기도 한다. 그리고 그 다음해에 동지공거가 되어 유백유 등 33인을 선발했으며 처음으로 중국의 『역서통고易書通考』의 법을 시행한다. 이 때 시중 유탁柳濯(1311~1371)이 옥에 갇힌 것을 석방시켜 구하는 고사는 유명하다. 유탁은 "몸가짐이 무겁고 풍모가 아름답고 거동이 볼만했다"고 한다. 성품 또한 강직했다.

노국공주가 사망하자, 공민왕은 제정신이 아니었다. 사망한 왕비 노국공주의 영전影殿을 수년이 지나도록 완성 못하고 있었다. 공민왕이 다시 마암 서쪽에 공주의 영전影殿을 웅장하고 화려하게 공사를 시작하려 하였다. 그러자 당시 시중인 유탁은 백성의 노력과 국가 재정만 소모하게 되어 백성의 고통이 너무 심하고 국가에도 이롭지 못하다고 여러 차

78. 유승국 「牧隱思想과 世界化時代」 中韓(2005) 牧隱李穡學術思想硏討會, p. 7.

79. 李光靖撰『牧隱先生年譜』牧隱 41세 참조 : 早承家學得齒辟雍 以極正大精微之學既還儒學皆宗之若圃隱鄭公陶隱李公三峰鄭公潘陽朴公茂松尹公皆其昇堂者也

례 간언과 상소를 올리면서 정면으로 반대했다.

> 내가 외람되이 수상 된 입장에서 임금의 봉록을 먹으면서 어찌 마음 속으로 그릇되게 여기면서 임금이 과오를 범하게 하여 비난을 후세에 남길 것인가?

이렇듯 차라리 죽을지언정 임금에게 간하지 않을 수 없다고 상소가 올라가자 이에 공민왕은 크게 노하여 지나간 일들을 문제 삼아 옥에 투옥시켰다. 게다가 신돈이 나서서, 유탁을 죽여야 한다고 하자, 공민왕은 목은으로 하여금 군중에게 고하는 글을 짓도록 명했다. 유탁을 사형시키겠다는 뜻이었다. 이에 목은은 국왕에게 유탁의 지나간 일들은 목숨을 끊을 만큼 죽일 죄가 되지 못하니 감히 명령을 거행하지 못하겠다고 하며, 만일 유탁을 죽인다면 다수의 사람들은 사망한 왕비 노국공주의 영전공사를 중지하자는 글을 올린 때문으로 생각할 것이라고 탄원하자 공민왕은 목은도 투옥시켜버렸다. 얼마 후 유탁과 목은은 풀려나게 되었다. 결국은 목은이 간곡하게 탄원하여 유탁을 석방시킬 수 있게 된 것이다.[80] 여기에서 목은은 자신은 뒤로 하고, 국왕에게 간언과 상소를 올리며 왕의 잘못을 지적하여, 왕으로 하여금 왕도를 실천할 수 있도록 길을 열어 준 점에서 그의 도학사상의 실천성이 엿보인다.

목은은 기송사장을 시정하고 그의 학문에서 언제나 철저한 실천위주의 『소학』의 유풍을 교육시키고 있다. 이러한 실천적 도학사상은 정주학의 심화과정에서 형성된 것이다.

43세 때 이숭인 · 박실 · 권근 · 김도 · 유백유 등을 선발하여 명나라에 가서 시험 볼 사람인 공사貢士로 천거했다. 이때 권근의 나이는 18세였

80. 『高麗史』 卷第110, 「列傳」 卷第28, 李穡條.

으니. 나이가 아니라 학문위주로 발탁하여, 인재의 선택기준은 도덕이 학문의 깊이와 비례함을 아는 자로 하였다. 목은은 44세 되는 1371년(공민왕 20년)에 과거를 전적으로 주관하는 지공거가 다시 되어 금잠金潛 등 33인을 문하생으로 삼았다. 가을에는 중서문하성 종2품 관직인 정당문학政堂文學에 임명되고 문충보절찬화공신文忠保節贊化功臣의 호가 더해졌다. 이 때가 목은이 학문을 통한 도덕정치실현을 가장 활발하게 이뤄 나가던 시절이며, 정주도학이 고려후기에 성명의리를 주제로 삼는 동방이학으로 토착화를 이루는 때이었다.

59세에도 지공거가 되어 과거를 공정히 하기 위해 부정을 엄격히 막았으며 나이가 20세 미만이면 허락하지 않았다. 이 때 동지공거인 염흥방이 낙방자의 합격을 요청하였으나, 목은은 이를 거절하고 맹사성孟思誠(1359~1438) 등 33인을 그의 문하생으로 취했다.[81]

목은은 청년기에 성균관을 중심으로 학문의 연원이 현실로부터 현실을 벗어나지 않는 계기를 갖게 되고 이 때 그의 많은 시에서 뿐만 아니라 단편형식의 기記에서 그의 사상을 집약하였다. 49세 와병 당시에 「직설直說」 1편에서는 하늘과 사람을 논하고, 2편에서는 군신에 관하여 논했으며, 3편에서는 심리에 관하여 논하여 성리철학의 기조를 제시하고 있다.

목은은 성균관대사성으로 많은 사대부 출신의 제자들을 배출하여, 하륜 · 이첨 · 권근 등이 조선조 성리학의 기조가 되고, 그의 제자인 정몽주에 의해 『주자가례』가 보급됨에 따라 가례의 도입이 일반화되었다. 그는 중국과 고려는 자연과 문운文運이 전일하다는 동인의식으로, 반드시 정주의 뜻에 합치하도록 도와, 덕은 학문의 밝음과 같고 경학의 깊이와 같음을 그의 문하생들에게 가르쳤다. 이렇듯 그의 학문은 이론 성리학이라기보다는 실천 성리학으로 동방이학으로 토착화된다. 앞서 밝힌바 목은의 동

81. 牧隱硏究會, 『牧隱 李穡의 生涯와 思想』, 一潮閣, 549쪽.

방이학의 토착화는 한국적 도통의식에 따른 실천의식이 뚜렷하다는 것이다. 이것은 원대의 도학정신에 영향을 받았으나 중국학자에 의해 전수된 것이 아니라 자득하여 체계를 세운 정주도학의 공문심법이라는 것이다.

> 목은선생이 재상으로서 성균관을 이끌면서 성명의 학설을 창도하여 부화한 습속을 배척하매, 선생(정몽주)과 이자안, 박자허, 박성지, 김경지 등을 천거하여 학관을 맡게 하여 경학을 강론하게 하였다. 선생은 『대학』의 제강과 『중용』의 회극會極에서 명도明道와 전도傳道의 뜻을 얻었고, 『논어』, 『맹자』의 정미함에서 조존操存 함양涵養의 요와 체험 확충하는 방方을 얻었고, 『역』에서는 선천 후천이 서로 체용이 됨을 알고, 『서』에서는 정일精一 집중執中이 제왕의 전수하는 심법이 됨을 알았고, 『시』는 민이물칙民彝物則의 훈계에 근본하고, 『춘추』는 도의 공리의 분分을 가려내는 것임을 알았다.[82]

목은은 유학의 경전 『대학』 경1장과 전 10장에서 유학의 목적과 정무政務의 근본을 알고, 수장首章에서 하늘이 명한 것을 성性이라 하고, 성을 따르는 것을 도道라 하고 ,도를 닦는 것을 교敎라 한다는 『중용』에서는 유학사상의 출발점과 그 지향 처를 제시하니 명도와 전도의 뜻을 얻었다 한다. 『논어』는 공자와 그 제자들의 언행이 담긴 어록이다. 내용 구성은 배움에서 하늘의 뜻을 아는 것이다. 『맹자』에서 성선설을 말하고, 인의를 강조하여 왕도정치를 말했다. 목은은 여기에서 조존操存 함양涵養의 요와 체험 확충하는 방方을 얻은 것이다. 『역』에서의 역易의 의미는 이간易簡으

82. 『三峯集』 卷3, 「圃隱奉使稿序」 : 牧隱先生 以宰相 領成均 倡性命之說 斥浮華之習學 先生及李自安 朴子虛 朴誠之(夫) 金敬之 充學官 講論經學 先生 於大學之提綱 中庸之會極 得明道傳道之旨 於論孟之精微 得操存涵養之要 體驗擴充之方 至於易 知先天後天 相爲體用 於書知精一執中 爲帝王傳授心法 詩則本於物則之訓 春秋則辨其道蟻功利之分

로서 간단하고 평이하다는 의미와 변역變易으로서 천지간의 모든 상황과 사물은 항상 변하고 바뀜으로써 음과 양 두 기운이 교섭한다는 의미와 그리고 불역不易으로서 하늘은 높고 땅은 낮아 그 위치를 바꾸지 않는 질서가 있다는 뜻이다. 목은은 여기에서 선천 후천이 서로 체용이 됨을 알았다하고, 『서』는 상고시대의 성왕聖王 요堯로부터 주周나라 초기까지 여러 제왕들의 발언과 행위를 기록한 것이다. 여기에서는 목은이 정일精一 집중執中이 제왕의 전수하는 심법이 됨을 알았다, 공자는 아들 리鯉에게 "시를 배우지 않으면 말을 할 수 없다"는 『시』에서는 민이물칙民彝物則의 훈계에 근본 함을 알고, 공자가 대의명분大義名分을 피력한 『춘추』에서는 도의 공리의 분分을 가려내는 것임을 알았다한다. 목은은 이러한 경학의 실천적 도학사상을 성균관에서 강론하고, 정몽주, 이자안, 박자허, 박성지, 와 김경지 등 을 천거하여 학관을 맡게 하여 강론하게 한 것이다.

실천적 도학사상은 고려 후기와 조선왕조 초기 성리학의 특수성을 말하는 것으로서 중요한 의미를 갖는다. 이와 같이 목은은 유학을 고려 후기 사대부의 관학으로 정착시켰으며, 고려 유학의 철학적 인식을 토착화하는 중심인물로 정치가며 교육자며 문장가이다.

2

목은 사상의 철학적 기초

천리天理와 인문人文은 떨어질 수 없다

목은사상의 연원은 송원 시대에 집성된 정주도학에 있다. 그러나 목은 사상은 정주학을 묵수적墨守的으로 전수하고 있는 것이 아니다. 그는 리기론적 기반으로서 리理가 주도한다는 세계관을 바탕으로 일기一氣론의 체계를 제시하여 원리와 현상세계가 일원一源이 되는 것을 강조하고 있다.

일반적으로 리기론은 윤리 심성론 위주의 기존 유학의 본체론적 근거를 마련하는 성리학의 중심문제였다. 세계의 궁극적 원리로서 태극과, 자연현상의 구체적 운동 변화를 음양론이라 하는 것도 리기론이다. 태극은 리理이고 음양은 기氣이다. 그러므로 송대의 성리학자들은 모두 이 문제에 천착하였던 것이다. 리기理氣의 선후 문제를 비롯한 리기의 관계, 또 그로부터 파생되는 성정性情의 문제 등은 중국에서만이 아니라 조선조의 성리학에서도 많은 논변을 일으키며 성리학 이론의 심화에 기여하였다.

원대의 정주학이 실천위주의 도학적 성격이 짙었다고 하더라도 리기를 비롯한 성리학적 핵심 개념에 대한 이해는 필수적이라고 하겠다. 그러나 시대적 한계로 인하여 원대에는 이러한 이론적 문제에 대한 깊은 연구가 이루어지지 못하고, 대체적으로 주희의 이론을 답습하는 형국이었다. 태극을 리로 확정한 것은 주희이다. 리기 즉 태극과 음양의 관계를 본체와 작용의 관계론 즉 체용론을 적용한다. 리는 본체요 기는 작용이다. 주지하다시피 주희는 리기불상리理氣不相離를 말하였지만 리기불상잡理氣不相雜도 아울러 강조하였고, 리와 기의 동시성을 말하였지만 리의 논리적 선재성을 인정하였다. 이러한 경향은 목은에게서도 드러난다. 목은은 리理가 위주이며, 기氣는 구체적인 부분이 되는 것이라고 말하고 있다.

천지 조화옹의 크나큰 용광로는	天地帝洪爐
어찌 그리 수고롭게 주조하는가	鼓鑄一何勞
이치는 가져다 주인으로 삼고	理以爲之主
기는 가져다 무리를 나누었으니	氣以分其曹
최소하긴 혹 기린 뿔과도 같지만	少或似麟角
많기론 어찌 소 털 정도 뿐이랴	多奚啻牛毛
인의가 바로 고량 진미인데다	仁義是膏粱
예법을 조복 차림으로 삼아서	禮法爲笏袍
찬연히 온 천하에 입히었으니	燦然被天下
내 생이 그 어디로 도피할손가	吾生安所逃[1]

여기에서 말하는 바와 같이 목은은 일반적인 정주학자와 마찬가지로 리와 기를 장수와 병사와의 관계와 같은 것으로 파악하고 있다. 이를테면 하늘에 걸린 달 그로인해 바다 물결에 아른거리는 달이 있고, 호수에 보이는 달이 있다. 하늘의 달이 지상의 여기저기에 비추는 것이다. 하늘의 달

1. 『牧隱詩稿』 卷22, 「有感」.

은 이치요 호수에 보이는 달은 작용으로 기이다. 하늘의 달이 구름에 가리면 하늘의 달은 안 보인다. 그러므로 목은은 이 생생生生하는 이치를 현상의 세계에서 드러나는 기의 작용에서 찾아볼 수 있다고 한다. 비록 본체로서의 리는 구체적인 형체가 없는 것이다. 그러나 그 리를 나타나게 할 수 있는 것은 오직 기의 작용이라고 본 것이다.

> 비록 도가 태허에 있으나 본래 형체가 없는 것이다. 그러나 능히 나타나게 하는 것은 오직 기의 작용이다. 이로써 크게는 천지가 되고 밝게는 일월이 되며, 흩어져서 달리 바람, 비, 서리, 이슬이 되며, 치솟으면 산악이 되고 흐르면 강하가 된다. 질서 지워 군신, 부자의 떳떳한 도리가 되고, 빛나서 예악형정의 도구가 된다. 그것이 세상에서는 청명하면 치治가 되고, 예탁穢濁하면 난亂이 되니, 모두가 기의 작용이다.[2]

자연현상은 기의 작용으로써 크게는 천지가 되고 밝게는 일월이 되며, 흩어져서는 달리 바람, 비, 서리, 이슬이 된다. 목은은 치솟으면 산악이 되고 흐르면 강하가 되듯이 질서 지워 군이 군답고 신이 신다우면 믿음 있는 군신관계가 되고, 아버지가 아버지답고 자식이 자식다울 때 부자의 떳떳한 도리가 되어 예악형정禮樂刑政의 도구가 된다. 그것이 세상에서는 청명하여 사념이 없고 탐욕이 없이 밝으면 다스려지고, 예탁하여 거칠면 반역이 된다는 것이다. 이것은 모두 기가 하는 작용이다. 기의 작용은 혹 맑은 기도 되고, 혹 탁한 기도 되고, 혹 무거운 기도 되고, 혹 가벼운 기도 되는 것이다. 이를테면 모든 형체가 있게 되는 것은 오직 기가 그러하다는 것이다. 자연현상, 인간사, 윤리가 모두 기의 작용으로 길흉,

2. 『牧隱文稿』 卷1, 「西京風月樓記」 : 雖道之在太虛, 本無形也, 而能形之者, 惟氣爲然, 是以人而爲天地. 明而爲日月, 散而爲風雨霜露, 峙而爲山嶽, 流而爲江河, 秩然 而爲君臣 父子之倫, 粲然而爲禮刑政之具, 其於世道也, 淸明而爲理, 穢濁而爲亂, 皆氣之所形也

재앙, 자연적인 변괴, 그리고 인간사회의 질서 등 모두가 기의 청명함과 예탁함으로 감지해 낼 수 있다는 것이다.

따라서 목은은 "천지도 본래 하나의 기운이요, 산하와 초목도 본래 하나의 기운인 것이다."[3]라고 말한다. 이러한 일기一氣라는 관점에서 보면 근원은 경중을 따질 수 없이 천지나 산하초목이 모두 같은 것이다. 천지도 산하와 초목도 본래 하나의 기이니, 작용되기 전의 하나의 기로 천지와 산천초목이 서로 같은 것이다. 여기에서 목은이 말하는 일기一氣라는 것은 바로 천리天理와 같이 작용의 경중輕重을 넘어서서 조금도 어긋남이 없는 것이다. 일기一氣의 기는 리와 기가 대립한다는 관점에서 기가 아니라 생기生氣이다. 다시 말하자면 작용인 기는 청명함과 예탁함의 생김과 없어짐에서 생의 기로 보고 있는 것이다. 이것은 리와 기의 상반되느냐의 논의를 하는 논리를 추구하려는 것이 아니다. 생하고 생하는 리理가 보합하고 중화中和하여 만물을 바르게 한다는 뜻에서 기를 설명하려는 것이다.

또한 사람과 사물이 천天 아님이 없음을 강조한다. 그는 '저 사람은 기를 받고 생하였다.'[4]고 하고, '천지는 기이다. 인간과 만물이 이 기를 받아서 생겨난다.'[5]고 말한다. 따라서 목은의 기 개념은 이러한 생기生氣로 이해할 수 있다.

다음으로 기의 작용과 리의 원리성을 말하고 있다. 리는 만물을 주재하지만 형상이 없기 때문에 단독적으로는 발현될 수 없으니, 리가 드러나기 위해서는 물物이 필요하다. 리理가 물상物象으로 드러나게 하는 것은 오직 기의 작용으로 가능한 것이다. 목은은 "혈기를 갖추고 있는 것은 성명이 보존되어 있다."[6]고 말한다. 이렇듯 그가 말하는 리理의 기는 생생

3. 『牧隱文稿』 卷3, 「菊澗記」: 天地本一氣也 山河草木本一氣也 豈可輕重於其間哉

4. 『牧隱文稿』 卷3, 「養眞齋記」: 夫人之受是氣以生也

5. 『牧隱文稿』 卷2, 「萱庭記」: 天地氣也 人與物受是氣以生

지리生生之理이다. 또한 목은은 리理와 상象과의 관계를 다음과 같이 말하고 있다.

> 대저 리理는 어떤 일정한 형체가 없이 모든 사물에 깃들어 있다. 그리하여 만물이 표상表象하는 바에 따라 그 리가 현현顯現되고 있는 것이다. 그런 까닭에 용도龍圖와 귀서龜書를 성인이 법도로 삼은 것인데, 여기에 시초蓍草 점치는 풀가 나오자 이것을 가지고 음양陰陽의 기우奇耦의 변화를 끝까지 살펴봄으로써, 만세토록 개물성무開物成務[7]의 근본이 되게끔 하였으니, 그러고 보면 아무리 하찮은 물건이라 할지라도 어떻게 소홀히 취급할 수가 있겠는가.[8]

여기에서 '용도龍圖와 귀서龜書를 성인이 법도로 삼은 것의'에서의 용도龍圖는 팔괘八卦의 근거가 된 하도河圖이다. 하도는 복희씨伏羲氏 때에 황하黃河에서 용마龍馬가 등에 지고 나왔다는 그림이다. 귀서龜書는 홍범구주洪範九疇의 근거가 된 낙서洛書를 말한다. 낙서는 하우씨夏禹氏 때에 낙수洛水에서 나온 신귀神龜의 등에 새겨져 있었다는 글씨인데, 『주역』 계사전繫辭傳 상上에 '하도와 낙서가 나오자, 성인이 이를 법도로 삼았다'는 말이 나온다. 음양陰陽의 기우奇耦의 변화는 만물의 온갖 변화를 뜻하는 것이다. 양은 1·3·5·7·9의 기수奇數이고, 음은 2·4·6·8·10의 우수耦數인데, 바로 이 하늘의 생수生數와 땅의 성수成數가 서로 어우러져서 일어나는 변화를 말하는 것이다.

리理는 형상이 없다지만 물物을 통해서 상象으로 드러난다는 것이다.

6. 『牧隱文稿』 卷6, 「負暄當記」 : 血氣之所在 性命之所存

7. 개물성무開物成務의 뜻은 만물의 속성을 드러내 밝혀 천하의 일을 성취시킨다는 뜻으로, 《주역》 계사전 상에 나온다.

8. 『牧隱文稿』 卷3, 「葵軒記」.

비록 미물이라고 하여도 리는 존재하니, 결국 물이 있으면 리가 있는 것이다. 물이 없이는 리는 드러날 수 없다. 그러므로 물이 없는 리가 없고, 리가 없는 물은 또한 존재할 수 없다. 즉 본체 없는 현상작용이 없고, 현상작용이 없는 본체는 또한 없는 것이다. 결국 물의 작용, 즉 현상은 본체인 리의 발현이므로 원리와 현상은 근원이 하나라는 리상일원理象一源이 성립하는 것이다. 따라서 목은은 아무리 하찮은 물건이라 할지라도 소홀히 취급할 수가 없다는 것이다.

리理와 상象은 천지자연의 리理와 천지자연의 문文으로 설명할 수 있으며, 그것은 물이 없는 리가 없고, 리가 없는 물이 없다는 천리와 인문의 불이성不離性에 기초를 두고 일원一源이라는 관념을 제시하는 것이다.

목은은 『논어』의 글귀를 통해 문文과 질質을 구별하여 설명한다.

> 『논어』에서는 '문文이 질質을 이기면 겉만 번드르르해지고, 질이 문을 이기면 촌스럽게 된다.'[9]는 말이 나오는데, 여기서 문은 아름다운 외관이며 질은 본바탕이다. 질이야말로 문의 근본이라고 해야 할 것이다. 그럼에도 불구하고 문이 질을 이겨 온 것이 오래된 까닭에, 화락하고 단아한 아름다움과 충성과 신의의 독실함이 완전히 사라져서 보이지 않게 되었다. 그리하여 비록 아름다운 자질의 소유자라 할지라도 함께 휩쓸려 빠져버린 나머지 세속의 흐름에서 자신을 구해내지 못하고 있으니, 문의 폐단이 극에 달했다고 하겠다. 이런 상황에서 오직 문만을 계속 숭상하다 보면 혹 근본을 잃어버린 채 지엽만을 좇게 되고 만다.[10]

9. 『論語』, 雍也 : 子曰 質勝文則野 文勝質則史 文質 彬彬然後君子

10. 『牧隱詩藁』 卷10, 「韓氏四子名字說」 : 語云 文勝質則史 質勝文則野 質者 文之本也 文勝夂矣 愷悌之美 忠信之篤 泯而不彰 雖有美質 淪胥而莫能自拔於流俗 文之弊極矣 於是而惟文之是尚 則或失其本而趨乎末

여기에서 목은은 문文의 개념을 인문의 관점에서 설명하고 있다. 리상일원理象一源이란 상으로 드러나는 문과 그리고 질로서의 이理가 균형을 이루는 것을 말하고 있는 것이다. 문은 아름다운 외관이며 질은 본바탕이다. 바로 질은 문의 근본이 되는 것이다. 따라서 바탕이 되는 내적인 질에 충실하면 외적인 문채는 저절로 드러나는 것이다. 문과 질이 한쪽으로 치우치지 않고 가운데를 접으면 접혀진 것이 중中되어 접전摺轉될 때 가장 자연스럽고 아름다운 것이다. 그러나 근본은 무시하고 외모에만 치우치게 되면 중을 잃어 자연스러움과는 멀어지는 것이다. 따라서 목은은 문만을 계속 추구하다보면, 근본을 잃어버린 채 지엽만을 좇게 된다고 하여, 근본적으로 충성과 신의의 독실함이 중요하다고 강조하고 있는 것이다.

뿐만 아니라 목은은 문의 개념을 천문天文으로 말하기도 한다. 천지자연의 형체와 그림자처럼 뗄 수 없다는 관점에서 천지자연의 문과 천지자연의 리가 분리되지 않는다는 이론이다. 따라서

> 벌과 개미가 모여 살아가는 가장 가까운 땅을 잊고 있는 것처럼 그리고 물고기가 뛰고 솔개 나는 것은 자연히 천성이 있다.[11]

벌과 개미는 땅에서 모여 살아가는 천성을 잊고 있는 것 같으나 벌과 개미는 땅에서 떠날 수 없다. 이처럼 물고기가 물에서 뛰고 솔개가 하늘에서 나는 것은 분리될 수 없는 천성인 것이다. 자연 천성이 있어서 천지자연과 만상이 혼연일체가 되어 불리될 수 없다는 것을 말하고 있다. 다시 말하면 목은은 천지자연의 리理와 천지자연의 문文이 하나 되는 곳에서 바로 천도天道와 성명性命의 이치를 말한다. 이러한 문과 질이 하나 되

11. 『牧隱詩藁』 卷21, 「有感」 : 蜂屯蟻聚如無地魚躍鳶飛自有天

는 동일함으로 위로는 하늘이 있고 새는 그 하늘에서 나르는 것이다. 나르는 것과 하늘은 하나로서의 본원本源인 자성自性이다. 아래로는 물이 있고, 고기가 물에서 뛰는 것은 본원인 자성이다. 이와 같이 천지자연의 문文과 리理의 불이성不離性은 인간과 자연과의 하나 되는 것을 뜻하며, 사람이 자연과의 하나 되는 것은 천리가 되는 이륜彛倫을 함양함으로써 인성을 회복하는 것이다. 성이 곧 리라는 입장에서 천리는 인간의 내면에 존재하는 덕성이다. 하늘이 사람과 만물에 부여한 것은 명命이요, 사람과 만물이 하늘로부터 부여받은 것은 성性이다. 하늘이 인간에게 명命한 본성을 자각하고 자성自性을 따라야 한다. 이것이 사명이 된다. 공자는 "명을 알지 못하면 군자라고 할 수 없다."[12]가 이것이 사람이 사는 길인 것이다. 잘못되기 쉬운 욕구를 이겨내어 인성을 회복함으로 자성自性으로 사람은 사람의 도리를 다하여 자연의 하나로 자연스럽게 살아간다는 것이다. 이것은 "시서詩書와 예악이 질서 정연하고 전장典章과 문물이 찬연하면 이른바 윤리라는 것이 어찌 일월이 게시되어 행해지는 것만 같지 않겠는가?"[13] 그러한 인성회복은 '성현의 공적과 교화의 표면에 나타나는 것'[14]이다. 따라서 "인심은 위태롭고 도심은 정미하니 오직 정밀하게 하고 오직 한결같이 하여야 실로 그 중정中正함을 잡을 수 있다."[15]는 것이다.

> 사람마다 품부 받은 기질이 다른데다가 물욕에 또 구애를 받는 까닭에, 형체와 그림자처럼 뗄 수 없는 하늘과 사람의 관계에 대해서 방불하게나마 그 말단이라도 파악할 줄 아는 사람은 드물기만 한 실정이다. 그러니

12. 『논어』 堯曰

13. 『牧隱文藁』 卷10, 「仲至說」 : 詩書禮樂之秩然 典章文物之粲然 則所謂倫理者 豈不如揭日月而行哉

14. 『牧隱文藁』 卷10, 「仲至說」 : 着於聖賢功化之表

15. 『書經』, 「虞書」, 〈大禹謨〉 : 人心惟危 道心惟微 惟精惟一 允執厥中

더군다나 정밀하고 은미하게 함축된 심오한 뜻에 대해서야 더 말해 무엇하겠는가. 아, 그 사이에서 '그 경지까지 도달하기 위한 공부'를 한 사람을 어떻게 많이 얻을 수가 있겠는가. 『서경』의 우서와 하서에 실린 격언이 매우 많지만, 그 중에서도 16자로 마음을 전한 말이 나오는데, 이를 통해서 우리는 '위危'와 '미微'를 구분하고 나서 '정일精一'공부를 행해 나가면 도의 목적지에 도달할 수 있다는 것을 알 수가 있다.[16]

바로 이러한 '精一' 공부가 중정함을 잡기 위한 것이며, '정일' 공부를 행해 나가면 도의 목적지에 도달할 수 있는 것이다. 이러한 도덕적 사명은 인간이 주체성으로서 우주의 중심으로서의 역할을 담당하게 하려는 것이다. 도에 도달하는 것은 형체와 그림자처럼 뗄 수 없는 하늘과 사람의 관계에 대해서 바로 문과 리理가 하나가 되는 것이다. 이때 문과 리가 하나가 되어 서로 불리不離함으로써 비로소 인문의 문이 된다. 반면에 문과 리理가 서로 불리不離함을 알게 하는 것은 천리인 것이다. 인간은 이 천리를 부여받은 본성을 자각하여 도덕적인 사명을 지녀야 한다. 목은의 제자 권근도 다음과 같이 말한다.

천지자연의 리가 있으면 곧 천지자연의 문이 있는 것이므로, 일월성신은 그것을 얻어서 사방을 비추고, 풍우상로는 그것을 얻어서 변화하며, 산하는 그것을 얻어서 흐르기도 하고 우뚝 솟기도 하며, 초목은 그것을 얻어서 꽃을 피우고, 솔개와 물고기는 그것을 얻어서 날기도 하고 뛰기도 하니, 성색聲色을 갖추고 천지사이에 가득 차 있는 모든 만물이 각각 자연의 문채가 있지 않은 것이 없다.[17]

16. 『牧隱文藁』 卷10, 「仲至說」 : 然氣稟之異 物欲之拘 罕有得其髣髴於形影之末者況其精微之蘊奧也哉 嗚呼 能至於其間者 何可多得哉 虞憂書所載格言 甚衆 十六字傳心之語 可見危微之辨 精一之功 所以至夫道之準的也

이와 같이 권근은 천지자연이게 하는 본질적인 면에 해당하는 리理가 있고, 천지자연의 현상적인 면에 해당하는 문이 있다고 전제하면서 일월성신이 밝게 비추는 것은 문으로서 밝음이 있고, 리理로 밝게 비추게 하는 것이라고 말하고 있다. 다시 말해서 문과 리理가 하나로 있을 때 밝게 비추는 일월성신인 것이다. 이러한 일월성신의 자체와 사방을 비추는 작용이 하나가 된다는 관계는 바로 동일관계이다. 이러한 동일관계로서의 천지자연의 리理와 천지자연의 문이 하나가 됨은 산천초목이 제 모습을 갖추게 하는 것이다. 말하자면, 산은 우뚝 솟는 것이고, 하河는 흐르는 것이고 초목은 숲을 무성하게 하는 것, 솔개는 하늘을 날고, 물고기는 물에서 뛰는 것이다. 바로 "우주만물이 있어야 할 모습을 갖추어 주는 것은 리理이다."[18] 그러므로 솔개의 존재 현상은 문이 되고, 독수리과에 속하는 솔개이게 하는 것은 리가 되는 것이다. 또한 물고기의 존재 현상은 문이 되고, 그 물고기이게 하는 것은 리理이다. 한편 문과 리理를 분리해서 말해본다면, 솔개가 하늘을 나는 것은 현상적인 문이며, 날게 하는 것은 리理이다. 물고기가 물에서 뛰는 것은 현상적인 문이 되는 것이며 물에서 뛰게 하는 것은 리理가 되는 것이다. 이러한 논리로 보아 인간이 성실하게 도덕성을 실현하는 것은 문이고 천부적인 덕성을 지니게 한 것은 리이다.

이와 같이 천지자연의 리理와 천지자연의 문이 합치되는 것이 자연의 묘妙이며, 천연天然인 것이다. 만물이 각기 그 자연의 묘에 의해서 그렇게 되는 것이다. 목은은 또한 천지자연의 문과 리理를 구별할 수 없다는 관점을 천지가 계란과 같다는 것으로 설명한다.

17. 『牧隱詩藁』 卷1, 「牧隱先生文集序」 : 有天地自然之理 卽有天地自然之文日月星辰淂之以照臨 風雨霜露淂之以變化 山河淂之以流峙 草木淂之以敷榮 鳶魚淂之以飛躍 凡萬物之有聲色 而盈兩儀者 莫不各有自然之文焉

18. 정재철, 『이색시의 사상적 조명』, 집문당, 2002, 23쪽.

천지는 계란과 같으니	天地如鷄卵
내가 지금 무엇을 구별하랴	我今何所擇
산하는 계란 노른자와 같고	山河如內黃
허공은 계란 흰자와 같으니	虛空如外白
그 사이에 날개 돋은 사람은	羽化於其間
봉래산의 신선만이 아니로다	匪獨蓬萊客[19]

여기서 말하듯이, 계란은 이미 흰자와 노른자가 하나로 있어서 하나의 생명이 되듯 하늘과 땅도 천지하나로 생명이 있다는 것이다. 이미 천연적으로 그렇게 있다는 뜻으로 해석된다. 목은은 계란의 노른자를 산하로 비유하고, 계란의 흰자는 허공이라고 말한다. 여기서 노른자와 흰자로 분리할 수 있지만, 계란 그 자체로 본다면 분리할 수 없다. 이렇듯이 산하두 허공도 각각이지만 모두 천지로 본다면 계란과 같이 분리할 수 없다. 다시 말하면 산하도 산하로서 현상적인 문이요. 허공도 허공으로서 현상적인 문이다. 따라서 산하이게 하고 허공이게 하는 그 소이연은 리理이다. 산하와 허공이 있는 천지자연은 역시 현상적인 문이요, 천지자연이게 하는 그 소이연은 리理이다. 또한 천지자연은 문文과 리理가 하나가 된 문文인 것이다. 허공에서 새는 날개를 펴고 나르는 것이다. 따라서 그 허공은 새가 나르는 공간적인 틈과 따로 생각할 수 없는 것이다. 그러므로 목은은 문文과 리理가 간극間隙이 없다는 것이다. 혼魂이 있으면 백魄이 있어 혼백이 함께 어울려 있고, 노른자가 있으면 흰자가 있어 계란으로 하나가 되듯이, 일一이면서 이二요. 둘이면서 하나가 되는 것이다. 이렇듯 천지자연의 문과 리는 분리할 수 없이 하나가 됨으로써 산천초목이 각기 제 모습을 갖추게 되므로, "모든 만물이 각기 저마다 자연의 문이 있지 않은 것이

19. 『牧隱詩藁』卷2,「有感」.

없다."[20]는 것이다. 그러므로 인간의 제 모습은 타고난 사단四端을 성실하게 실현하여 자신의 주체를 정확히 세움으로써 인간과 만물이 조화하는 것이라는 것이다.

한편 목은의 제자 권근은 문리의 발현은 인문으로 예악형정의 아름다움과 위의威儀와 문사文辭가 드러나는 것으로 말한다.

> 사람에 있어서 크게는 예악형정의 아름다움과 작게는 위의문사의 드러남이 어찌 이 리理의 발현 아닌 것이 있겠는가. 사물들은 그 한쪽만을 얻었고 사람은 그 온전한 것을 얻었다.[21]

여기에서 예악형정과 위의문사가 드러나는 것이 리理의 발현이라고 말하는 것이다. 권근은 이러한 천리의 오묘함을 문으로 드러내는 사람은 매우 드물다고 한다. "사람 또한 기품의 얽매인 바가 있기 때문에 학문의 성취한 바가 그 온전함을 보존하여 한쪽으로 치우치지 않은 자가 드물다."[22]라고 말하고, 이어서 동방에서 목은이 그 온전함을 보존하였다고 높여 말하고 있다.

목은은 또한 천지자연의 문리는 원래 분리되어 있지 않은데, 품부 받은 기질이나 물욕에 의해 천성이 가려져 인문과 천리의 불리성不離性을 파악하기 어렵다고 말한다.

20. 『牧隱詩藁』 卷1, 「牧隱先生文集序」 : 凡萬物之有聲色 而盈兩儀者 莫不各有自然之文焉

21. 『牧隱詩藁』 卷1, 「牧隱先生文集序」 : 其在人也 大而禮樂刑政之懿 小而威儀文辭之著 何莫非此理之發現也 物得其偏而人得其全

22. 『牧隱詩藁』 卷1, 「牧隱先生文集序」 : 氣稟之所拘 學問之所造 能保其全而不偏者鮮矣

> 사람마다 품부 받은 기질이 다른데다가 물욕에 또 구애를 받는 까닭에 형체와 그림자처럼 뗄 수 없는 하늘과 사람의 관계에 대해서 방불하게나마 그 말단이라도 파악할 줄 아는 사람은 드물다.[23]

이와 같이 목은은 천과 인의 관계를 형체와 그림자의 관계처럼 서로 떨어 질 수 없는 관계로 사람과 도덕성을 파악하고 있는 것이다.

천리天理와 인성人性의 보편성

목은은 천리와 인성을 동일한 것으로 파악하고 있다. 그의 형이상학적 관념은 천리에 근거를 두고 인성과 물성이 동일한 것으로 그 보편성을 강조하고 있다.

> 천은 리이다. 그런 후에 사람들은 비로소 인사人事가 천이 아님이 없음을 안다. 대체로 성性이란 사람과 만물에 존재하는 것으로 사람과 만물의 입장에서 이름 붙인 것이다. 사람이다 만물이다 하는 것은 자취이다. 그 소이연을 찾아 변별해 보면 사람에게 존재하는 것이 성이고, 만물에 존재하는 것 또한 성이다. 동일한 성이므로 동일한 천이다.[24]

여기서 목은은 인간과 만물은 하나의 자취라고 말한다. 따라서 그 소이연을 찾아 변별해보면 사람에게 있는 것은 성性이며, 물에 있는 것도 성性이므로 동일한 성性이요 동일한 천天이라고 말한다.

23. 『牧隱文藁』 卷10, 「仲至說」 : 然氣稟之異 物欲之拘 罕有得其髣髴於形影之末者

24. 『牧隱文稿』 卷10. 「直說三篇」 : 天則理也 然後人始知人事之無非天矣 夫性也在人物指人物而名之 曰人也物也 是跡也 求其所以然而辨之 則在人者性也 在物者亦性也 同一性也 則同一天也

"하늘과 사람이 사이가 없이 하나로 연결되어 있듯이 하늘과 만물도 물론 사이가 없이 하나로 연결되어 있다. 그렇다면 하늘과 성性이 하나이듯이 하늘과 리理도 또한 하나이다. 이러한 논리로 인하여 주자학에서 복잡한 인식론적 과정을 거쳐 결론적으로 자리 잡게 된 '천즉리天則理'설이 목은에게는 기본적으로 자리 잡게 된다. 이러한 판단은 하늘은 인식론적 대상이 되지 않고 다만 실천의 모범이 될 뿐이다. 정주학에서는 성즉리性則理라는 개념을 제시하여 인성人性과 천리天理가 같다는 관념을 제시한다. 그것은 모든 성性이 하나로 연결되어 있는 전체적 개념으로서 설명하는 것이며, 그러한 개념으로 천명天命이라는 명제를 제시하는 것이다."[25]
명命자의 명을 파자破字 하면 '구口와 합合'이다. 여기서 구口는 대롱(관管)이다. 따라서 명命은 그 대롱을 통하여 합하는 것이다. 그러므로 천명은 하늘이 사람에게도 물에도 모두 연결되어 있으니, 인과 물 입장에서 보면 바로 성性이다. 이 성은 동일하며 불변적이다. 모든 사물의 성이 같으면 곧 모든 사물의 리理는 같은 것으로 바로 성즉리性則理이다. 모든 리理가 하나로 연결되어 있는 전체적 개념을 태극이라 했다. 천명이 바로 태극이고 동시에 리이다. 성즉리性則理이니 이를 미루어 천명이 곧 성性이다. 천과 내가 통하는 것이다. 이를 위해 설정한 것이 주희의 활연관통豁然貫通한다는 이론이다. 다시 말하면 개개의 리를 인식해가다가 보면 어느 날 아침에 갑자기 모든 리가 다 하나로 연결되어 있음을 깨닫게 된다는 것이다. 그러나 목은은 하늘과 사람이 간극이 없으며, 만물이 모두 본질적으로 하늘과 연계되어 있는 것으로 판단한다.[26] 하늘과 사람이 간극이 없다는 것은 종이를 가운데를 접으면 접혀진 것이 중中되어 접전되는 것처럼 리는 천리와 인성이 하나로 합치하는 뜻이다.

25. 이기동, 『李穡』, 성균관대학교 출판부, 2005, 83쪽.

26. 이기동, 『李穡』, 성균관대학교 출판부, 2005, 83쪽.

천도의 유행은 지금까지 조금도 변함이 없어서, 더위가 가면 추위가 오고, 해가 지면 달이 뜨며, 만물이 봄에는 생겨나고, 여름에는 성장하고, 가을에는 시들고, 겨울에는 저장하는 등, 춘하추동의 변화가 원형리정元亨利貞의 원리이며 끊임없이 순환하여 항상 이와 같은 것이다.[27] 목은은 하늘 위에는 해와 달, 별들이 두루 퍼져 배열되어 있고, 대지 위에는 산악이 치솟고 강하가 흐르고 있으니, 이것을 현저顯著한 도라고 해야 한다고 한다. 그 까닭은 동일한 천리天理가 그러하게 한 것이다. 그러나 그 소이연을 아는 자는 드물다는 것이다. 사람들이 천이 리理임을 알고, 인사人事가 천이 아님이 없다는 것을 알게 되면. 천은 절대가 아니라 나에게 실재하는 것이다. 천이 나에게 실재한다면 천을 닮아 갈 수 있는 것이다. 천의 도는 순선純善하고 진실하여 거짓이 없으며 끊임없이 변화하며 쉬지 않는 성誠이다. 따라서 천을 닮아가고자 하는 사람의 도는 진실하여 거짓이 없고자 끊임없이 노력하는 성지誠之이다. 다시 말하면 천도와 그 종시終始가 순환하는 참된 도를 경외의 마음으로 실현하고자 하여 이것을 자연과 인륜에서 구하고자 하는 것이다. 목은은 "군자는 출처가 비록 다르더라도 마음의 귀착점은 진실로 같다."[28]라고 말한다.

사람은 마음으로 서로 주고받는 것이다. 마음속에 내재된 천명은 성명性命이라 한다. 마음은 누구에게나 있는 것이다. 심心의 실체를 구하면 사방 한 치 정도의 크기다. 그러나 작용에 있어서는 심은 천지를 경륜할 역량이 있을 뿐 아니라 털끝만큼의 오차도 허용하지 않는 것이다. 그래서 목은은 "마음은 그 씀씀이인 작용이 지극히 크다. 천지를 경륜하고도 여력이 있어서, 털끝만큼이라도 마음 밖으로 빠져나가는 것이 있지 않으

27. 『北溪字義』 卷上 : 道流行, 自古及今無一毫之妄, 暑往則寒來, 日往則月來, 春生了便夏長, 秋殺了便冬藏, 元亨利貞, 終始循環, 萬古常如此,

28. 『牧隱詩藁』 卷24, 「君子」 : 君子異出處 其心諒同歸

니, 이렇게 본다면 천지도 마음의 역량을 다 포용할 수가 없는 것이다."[29] 라고 심의 작용을 천리의 보편성으로 말한다.

> 이 마음을 잘 활용한 사람이 바로 요순과 하나라의 우, 상나라의 탕, 주나라의 문왕이요, 이 마음을 잘 보전한 사람이 바로 공자와 안자顔子와 자사와 맹자라고 할 것이다. 이 마음을 가지고서 정사政事를 행하고, 이 마음을 가지고서 문장을 서술하는 것이니, 그러고 보면 그 작용이 얼마나 광대하다[費]하겠는가. 그런데 은미해서 볼 수 없다고 하는 마음의 체體 역시 요명窈冥하고 혼묵昏黙한 경지가 아니라 일월보다도 밝고 귀신보다도 성대한 것으로서, 이 또한 우리의 방촌 사이에서 구하기만 하면 될 뿐이다. 훌륭한 말을 듣고 훌륭한 행동을 볼 때 뭉클 솟아 나오는 그것이 바로 마음의 한 실마리라고 할 것인데, 이 실마리를 잡고서 놓치지 않는 방법으로는 오직 경敬과 의義가 있을 뿐이다. 이 어찌 가슴에 새기고서 끊임없이 노력해야 할 일이 아니겠는가[30]

여기에서 '심心은 체가 은미해서 볼 수 없다.'는 것은 도가의 양생술에서 말하는 마음가짐의 극치를 가리키는 것이 아니다. 장자가 말하는 "지도至道의 핵심은 깊고 어두우며 지도至道의 극치는 매우 어둡고 고요한 경지요. 보지도 않고 듣지도 않아 눈에 비치는 것이 없고 귀에 들리는 것이 없이 마음에 분별이 없게 하는 것[31]이 아니다. 마음의 체體는 요명窈冥하고

29. 『牧隱文藁』 卷10, 「直說三篇」 : 心之用大矣 經綸天地而有餘力 無絲毫之或漏於其外也 是天地亦不能包其量矣

30. 『牧隱文稿』 卷10, 「直說三篇」 : 善用者 二帝三王是已 善保者 孔顔思孟是已 行之以政事 述之以文章 於是乎其用也 費矣 其隱而不可見者 又非窈冥昏黙之地也 昭乎日月也 盛乎鬼神也 其亦求之方寸間而已矣 聞善言 見善行 油然而生者 心之端也 持其端而不失焉者 敬義而已 其拳拳焉 其拳拳焉

31. 『莊子』, 「在宥」 : 至道之精 窈窈冥冥 至道之極 昏昏黙黙……目无所見 耳无所聞 心无所知

혼묵昏黙한 경지가 아니라 일월보다도 밝고 귀신보다도 성대한 것으로 마음의 작용은 광대하다. 목은은 요 순과 하 은 주의 성왕聖王들은 훌륭한 말을 듣고 훌륭한 행동을 볼 때 뭉클 솟아 나오는 이 마음을 고요하고 밝게 하여 잘 활용한 이들이라 하고, 이 마음을 잘 보존한 이들은 공자 · 안자 · 자사 · 맹자라고 말한다. 공자같은 성인도 스스로 나면서부터 아는 사람이 아니라[32]고 말하니. 성인聖人은, "나면서부터 아는 자가 아니라 내 맘에 있는 소동연所同然을 먼저 깨달은 자이다."[33] 내 맘에 있는 소동연은 천으로부터 받은 지성至誠을 말하는 것이다. 지성至誠을 지니고 깨달은 자가 지성至聖 이다. 성인聖人은 바로 이 마음에 있는 성誠으로 정사를 베풀어 천하에 문장을 드러내어 밝히는 것이다. 목은에게서 문장의 의미는 경국의 문장과 예악 법도를 포괄하는 개념으로 쓰고 있다.[34] 그는 훌륭한 말을 듣고 훌륭한 행동을 볼 때 뭉클 솟아 나오는 그 마음의 실마리를 잡고 놓치지 않는 방법으로서 경의敬義를 말한다. 이는 『주역』의 "경敬을 가지고 안을 곧게 하고 의義를 가지고 밖을 바르게 한다."[35]는 것으로서, '정일집중精一執中'의 공문심법이요, 정주학의 심법이다. 목은은 심에 대해 다음과 같이 설명한다.

사방 한 치 허령한 우리 마음은	方寸虛靈地
밝고 밝게 상제께서 임하시는 곳	明明上帝臨
돌이켜보아 지나간 과거를 포섭하고	廻看包往古
직시하여 닥칠 일을 환히 안다오	直視燭來今

32. 『論語』, 「述而」 : 子曰 我非生而知之者

33. 『孟子』, 「告子」 上 : 聖人先得我心之所同然耳

34. 『국역牧隱집1』 해제(임형택)

35. 『周易』, 「坤卦 文言」 九二爻 : 君子 敬以直內 義以方外

서로 비춰 줄 때는 거울과 같고	昭處眞如鏡
마음을 같이할 땐 쇠를 자를 수도	同時可斷金
어떡하면 한 동이 술을 마시면서	何當一樽酒
서로 마주보며 마음을 자세히 논해볼까?	相對細論心[36]

목은은 우리 본마음은 직시하여 닥칠 일을 환히 알수 있다하고, 참으로 거울과 같다하고, 그리고 두 사람이 이 마음을 같이 하면 그 예리함이 쇠를 자를 수도 있다한다. 이는 『주역』의 말을 인용한 것이다. 『중용』에서의 "지성의 도는 일이 닥쳐오기 전에 미리 알 수 있다 화복이 장차 이르려고 할 때 선을 반드시 먼저 알며 불선을 반드시 먼저 알게 된다. 그러므로 지성至誠은 신과 같다."[37]는 것과 같이 화복의 변화를 미리 아는 것은 본마음이 지성으로 가능한 것이다. 본래의 마음은 물들지 않은 밝은 덕이다. 광명한 덕성이라 말하는 명덕明德인 본마음은 허령하여 어느 것이나 환히 알아서 감응하지 않는 것이 없으며, 지나간 일, 오는 일을 환히 다 알 수 있는 것이다. 마음의 이러한 공능功能은 이성으로 가능한 것이 아니다. 천부적으로 지니고 태어나는 덕성의 실마리를 확충하여 환히 알 수가 있는 것이다. 예를 들면 토끼를 해부하여 실험을 하면 토끼를 구성하는 근육이나 내장은 알 수 있어도 그 토끼의 생리적 생명의 비밀은 알 수 없는 것이다. 어떤 현상에서 그 본질적 성격을 파악하는 데는 추리하는 것으로나 과학적 실증만으로는 알 수 없는 것이다. 그러나 자연과 우주를 그대로 직관直觀으로도 파악할 수 있는 것이다. 이러한 직관은 명덕을 지닌 본래의 마음에서 가능하다. 지나간 일 모두 포섭하고, 환히 오는 일을 다 알 수 있는 이 마음은 허령하여 천지에 열려 있고, 또한 천지와 심이 하나로

36. 『牧隱詩藁』 卷35, 「心詩一首寄呈松軒」.

37. 『中庸章句』 24章 : 至誠之道 可以前知 … 至誠 如神

호응하는 것이다. 그러한 본래의 마음은 '자강불식自彊不息'함으로써 지닐 수 있는 것이다. 자강불식이란 『주역』에서 '하늘의 행함은 건健하니 군자는 이로써 스스로 근면해서 쉬지 않는다.'[38]하였다. 마음을 수양하여 가다듬는 요지나 정치를 하는 방법이 모두 이에 지나는 것이 없는 것이다. 목은의 사상에서는 자강하고 불식함이 그의 삶에 동요가 없는 추뉴樞紐가 되고 있는 것이다.

> 군자가 자강自彊하면 외물에 동요되지 않을 것이요, 불식不息하면 중도에 그만두는 일이 없을 것이니, 동요되지 않고 그만두지 않는 것이야말로 지극한 경지에 이르는 유일한 길이라 하겠다. 그리하여 일단 지극한 그 경지에 이르고 나면, 하늘에 앞서서 일을 행할 때에는 하늘이 이를 어기지 못하고 하늘보다 뒤에 행할 때에는 하늘의 때를 받들게 될 것이니, 하늘처럼 되기를 원하는 성인聖人의 묘용妙用이 여기에 분명히 드러난다고 할 것이다. 그러고 보면 이는 그저 문왕이 되기를 원하는 정도로만 그치는 것이 아니라고 하겠다.[39]

맹자는 "내 마음에 있는 인의예지는 사람들이 생각하지 않는 것뿐이지, 구하면 얻고 버리면 잃는다."[40]하였다. 『중용장구』 26장에서는 "쉬지 않으면 오래 지속되고 오래 지속되면 효험이 나타나고 효험이 나타나면 유원해지고 유원해지면 넓고 두터워지고 높고 밝아진다." 하였다. 이와 같이 자강하면 외물에 동요되지 않고 불식은 중도 포기하지 않고 오래 지속하는 것이므로, 중도에 그만두는 일이 없어서, 드러내고 싶지 않아도

38. 『周易』, 「乾卦」 : 天行健 君子以自彊不息

39. 『牧隱文藁』 卷10, 「純仲說」 : 君子自彊則不撓 不息則不廢 不撓不廢 所以至其極也 至其極 則先天而天不違 後天而奉天時 希天之妙 於是著矣 是不寧希文而已矣

40. 『맹자』 「고자상」 6.

효험이 나타난다. 하늘이 보우保佑하여, 성인이 하늘에 앞서서 일을 행할 때에는 하늘이 이를 어기지 못하고, 하늘보다 뒤에 행할 때에는 하늘의 때를 받들게 되어 무우無憂한 문왕이 될 것이라고 한다.

목은은 또한 「자경잠自敬箴」에서 자강하는 것이 결코 쉽지 않으나 자포자기自暴自棄하면 아무것도 될 수 없으니 힘쓰고 힘써 자포자기自暴自棄하지 말아야 함을 강조한다.

가까운 듯하면서도 멀기만 하고	若近焉而遠之
얻는 것 같다가도 잃어버리누나	若得焉而失之
멀리 있다 때로는 가까워지고	遠矣而時近也
잃어버렸다 때로는 얻기도 하네	失矣而時得也
까마득하여라 붙잡을 곳이 없고	茫乎無所措也
밝기도 하여라 눈앞에 보이는 듯	赫乎如有覩也
밝았다가 어떤 때는 어두워지고	赫乎或昧焉
까마득했다 어떤 때는 분명해지네	茫乎或灼焉
선을 긋는 일은 차마 못하겠고	將畫也不忍焉
자강하는 일은 역량이 부족하니	將彊也不足焉
스스로 부끄러워하며 꾸짖어야 마땅하리	宜其自責而自恧焉
나이 오십 되어서도 잘못된 것을 알고	五十而知非
나이 구십 넘어서도 억 이라는 노래 지었네	九十而作抑
자신의 역량이 충분했던 옛 님들도	斯古之自力也
이처럼 한순간도 나태하지 않았으니	尙不懈于一息
아무쪼록 힘쓰고 힘쓸지어다	勉之哉勉之哉
자포자기하면 무슨 물건이 되겠는가	自暴自棄是何物邪

맹자는 사람들이 자포자기하는 이유는 "도가 가까운데 있는 데도 먼 곳에서 구하며 일이 쉬운데 있는데도 어려운데서 찾기 때문이라 한다."[41]

공자의 제자 염구는 "선생님의 도를 좋아하지 않는 것은 아닙니다만 능력이 부족합니다."하였다. 공자께서는 "능력이 부족한 사람은 하다가 그만두는데, 너는 지금 미리 선을 그어 버리는구나."[42]라 하였다. 사람의 마음이 깨어있지 못하여 미리 선을 그으면 자신의 마음이 아니라 외물에 부림을 당하는 것이다. 그러므로 얻는 것 같다가도 잃어버리지만, 한순간도 나태하지 말고 차마 하지 못하겠다는 말을 하지 말고 힘쓰고 힘쓰면, 멀리 있다가도 때로는 가까워지고 잃어버렸다가도 때로는 얻기도 하니, 까마득했다가도 어떤 때는 분명해진다는 것이다. 증자曾子는 다른 사람이 한 번에 능히 한다면 자신은 백번을 하고, 다른 사람이 열 번에 능히 한다면 자신은 천 번을 해야 한다하고 이렇게 능히 할 수 있다면 비록 어리석지만 반드시 밝아지고 비록 유약하나 반드시 강해질 것이라고 말한다.[43] 다른 사람보다 백배의 공부를 하면 분명히 기질을 변화시킬 수 있다는 것이다.

전체대용全體大用의 일원적一源的 사유체계

목은의 철학적 기반으로서의 사유체계는 전체와 대용이 일원一源이라는 관념으로서 현상작용과 본질적인 본체가 무간無間하다는 관념을 기초로 삼고 있다. 이러한 관념은 모든 이치가 만사만물을 통하여 드러나는 관계로서 은미한 본질과 현저한 현상은 서로 간극이 없다는 것이다. 리理는 물을 통하여만 드러나는 것이기 때문에 리理를 은미하다고 말할 수 있다. 리理는 보이지 않는다. 그러나 작용을 멈추지 않기 때문에 자취를 남기게

41. 『맹자』「이루상」 11.

42. 『논어』「옹야」 10.

43. 『중용』 20장

되는 것이다. 그러므로 은미한 본질적 성격을 가진 리理가 작용을 하면 그것이 바로 현저함이 되는 것이다.

> 은隱이라는 것은 눈으로 볼 수 없는 것을 의미한다. 리理라는 것은 이처럼 은미하다고 하겠으나, 그것이 사물사이에 게재할 때에는 그 자취[迹]를 찬연히 드러나게 마련이다. 이렇게 본다면 은미하다는 은과 현현顯現한다는 현은 상반되는 관계에 있다고 할 수 없으니, 체와 용은 그 근원이 하나인 것이 분명하다. 현顯에 대한 설을 정리해 보면. 하늘은 높고 땅은 낮은 가운데 만물이 각각 특성을 발휘하며 산재해 있다. 그리하여 하늘위에는 해와 달, 별들이 두루 펴져 배열되어 있고, 대지 위에는 산악이 치솟고 강하가 흐르고 있으니, 이것을 현의 도라고 해야 하지 않겠는가? 그러나 그 소이연을 아는 자가 드물다고 하겠다.[44]

여기서 목은은 현저한 현상과 은미한 본질이 간극이 없다, 따라서 전체와 대용은 그 근원이 하나인 것을 설명하고 있다. 그는 일월성신이 배열되어 있는 것과 대지 위에 산악이 치솟아 있고 강하가 흐르고 있는 것은 우리가 뚜렷이 볼 수 있는 현저한 도라고 말하고 있다. 그러나 그 소이연이 되는 은미한 세계는 아는 자가 드물다고 말한다. 그럼 소이연은 무엇일까?

『중용장구』에 16장에 "공자말씀에 귀신鬼神의 덕德됨이 성盛하도다 보아도 보이지 않고 들어도 들리지 않지만 물物을 체하여 남김이 없다."고 하였다. 정자는 여기서 귀신鬼神은 천지의 공용功用이고 조화의 자취이다 하고 주희는 귀鬼라 함은 음陰의 신령함이고 신神은 양陽의 신령함이다.

44. 『牧隱文稿』 卷10, 「之顯說」 : 隱不可見之謂也 其理也微 然其著於事物之間者 其迹也粲然 隱也顯也 非相反也 盖体用一源也 明矣 請畢縣之說 天高地下 萬物散殊 日月星辰之布列 山河嶽瀆之流峙 不曰顯乎 然知其所以然者 鮮矣

하나의 기운으로 말하면 와서 펴는 것은 신神이 되고 뒤집어 돌아가는 것은 귀鬼가 되니 실상은 한 존재일 따름이라 한다. 이른바 귀신이란 우리가 생각하는 잡신雜神이 아니라 천지의 변화작용이다. 귀신의 대용이란 존재론적인 해석이 아니라, 현상작용으로서 변화작용을 의미하는 것이다. 귀신의 작용은 보아도 보이지 않고 들어도 들리지 않는다. 다시 말하면 하늘 위에는 해와 달, 별들이 두루 퍼져 배열되어 있고, 대지 위에는 산악이 치솟고 강하가 흐르고 있는 그 소이연은 귀신의 덕으로서 변화작용의 본바탕이 되는 것이다. 눈에 보이는 삼라만상은 분명 다르지만 왜 그러한가에 대해서는 그 도가 은미한 것이기 때문에 알기가 쉽지 않다. 보는 것과 보여 지게 하는 것은 각각 다르고 생긴 것과 생기게 하는 것도 다른 것이다. 그러나 이것은 작용으로 체물體物되어 하나이다. 다시 말하면 귀신의 작용으로써 보는 것과 생긴 것의 현저함과 보여 지게 하는 것과 생기게 하는 것의 은미함은 분리되지 않고 합치되었을 때, 우리는 어떤 변화현상을 파악할 수 있는 것이다.

이러한 현미무간은 물아일체론과 그 맥락을 같이한다. 이는 또한 『중용』에서 말하는 '합내외지도合內外之道'로서 안과 밖을 합치하는 진실무망眞實无妄한 성誠이라고 할 것이다. 이 성은 하늘이 부여하고 사람이 받은 정리正理로서 오직 천하의 지성至誠인 것이다.

이치로 보면 물아가 없는 것	理也無物我
생은 남과 내가 있다네	生而有人己
밝은 천명이 빛나고 있으니	明命方赫然
누가 그 뜻을 어길 수 있으랴	疇能越厥志
원래부터 도에 들게 되는 것은	由來得造道
단적으로 성의에 달린 것이니	端的在誠意

노력하여 이 관문을 통과한다면 努力過此關
천하를 평치할 수 있고말고 天下可平矣[45]

천리로 보면 나와 남이 없는 것이다. 그러나 태어나면서부터 남과 나의 구별이 있는 것이다. 밝은 천명이 빛나고 있다는 것은 천도와 성명性命을 밝히는 것이라 할 수 있다. 인간은 본질적으로 너와 내가 통할 수 있고, 근원적인 도를 인식할 수 있는 것은 성의誠意에 있는 것이다.

『시경』「빈풍豳風 · 벌가伐柯」에 "도끼자루를 잡고 도끼자루를 만들려고 한다면 그 법칙이 멀지 않다."[46]라고 한다. 이는 도끼자루를 만들려면 지금 잡고 있는 도끼자루에 자루의 길이 등 알고자하는 해법이 있다. 이 이론으로 본다면 사람을 알려고 한다면 사람에게서 해법이 있는 것이니, 성의가 있으면 너와 내가 통할 수 있는 것이다 하겠다. 따라서 인간의 노력으로 자기가 원하지 않는 것은 남에게 시키지 않는 이러한 성의를 극진히 한다면 천하를 평치할 수 있는 도리를 이해할 수 있다고 해석하는 것이다. 다시 말하면 인간 세상을 평화롭고 고르게 다스리려고 하는 자는 '내 마음을 미뤄서 남에게 미치는[推己及人]' 정신으로 모든 사람들의 명덕明德을 밝히는 것이다.[47] 그러한 명덕을 밝히는 것은 인도人道로서 바로 성지誠之하는 것이다.

산은 이렇게 빼어나고 有山斯秀
물은 이렇게 시원한데 有流斯冷
군자가 이것을 즐기어 君子樂之

45. 『牧隱時藁』 卷6, 「自詠三首」.

46. 『詩經』「豳風 · 伐柯」: " 伐柯伐柯 其則不遠.

47. 『大學章句』 經1章 : 大學之道 在明明德 在親民 在止於至善

읊조리며 심신을 수양하면서　　吟哦性靈
사심을 물리치고 나면　　邪之旣閑
묘리가 절로 드러나는 구나　　妙理自呈
하늘로 말하면 양陽이요　　在天曰陽
사람으로 말하면 성誠인데　　在人曰誠
좋은 강산은 지정연간이었도다　　江山至正間
폐흥 존망을 흐르는 물은 알겠지　　廢興流水在
말 세우고 흐르는 물소릴 듣노라　　立馬聽潺湲[48]

여기서 산이 이렇게 빼어난 것, 물이 이렇게 시원한 것은 현미顯微가 무간하여 지극히 좋은 상태에 머무는 지경을 말한다. 목은은 이러한 이치를 알아 즐기면 사심은 생기지 않고 변화하는 귀신의 덕을 체험하게 된다고 하여 묘리가 절로 드러난다고 말하고 있다. 목은은 여기서 변화의 바탕인 묘妙는 사람에게서는 성誠이라고 강조하고 있다. 성誠은 이지러지고 부족함이 없이 사물이 스스로 이루는 것이다. 산이 성誠을 버려두고서는 빼어날 수가 없는 것이다. 이를 통해 보면 사람은 성지誠之함이 지극할 때에 그 행위에 대해서 처음부터 끝까지 성실함 마음이라야 제대로 일을 이룰 수 있다는 것이다. 성지誠之함으로써 일이 이루어지는 것이므로 은미한 묘리도 이해할 수 있다는 것이다.

군자는 나아갈 바를 삼가야하니　　君子愼所趨
마음이 갈래지면 끝내 바루기 어려워　　岐而卒難正
모두가 물욕 속에 분분하지만　　紛紛物欲中
뚜렷하게 빛나는 천명이 있다오　　耿耿有天命[49]

48. 『牧隱詩藁』 卷1, 「陽軒詩爲龜城君金公作」.

49. 『牧隱詩藁』 卷14, 「君子愼所趨」.

여기서 '군자는 나아갈 바를 삼가야한다는 것'의 의미는 생각하지 않는다면 얻지 못하기 때문에 군자는 옳은 것과 그른 것, 참되고 거짓된 것을 분별하여 사사로운 인욕이 천리를 빼앗지 못하도록 해야 한다. 이렇듯 군자가 추구하는 것은 중정中正함이요. 그 중정함은 천명에서 나오는 본성으로서 성誠관념의 실현으로 드러나는 것이다. 뚜렷하게 빛나는 천명으로 군자는 힘쓰지 않아도 스스로 중하지 않음이 없고, 찾지 않아도 나아갈 바를 성本性을 따라 가면 도를 얻지 못할 것이 없다. 이러한 은미함이 현현하는 것은 조리가 자정自整하여 경敬해야 한다고 목은은 말한다.

털끝 차이로 천 리 이상도 어긋나나니	毫釐謬千里
조리가 자정自整하는 것	條理當自整
거센 바람은 큰 파도를 말아가고	狂風卷洪濤
잔 물결은 고정에서 일어나나니	微瀾生古井
동하는 곳에서 기미를 잘 살피어	動處審其機
먼저 자정自靜하는 것부터 공을 들여야지	施功先自靜
삼천 가지나 되는 많은 위의가	威儀有三千
무불경毋不敬 하나에 다 달려 있거니와	只在毋不敬
또 보건대 사물이 변화하는 것은	且看物之變
텅 비고 맑은 명명冥冥함에서 라네	冥冥一虛淨[50]

조리가 당연해지는 것은 동처에서 기미를 잘 살피어, 스스로 가지런히 바로잡아 다스리는 자정自整하는 공을 들여 경敬해야한다는 것이다. 말하자면 거센 바람이 큰 파도를 말아가고, 잔물결은 우물에서 일어나는 것처럼 그 기미를 잘 살피면 사물의 변화를 알 수 있게 된다는 것이다.

50. 『牧隱時藁』 卷14, 「君子愼所趨」.

따라서 인간의 마음은 현저한 몸뚱이와 성정性情의 미묘함 그 가운데 처하는 것으로 만사의 근본이다. 날마다 쓰는 마음은 항상 공경하고 두려워해야 한다. 눈에 보이지 않는 곳에서도 경계하고 삼가고, 들리지 않는 곳에서도 두려워하는 공부를 해야 인간의 성정性情을 바로잡을 수 있다는 것이다. 구체적으로 삼천 가지의 위의威儀를 알아 실행함은 털끝 차이가 천 리를 어긋나게 하듯이 오로지 '불경하지 않음[毋不敬]에 있다고 한다. 이것이 군자가 추향할 바의 중정中正의 세계요, 그리고 천명이 빛나게 드러나는 것이다. 왜냐하면 사물이 변화하는 것은 허정虛靜에 의한 은미한 것에 말미암기 때문에 불경하지 않아 홀로 있을 때라도 신독愼獨한다면 은미한 원리와 현저한 현상이 무간無間한 것을 직관할 수 있다고 말하는 것이다. 도는 잠깐도 떠날 수 없는 것으로 떠날 수 있으면 도가 아니니,[51] 항상 사물에 임함에 생각이 싹티시 막 움직일 때에 그 자취는 비록 드러나지 않았으나 기미를 살펴 자정自整해야 함을 말하는 것이다. 기미는 이미 움직여 선善한가 선하지 않은가를 다른 사람은 모를지라도 자신은 알기 때문에 경敬을 주로 하는 공부를 정밀히 해야 한다는 것이다.

> 천하는 광대한 것인 만큼 성인의 교화가 그에 비례하여 끝없이 이어질 수밖에 없는데, 이것은 오히려 외적인 일이요, 사람의 몸이 비록 작긴 하지만 광대한 천하와 함께 할 수 있으니, 이것은 우리의 내적인 일이다. … 그런데 내적인 일의 시각에서 살펴본다면, 힘줄과 뼈로 묶여 있는 육신의 얽매임과 성정의 은미함의 그 중에 마음이라는 것이 자리하고서 우주를 포괄한 가운데 온갖 만물과 수작하고 있음을 알 수가 있다. 따라서 그 마음은 어떠한 위무威武로도 분리시킬 수가 없고, 어떠한 지력智力으로도 막을 수가 없이 외연히 나 한 사람의 주인공으로 거하고 있다 할 것이다.

51. 『중용』1장 道也者 不可須臾離也 可離 非道也

그렇다면 비록 외따로 떨어진 극지에 잠복하여 칩거하고 있다 하더라도, 그 가슴속의 도량으로 보면 성인의 교화를 받는 사방의 어떤 먼 곳까지도 내 마음 속에서 벗어날 수 없는 것이다.[52]

목은은 여기에서 천하의 지대함과 성인의 교화하는 것과 더불어 무궁한 것은 근본인 마음이라고 한다. 외적으로는 사람의 몸이 작고 천하가 큰 것은 분명 눈에 보이기로는 다른 것이다. 그러나 내적으로는 사람이 광대한 천하와 함께 하는 것은 바른 마음가짐이라고 한다. 우주를 포괄하고 사물과 응하여 수작하고 있는 마음은 인간의 육체와 성정의 은미한 그 중에 자리하고 있다. 도의 온전한 작용은 본래 내 마음에 달려있다. 이 마음이 있지 않으면 보아도 보지 못하고 들어도 듣지 못하며 먹어도 그 맛을 알지 못한다.[53] 그러므로 목은이 천지만물과 내가 일체가 되는 물아일체의 근거로 삼은 것이 바로 마음이며, 현미顯微가 무간하는 그 중이 마음이 되는 것이다.

여기서 주목할 것은 목은이 천지만물과 일체가 되는 근거로 삼았던 것은 성性이 아니라 심心이라는 사실이다.[54] 마음을 바르게 함에 있다는 것이다. 정심正心함에 수신受信이 되는 것이고 제가齊家하는 것이고 치국治國하는 것이고 평천하平天下 할 수 있음이다. 정심은 내적인 일의 시각에서 살펴본다면, 육신과 성정의 미묘한 작용을 보이는 그 중에 처해 있다. 그 중은 공간개념의 중中이 아니라 조리와 허정虛靜으로 표현되는 중이요. 그

52. 『牧隱文藁』 卷1, 「流沙亭記 : 天下至大 聖人之化 與之無窮 此猶外也 人身之小 天下之大 與之相同 此其內也 … 自其內者觀之 筋骸之束 情性之微 而心處其中 包括宇宙 酬酢事物 威武不能離 智力不能沮 巍然我一人也 則雖潛伏幽蟄於一偏之極而其胸次度量 則聖化所被 四方之遠 無得而外之也

53. 『대학』 전7장 心不在焉 視而不見 聽而不聞 食而不知其味.

54. 이기동, 『동양삼국주자학』, 성균관대학교 출판부, 2003, 206쪽.

중은 천과 인이 간극이 없는 중이라 할 것이다. 이것이 우주를 포괄하고 사물과 응하는 중으로 무궁하며 혼연히 하나가 되는 것이다. 따라서 나 자신의 마음과 우주를 포함하여 온갖 만물과 수작할 수 있음을 무엇으로도 분리시킬 수가 없고, 어떠한 지력으로도 막을 수가 없음을 알 수가 있다. 이러한 의미에서 체용이 일원이 되고 현미함이 무간하는 까닭을 이해할 수가 있는 것이다.

중용 1장에 "도라는 것은 잠시도 떠날 수 없는 것이니 떠날 수 있으면 도道가 아니다."하였다. 도는 사물 바깥에 있는 어떤 공허한 것이 아니라 사실 사물과 떨어지지 않으니, 만약 사물에서 떨어지면 도라고 할 것이 없다는 것이다. 예를 들어 이른바 아버지와 자식은 친애함이 있다는 말에서 본다면, 친애함은 바로 도이다. 따라서 아버지와 자식의 친애함의 도리를 보려고 하면, 반드시 아버지와 자식에서 보아야 하고, 아버지와 자식을 벗어난 바깥에 별도로 친애함의 도리를 찾을 수 없는 것이다.

목은은 이러한 도리를 찾는 경우를 자연현상에서도 마찬가지로 생각하는 것이다. 이른바 새가 하늘을 날고 고기가 물에서 뛰는 연비어약鳶飛魚躍이라는 것은 자연의 현상과 자연의 도리가 간극이 없는 것이다. 이러한 논리체계가 체용이 일원이라는 것이며, 현미함이 무간이라는 것이다. 목은은 자연현상계에서 나타나는 청풍과 명월에도 그러한 논리를 적용시키는데, 청풍과 시원함 그 자체 속에 체용이 분리되지 않고, 명월과 밝음 그 자체 속에 원리와 작용이 피차 분별되지 않는다는 것이다.

울타리 늘어져서 가까운 산 가려놓아	籬落依依傍斷山
그윽한 흥취에 젖어 하늘이 주는 것을 기다리니	幽入興味須天賦
시내가의 꽃 거의 떨어져 새소리 한가롭고	溪花半落鳥聲閑
밝은 달 맑은 바람 덜어 낼 수가 없구나	明月清風不可刪[55]

이 시는 단순한 강산풍월을 농한 시로만 보지는 않는다. 대상과 피대상물의 피차가 분별없이 하나로 있음을 읊은 시이다. 명월은 밝은 것 그 자체로 하나의 자기동일성을 유지하고 있는 것이다. 이것이 명월明月의 자연스러움이다. 청풍 또한 상쾌한 느낌과 자연적인 바람을 따로 떼어 놓을 수 없듯이 우리가 느끼는 자연은 그 어느 하나도 배제할 수 없는 것이다. 이것은 달리 다음과 같이 말할 수 있다. 그러한 상태는 인간의 마음 가운데 수렴되어 있지만 안이 없고, 자연의 육합六合에 가득 차 있지만 밖이 없는 것이다.[56] 이와 같이 인간의 마음과 자연의 공간에 가득차 내외가 없는 그 상태를 우리는 중이라고 하는 것이다. 다시 말하면 순박한 자연의 명월청풍은 그대로 중정中正이며, 그윽한 흥취에 젖어들어 청순하게 그 마음속에 빠져드는 성정도 중中이라 할 수 있다. 이와 같이 자연과 인간이 하나로 있음은 어느 상황에서 스스로 만족하지 않은 것이 없는 경지이다. 즉 마치 맑은 바람이 불어와 가슴 속이 시원하고 깨끗해지는 것처럼 편안해지는 것이다. 그는 "산은 이렇게 빼어나고 물은 이렇게 시원한데 군자가 이것을 즐기어 심신을 수양한다"[57] 고 말한다. 자연은 그 인심 안에 있고 동시에 그는 자연 현상 안에 있기에 그윽한 흥취에 젖어드는 것이다. 이것이 목은의 물아일체적 자연관이다. 중정과 중화로 하나도 남김이 없어 모자람이 없는 물아物我가 한마음이 되는 것을 말하는 것이다. 물아일체의 진정한 의미를 이러한 관점에서 목은은 '만고萬古가 항상 이와 같다.'[58]고 말하는 것이다. 성誠이란 본래 천도를 논하는 것이다.

55. 李光靖撰,『牧隱先生年譜』, 述先錄, 回想社, 1987, 16세條「閑居詩」

56. 權近,『周易淺見錄』,「易說序」: 斂在乎方寸而無內, 彌滿乎六合而無外者也

57.『牧隱時藁』卷1,「陽軒詩爲龜城君金公作」.

58.『牧隱文藁』卷10,「可明說」.

'아 하늘의 명命이여! 아 그윽하여 끊임이 없다.'라는 것은 오로지 성誠이다……천도의 유행은 지금까지 조금도 변함이 없어서, 더위가 가면 추위가 오고, 해가 지면 달이 뜨며, 봄에 생겨나면 여름에 성장하고, 가을에 시들어지면 겨울에 저장하는 것이 원형이정元亨利貞이며 끊임없이 순환하여 항상 이와 같은 것이다.[59]

여기서 말하는 바와 같이 목은은 조금도 변함이 없이 끊임없이 순환하는 진실 된 도리를 본받아 인도의 실천으로 성지誠之하는 것이다. 목은은 "하늘에는 해와 달, 별들이 두루 퍼져 배열되어 있고, 대지에는 산악이 치솟아 있고 강하가 흐르고 있다. 이것을 현저한 도라고 해야 하지 않겠는가? 그러나 그 소이연을 아는 자는 드물다고 하겠다."[60]고 말한다. 그는 인륜과 자연의 어김이 없고 어길 수 없는 도를 지향하여, 부자의 친애함, 부부의 분별함, 붕우의 신의, 그리고 군신의 도리를 연계시키고 있는 것이다. 다시 말하면 목은은 자연에서 순간의 어김도 없는 천도와 그 시종이 순환하는 참된 도를 경건한 마음으로 실현하고자 하였다. 다시 말해서 성誠의 원리와 성지誠之의 실천을 자연과 인륜에서 구하고 있는 것이다.

59. 『性理人全』 卷1, 「太極圖說」, 明 胡 廣등 纂修 孔子文化人全 (이하 性理人全)112쪽 : 誠者 本就天道論 維天之命 於穆不已 只是一箇誠……道流行 自古及今無一毫之妄 暑往則寒來 日往則月來 春生了便夏長 秋殺了便冬藏 元亨利貞 終始循環 萬古常如此

60. 『牧隱文稿』 卷10, 「之顯說」 : 隱不可見之謂也 其理也微 然其著於事物之間者 其迹也粲然 隱也顯也 非相反也 盖体用一源也 明矣 請畢縣之說 天高地下 萬物散殊 日月星辰之布列 山河嶽瀆之流峙 不曰顯乎 然知其所以然者 鮮矣

3

목은의 성리학 이해

리기理氣의 개념 이해와 천天, 리理, 성性

목은은 자연계의 운행 변화 등이 모두 천天 또는 천명天命으로 이루어진다고 생각한다. 그리고 모든 자연의 변화 속에는 천의 주재主宰를 인정한다.

> 오직 천명은 굳건하여 그치지 않는다. 비록 소리가 없고 냄새가 없다고 하지만 운행하여 그침이 없게 하고, 크지만 남김 없게 하니 어찌 주재하는 바가 없다고 하겠는가? 해와 달과 별의 상象을 드리우고, 바람과 비와 서리와 이슬에 가르침을 줌에, 어찌 순간의 어긋남이 있겠는가. 비록 꾸짖음이 위에서 나타나고 재앙이 아래에서 일어나지만 역시 잠시일 따름이다. 그 생성하고 함육하는 조화는 지금까지도 하루와 같으니, 그 그치지 않는 순수함을 알 수 있다.[1]

1. 『목은문고』 권10, 「純仲說」.

이러한 천의 주재성은 초인적이면서도 의인화된 관점에서 나온다. 이는 고대의 상제천上帝天을 의미하기도 하고 천을 이법으로 보는 정주학의 '천즉리' 사상이 겸해 있는 견해이다.[2]

목은이 말하는 리기理氣의 개념을 보면 이를 뚜렷하게 알 수 있다.

> 그리하여 '천즉리' 라고 말한 뒤에야 사람들이 비로소 인사도 천天이 아님이 없음을 알게 된다. 무릇 성性은 인人과 물物에 있는 것이다. 인물을 지적하여 인人이다 물物이다 이른 것은 적跡이다. 그 소이연을 구하여 변론한다면 인에 있는 것도 성性이요 물에 있는 것도 또한 성이다. 동일한 성이니, 곧 동일한 천인 것이다. 어찌 의심할 일인가?[3]

여기서 목은은 천, 리, 성을 동일한 개념으로 인식하고 인물성이 동일론을 인정하여 천이 인·물에 공통적으로 품부한 리理라는 것이며, 천으로부터 소이연자로서의 성性을 함께 받았다는 견해이다. 그는 리기理氣의 상관관계를 리기가 서로 떨어질 수 없다는 '불상리不相離'의 시각보다는 서로가 섞일 수 없다는 '불상잡不相離'의 입장에서 이해하고 있다. 리는 만물생성의 원리로서 우주전체를 관통하는 것이며, 그러한 의미에서 각 개체 내에서의 리도 인성 물성과 동일하다는 것이다.

> 물物을 관찰하는 데는 술術이 있다. 물이 있으면 칙則이 있다. 그 형적形跡만을 말한다면 그것은 천淺하여 혹 회사繪事의 단청丹靑과 같고, 이치로만 말한다면 그것은 고高하여 이단異端의 혼묵昏默함에 들어가니 오직 그것을 둘로 한다면 나의 천덕을 잃을 것이다.[4]

2. 윤사순, 목은 이색의 사상사적 위상, 『한국유학사상론』, p. 56
3. 『목은문고』 권10, 「直說三篇」
4. 『목은문고』 권12, 「觀物齋讚」

여기서 그는 물과 칙을 둘로 나누면 천덕天德을 잃는다고 하여 리기는 둘로 나눌 수 없음을 말하고 있는 것이다. 그러나 그는 또한 기일원론적 시각에서 기의 이치로서 리의 이치를 이해하여 천지만물의 본체로 삼고 있는 것이다.

> 천지는 기氣이다. 인과 물이 이러한 기를 받아 생生하여 무리를 나누고 같은 종류끼리 모이며, 습한 데로 흐르고 마른 데로 나아가서, 밖으로는 흐트러진 것 같으면서도 그 실상은 질서가 있고 빛이 나서 윤리가 문란하지 않는다.[5]

> 대체로 사람은 이러한 기를 받아 생하는 데는 건건乾健하고 곤순坤順할 따름이다. 나누어 말하면 곧 수화목금토일 뿐이다. 양은 기奇며 음은 우耦라는 것과 양은 변變하고 음은 화化하는 근원을 구하면 무극無極의 참된 곳으로 돌아갈 뿐이다. 무극의 참됨은 이름 지어 말하기 어렵다. 시경에서 '상천의 하는 일은 소리도 없고 냄새도 없다.'고 하는 것이 바로 무극이 있는 곳이리라. 그러므로 주자周子는 「태극도」를 지어 '무극이면서 태극'이라 하였으니, 이는 곧 태극이 무극임을 말한 것이다. 하늘에서는 바람이 일고 우레가 진동하기 이전의 혼연渾然한 상태요, 사람에게서는 일에 응하고 사물에 접하기 이전의 적연寂然한 상태를 말하는 것이다. 바람이 일고 우레가 진동하여 혼연하던 것에 조그마한 변화가 생기면 응사접물應事接物하게 될 것이니, 적연하던 것이 어찌 되겠는가? 마치 거울에 비치어 가려지는 것과 같다. 이로써 사람의 태어남이 본래 참[眞]하나, 오직 대인만이 그것을 잃지 않는 까닭에 대인이 될 수 있는 것이다.[6]

5. 『목은문고』 권2, 「萱庭記」

6. 『목은문고』 권3, 「養眞齋記」

여기서 그는 태극의 리와 음양 오행의 기가 묘합한 가운데 리의 측면으로 화생만물 이전의 천天, 즉 적연부동의 경지를 탐색하였으니, 무극이태극無極而太極을 『역경』의 '적연부동寂然不動'의 적, 『시경』의 '무성무취無聲無臭'의 무, 『예기』의 '감어물이동感於物而動' 이전의 정靜의 위치에 두고 있는 것이다.[7] 따라서 한국 성리학의 인성론적 경향성을 엿볼 수 있는 내용이기도 하다.

목은의 이러한 감은 무극을 근원으로 인식하고, 음양의 변화로 인간과 우주의 생성을 이해하는 기론氣論을 주장한 것이다. 또한 그는 만물이 하나의 태극을 지니고 음양의 기운을 받아 생겨나며 음양의 조화에 의해 끊임없이 생성하며, 무극의 참됨이 만물을 생생生生하는 이치라고 이해하는 것이다.[8]

성문심학聖門心學과 경敬공부

목은사상의 주요문제는 그의 경학사상과 사서오경의 내용과 밀접한 관계가 있다. 그는 『역경』에 조예가 깊었고, 『중용』의 체계에도 이해가 깊었다. 그는 『대학』과 『중용』 사상의 요체를 적연부동寂然不動함으로 파악한다. 적연부동이란 『대학』에서의 정정靜定과 『중용』에서의 계신공구戒愼恐懼를 말함이다.

> 우리 유자들이 복희씨 이래로 지키며 전해 온 것은 역시 적寂일 따름이다. 나 같은 불초한 이도 감히 그것을 버리지 못하겠다. 태극은 적의 근본이

7. 김충렬, 「여말 성리학의 수입과 형성과정」, 『고려유학사』 p. 187.

8. 『목은문고』 권10 「仲英說」.

다. 그것이 일동일정하여 만물이 화생한다. 인간의 마음은 적에 버금한다. (마음이) 일감일응하여 만선이 행해진다. 그러므로 『대학』의 강령은 정정靜定에 두었으니, 이것이 적을 이름이 아닌가? 『중용』의 추뉴樞紐는 계신공구에 있으니, 이 또한 적寂이 아닌가? 계구는 경敬이요, 정정 또한 경敬이다. 경이란 주일무적主一無適(하나에 집중하여 흐트러짐이 없는)일 따름이다. 주일主一하면 지키는 바가 있고, 무적無適하면 옮기는 바가 없다.[9]

이와 같은 적의 개념은 바로 경의 개념과 상통하는 것이다.

『예기』에 무불경毋不敬이라 하여, 예의삼백禮儀三百과 위의삼천威儀三千에 경을 머리로 하였으니 곧 「요전堯典」에 흠欽(공경)할 것을 먼저 기록한 뜻이다. 도를 배우는 자는 경에 말미암아 성의誠意하고 정심正心하며, 정치하는 자는 경에 말미암아 치국하고 평천하하는 것이다. 부부가 서로 경함을 사서史書에 기록하였고, 전야田野 사이에서도 또한 경함이 없을 수 없다. 더구나 조정에서, 향당에서, 집안에서 경하지 않을 수 없다. 천을 섬기고 상제에게 제사지내며 사령四靈을 감동하게 하는 것이 모두 이것을 벗어나지 않는다.[10]

목은은 여기서 계신공구戒愼恐懼하는 것이 경敬이요, 정정靜定하는 것이 경敬이라 하였다. 경敬이란 천天을 비롯한 온갖 주체인 백신百神에게 바치는 제사의식에서 내 마음대로 행하는 마음이 아니다. 또한 인간세상에서 사람이 타인에게 지녀야 할 자세인 것이다. 이야말로 인간세상에 성聖과 속俗의 세계를 관통하는 개념이다. 경은 인仁을 이루는 구체적 방법으로 적극적인 뜻을 가져서 제사 때 가져야 할 마음으로 인간사 전역에 확대되

9. 『목은문고』 권6 「寂菴記」

10. 『목은문고』 권10, 「韓氏四子名字說」.

어 모든 행동에 두텁게 하여 공경스런 자세로 남을 대하고 백성을 부리는 마음공부이자, 유혹을 막아내어 사사로운 욕망 등으로 마음을 빼앗기지 않고 하나를 주로 하여 어느 곳으로도 가지 않는 주일무적主一無敵이다. 목은은 무불경毋不敬을 말하여 부부가 서로 경함을 사서史書에 기록하였고, 전야田野 사이에서도 또한 경함이 없을 수 없다. 더구나 조정에서, 향당에서, 집안에서 경하지 않을 수 없다. 천을 섬기고 상제에게 제사지내며 사령四靈을 감동하게 하는 것이 모두 경을 벗어나지 않는다는 것이다.

공자의 도는 세상에 행해지지 못하였으나 육경을 산정刪定하고 찬수하여 만세에 가르침을 전함은 그 책에 갖추어져 있으니 「요전」의 첫머리에 공경하라는 데서 그 뜻을 알 수 있다. 즉 공경하라는 한 글자가 온 세상을 빛나게 하며 상하를 바르게 하는 근본이 된다. … 중니가 말하길, 군자는 독실하게 공경하였기에 천하가 평정된다고 하였으니 독공篤恭은 근독謹獨으로 시작해야 한다."[11]

따라서 인사의 구체적인 실천윤리는 공경함에 있으며 이를 이루기 위해서는 신독愼獨하기를 강조한다. 이러한 실천의 이론적인 기반을 그는 중화사상으로 이해한다.

그러므로 사군事君, 사친事親, 행기行己, 응물應物이 중화일 따름이다. 중화를 이루려면 계신戒愼으로부터 시작해야 한다. 계신공구는 무엇인가? 천리天理를 보존함이다. 신독하면 어찌 되는가? 인욕人慾을 제거하게 된다. 천리를 보존하고 인욕을 제거하면 누구나 그 극치에 이르며, 성인의 학문은 여기서 끝나는 것이다.[12]

11. 상동, 권10「伯共說」

이와 같이 수양의 목적은 천리를 보존하고 인욕을 제거함에 있다는 것은 공자가 안연顔淵에게 말한 자신의 사사로운 욕망을 극복하여 본성으로 돌아가야 한다는 극기복례克己復禮의 정신을 계승한 정주학의 이론이다. 이것은 수양의 극치가 성인이 되는 학문의 끝으로 간주하여 성학聖學의 체계를 말해 주고 있다.

> 성문의 심학이 헛되이 전했겠는가. 주일主一 공부는 좌선과 흡사하여, 밝고 밝다 하여 지극함도 아니니요, 혼묵昏黙하다는 것도 또한 치우친 말이네. 벌이나 개미 모이는 흔적 없는 것 같으나, 물고기 뛰고 솔개 나는 데 천리가 있도다. 취사하는 유래가 손바닥 보듯 하는데, 어찌하여 사욕이 괴롭게 얽어 메는가?[13]

성문의 심학은 주일무적의 경공부이며, 사욕의 극복이라 하며, 그 역시 공문의 심법은 집중執中에 있다고 한다.

> 성학의 유래는 정일과 집중이니, 잠룡潛龍이 문득 뛰어 오르니 이것이 비룡飛龍이네. 누가 알리 도를 따름은 먼저 명도함을, 그윽하게 다른 해에 덕을 근본으로 하리.[14]

여기서 그는 '윤집궐중'의 심법과 주역 건괘의 중정中正한 덕을 성인되는 덕으로 삼고 있음을 말해 준다.

> 성학의 규모가 갖추었고, 인륜의 종시終始가 온전하네. 꿰어 뚫기는 체용

12. 『목은문고』 권6, 「寂菴記」
13. 『목은시고』 권21, 「유감」
14. 『목은시고』 권16, 「帝王學」.

을 겸하였고, 개합開合에는 경권經權을 두네. 쉼 없이 강물은 바다로 흘러 가고, 남김없이 해는 하늘 비추네. 평소 모름지기 신독하면, 나의 죽음으로써 도는 누구라도 전할 거야.[15]

다시 말해서 '독실하게 믿으면서 배우기를 좋아하며, 죽음으로써 지키면서 도를 잘 실천해야한다.'[16]는 것은 공자가 말한 "인간이 도를 넓힐 수 있는 것이지 도가 인간을 넓힐 수 있는 것은 아니다."라고 말하는 것으로 성학을 갖추고 인륜人倫의 본말이 온전하며 체용과 경권經權으로 천착하여 오로지 신독할 것을 강조한다. 이것은 인간의 각성과 각오와 관련되어 있다. 이를 통해서 그는 당시 실천철학의 이론적 근거를 제시하는 성리학의 원론적 이해에도 깊이 통효하고 있음을 알게 하는 것이다.

목은의 예론禮論과 배불론排佛論

목은의 저작 가운데 예학에 대해 본격적으로 논의한 글은 없다. 그러나 그가 부친상을 삼년상으로 치르는데 이는 고려조에서 처음 있는 일이다.[17]

아침저녁으로 고하고 제사지내는 것은 집에서 하지 않고 들녘에서 한다 해도 또한 무엇이 해가 되겠는가. 비록 성인의 법제로 따른다면 유감 되는 점이 없지 않지만, 오늘날과 같이 예제가 탕진되어 실추된 때에 자식된 자가 지극한 정성을 다하고 3년 동안 나를 낳아 주신 부모의 은혜를 갚

15. 『목은시고』 권16, 「進講篤信修學守死善道八字」

16. 『논어』 「태백」 篤信修學 守死善道.

17. 『목은집』, 권말, 연보. 당시는 불교의 영향으로 사대부라도 백일이면 탈상하고 삼년상을 치루지 않았다.

는다는 것은 참으로 그 도가 지극하다 할 것이다.[18]

목은은 불교의례를 기준하던 당시에 공민왕 6년(1537)에 「주자가례」에 따라 3년상을 행할 것을 건의하여 상례를 유교의례로 고치게 한 일[19]과 그의 제자인 권근에게 예기의 편차와 내용을 정정訂定하도록 한 일[20] 등을 미루어 유교이념의 사회적 실현을 위해 노력하고 있음을 알 수 있다. 따라서 당시 사회적으로 척불의 풍조가 일어나는 가운데 그는 유불의 공통점을 제시함으로써 배불론에 접근하고 있다. 물론 불교의 제도적인 모순에 대해서는 그 역시 폐단과 사회적인 폐해를 지적하고 있다.

> 태조가 불교를 국교로 삼은 이래로 불교도가 한없이 번성하여 5교五教 양종兩宗이 이익利의 소굴이 되고, 산천 각처에 사찰 없는 곳이 없으니 부도의 무리들이 비루함에 물들 뿐만 아니라 국가 백성들도 놀며 먹음이 많아 식자들이 가슴 아파합니다. …… 반드시 금령을 내려 이미 중이 된 자는 도첩度牒을 주어 그 신분을 보장하고 도첩이 없는 자는 모두 군오軍伍에 충당시키고, 새로 세우는 사찰은 모두 철폐하도록 하고 철거치 않을 때는 수령을 죄주어 양민良民들이 모두 중이 되지 못하도록 하소서. 그리고 불공드리는 일이 너무 심해 나라 재정을 말리니 이 폐단을 막으소서.[21]

이 내용은 그가 상중에 있으면서 새로 왕이 된 공민왕에게 시정개혁을 상서한 네 가지 가운데 불교도를 억제해야 하는 정책이다. 성리학은 유교윤리 건설을 위한 한유韓愈의 배불론과 불교의 해탈론을 유교이론으

18. 『목은문고』 권7, 「贈金判事詩後序」

19. 『고려사절요』 권26, 공민왕6년 10월조.

20. 『예기천견록』 권근, 권1, 「곡례」 상

21. 『고려사』 권115, 열전 권28 이색조.

로 구축하려는 이고李皐(772~841경)의 배불론이 남송 때 주자에 의해 통합된 사상체계이다. 따라서 목은도 이고와 같이 이론적인 접근을 시도한 것이다.[22]

> 나는 불교학을 미처 하지 않아 우선 유교를 인용하여 말한다. 맹자는 '원천源泉은 콸콸 흘러 주야를 그치지 않고 구덩이를 메운 뒤에 나아가 사해에 내달으니 근본이 있는 것은 이와 같다.'고 하였다. 이는 공자가 '물이로다. 물이로다.'라고 한 것에 인해서 드러낸 말이다. 우리 유교는 격물, 치지, 성의, 정심하여 제가, 평천하에 이르는 것이니, 징념지관澄念止觀함으로써 본래의 근원인 자성천진自性天眞을 본다고 하는 불교의 이론과 같다. 불교는 사람을 생사의 물결에서 구제하여 적멸寂滅한 데로 돌아가게 하는 것이니, 어찌 다름이 있겠는가[23]

목은은 유교를 인용하는 교리적 접근을 통해 유불의 공통점을 이해하여 당대의 이고李皐와 같이 불교시대를 근본적으로 유교화하려고 하였으며, 이러한 면모는 그를 계승한 정도전에게서 더욱 뚜렷하게 드러나기도 하는 것이다. 한편으로 유교경전 『대학』의 팔조목을 불가의 징념지관澄念止觀함으로써 본래의 근원인 자성천진自性天眞을 본다하고, 유교의 정좌靜坐를 불가의 좌선坐禪과 비교하기도 한다. 그의 글에는 승려에게 써 준 기記들이 많다.[24] 그러나 불교도이면서도 유교윤리의 덕목인 효경孝敬을 실천한 승려들과의 교유였던 것을 살핀다면 그는 불교를 배척을 위한 배척이 아님을 알 수 있다. 당시 사상계는 유불사상이 교섭하고 있었던

22. 이기동, 「목은 이색」, 『한국인물유학사』 1, p. 223. 참조. 한길사, 1996.

23. 『목은문고』 권3, 「澄泉軒記」

24. 윤필암기, 무은암기, 각암기, 증휴상인서 등이 잇다.

것이다. 서거정徐居正은 그럼에도 불구하고 부처를 성인이라 칭송한 이유로 목은을 이단을 억누르는 척하면서도 실제로는 고양시킨다고 단정하여 영불자佞佛者로 평가하고 있다.[25] 또한 그가 53세 때 대장경을 인성印成한 사실을 두고 비난을 한다.

> …… 또 유종儒宗으로서 불佛에 아첨하여 장경藏經을 인성印成하매 온 나라가 다투어 본받아 오직 미치지 못할까 두려워하여 풍속을 그르쳐 놓고, 자제들에게는 남들에게, '내 아버지 뜻이 아니고 조부 곡의 뜻을 추종하였을 따름이라.'고 말하게 하였으니, 이는 그 아비를 이단에 빠뜨려 구휼하지 아니함이었다.[26]

그러나 대장경의 인성 작업이 있기까지 목은의 동기와 전개과정을 살펴보면, 부친의 유지를 받들어 효심을 다하고자 하는 자식 된 도리와 30여 년간 공민왕의 총애를 받으며 주요 관직을 맡고, 유종으로서 성균관의 발전과 성리학 중흥에 힘써 온 그를 두고, 대장경 인성印成 사실의 결과만을 두고 영불자로 보는 것은 타당하지 않은 것이다.

이러한 사실들을 두고 볼 때, 목은의 성리학은 익제의 영향과 원의 유학에서 허형許衡의 실천중시적 학풍을 계승하여 인륜을 중시하는 실천성을 강조한 것이다. 그것은 조선조 초기 도학자들에게 나타나는 『소학』의 실천이기도 한 것이다.

25. 『동국통감』 권46, 공민왕 1년조.

26. 『고려사』 권115, 열전 권28, 이색조.

4

천인무간의 인간론

천인미분天人未分의 존재론存在論

유학적 사유의 특징을 통합적 사유라고 할 때 이러한 특징은 천인天人 관계를 설명할 때도 분명하게 드러난다. 유학에서는 천인, 즉 자연과 사람의 관계를 분리해서 보지 않는다. 즉 천도가 인간에게 실현된 것이 인도이다. 결국 인도의 근거를 천도에서 찾고자 한다. 이러한 사유구조는 선진유학에서부터 존재해 왔으나 이론적으로 체계화되고, 경전 속에서 그 근거를 찾아내어 설명하려는 시도는 송대의 성리학자들에게서 본격화된 것이다. 그리하여 송명리학에서 인성론과 본체론을 연결 짓는 '성즉리性則理'라는 명제가 제시되기에 이르러, 유학이 철학적으로 심화한 것이다.

『주역』에서는 대인의 존재에 대하여 "천지와 그 덕을 합하고, 일월과 그 밝음을 합하고, 사시四時와 그 질서를 합하며…"[1]라고 하였다. 여기서 말하는 대인이란 인간 안에 내재된 천의 리理를 그대로 실현한 사람이라

1. 『周易』, 「乾卦」, 文言 : 夫大人者 與天地合其德 與日月合其明 與四時合其序

고 할 수가 있겠다. 인간에게는 천과 동일한 리理가 내재되어 있는데, 기질에 가려 실현하기 어려운 그 천리를 끊임없는 수양을 통하여 실현했을 때 천지 · 사시四時와 같은 그 질서를 합할 수가 있다는 것이다.

『중용』에서는 "하늘이 명한 것이 성性이고, 그 성을 따르는 것이 도이다"라고 하여, 인성을 인간 안에 내재된 천명으로 보고 그 성을 따르는 것이 바로 인간의 도를 실현하는 것이라고 하였다. 그러나 천명인 성이 인간에 내재되어 있다고 해서 그냥 그것을 따를 수 있는 것은 아니라 그 도는 닦아야 한다. 그리하여 그 도를 닦는 것, 즉 인간의 부단한 수양을 교敎라고 한 것이다. 주희는 여기에 주를 달아 "성性은 곧 리理이다. 하늘이 음양오행으로 만물을 화생化生함에 기氣로써 형상을 이루면 리理 또한 부여되니 명령과 같다. 이에 사람과 사물이 생겨남에 각각 그 부여된 리理로 인하여 건순오상健順五常의 덕을 삼으니 이른바 성性이라고 한다."[2]라고 하였다. 또한 정이程頤는, "천이 품부하는 바는 명命이요, 물이 받은 바는 성性이므로 그 이치는 하나인 것이다. 하늘에서 부여한 것을 만물로 말한다면 명命이라 이르고, 인물이 하늘에서 품수한 것으로 말하면 성性이라 이르는 것이다."[3]고 하여, 명과 성은 이치로는 같으나 하늘이 부여하고 인물이 품수한다는 처지에 따라 다르게 말한 것이라 한다. 천명과 인물의 성에 관한 사상은 목은에게서는 바로 천인무간天人無間의 관념으로 표현되고 있다. 그의 천인관은 성인聖人과 천지가 다름없다는 것이다. 천인의 문제는 성리학의 가장 중요한 주제이다. 이른바 천인의 분변은 천과 인, 천도와 인도人道 혹은 자연과 인간관계의 변론을 가리킨다. 천명과 인덕人德을 연계하여 정치 · 종교 · 윤리를 하나로 종합하기도 하는 주제인 것이다.

2. 『中庸章句』, 1章, 朱熹注 : 性卽理也 天以陰陽五行 化生萬物 氣以成形 而理亦賦焉 猶命令也 於是人物之生 因各得其所賦之理 以爲健順五常之德 所謂性也

3. 『中庸章句』, 1章, 細注 : 伊川云 天所賦爲命 物所受爲性 理一也 自天所賦予萬物言之 謂之命 以人物所稟受於天言之 謂之性

이러한 견해는 목은에 의해 처음으로 대두된 정서가 아니라 한국 고유의 정서로 이해된다. 지눌知訥의 인불일체人佛一體사상이나 원효元曉의 일심一心사상도 천인무간의 정서와 그 궤를 같이 하는 것으로 이해된다. 그리고 하늘에서 환웅桓雄이 지상에 내려와 지상의 사람이 되었다는 단군설화의 내용도 이와 같은 정서로 이해할 수 있다.[4]

목은은 "하늘의 마음을 다시 보면 천지의 마음은 곧 사람의 마음이다."[5]라고 한다. 이것은 또한 하나이면서 둘이며 둘이면서도 하나라는 논리체계를 지니고 있는 대원일大圓一이라는 한 사상, 동학운동에서 주장하는 인내천人乃天 사상으로 이해할 수 있는 것이다.

목은은 천인관계에 대해서 다음과 같이 말한다.

> 하늘과 사람은 간격이 없어서 감응感應이 미혹되지 않으니, 오륜의 질서가 펴지고 정사와 교육이 밝아지면 일월이 궤를 따라 순행하고 풍우가 때에 맞게 내리며 경성景星·경운慶雲·예천醴泉·주초朱草 등의 상서로움이 이르게 된다. 이륜彝倫이 썩고 정치·교육이 폐해지면 일월이 흉을 고하고 풍우가 재앙을 이루며, 살별들이 나타나고 산이 무너지며 물이 마르는 변화가 일어나게 된다. 그러므로 이란理亂의 기미는 인사를 살펴보면 알 수 있다. 이란의 형상은 자연현상에서 구해 보면 족하다.[6]

이와 같이 하늘과 사람은 간격이 없어서, 하늘의 성誠을 본받아 사람도 성실하게 실천하여 외물에 동요되지 않고 중도에 그만두는 일이 없으

4. 이기동, 『李穡』 성균관대학교출판부, 79쪽.

5. 『牧隱文藁』 卷10, 「子復說」: 復其見天地之心 天地之心 卽人之心也

6. 『牧隱文藁』 卷1, 「西宗風月樓記」: 天人無間 感應不忒 故彝倫叙而政敎明 則日月順軌 風雨以時 而景星慶雲醴泉朱草之瑞至焉 彝倫斁而 政敎廢 日月告凶 風雨爲災 而彗孛飛流 山崩水渴之變作焉 然則理亂之機 審之人事而可見 理亂之象 求之風月而足矣

면 감응이 어긋나지 않아서 사람은 천지의 덕에 부합되는 것이다. 그러나 불성不誠하여 이륜彛倫이 썩고 정치 · 교육이 폐해지면 이란理亂의 형상이 자연현상으로 나타난다고 생각하였던 것이다. 이를테면 해와 달이 없어지기도 하고, 풍우가 재앙을 이루며, 살별들이 나타나고 산사태로 산이 무너지며 가뭄이 심하여 물이 마르는 변화가 일어나게 된다는 것이다. 또한 목은은 천인이 무간함을 다음과 같이 말한다.

> 모든 사람들이 본래부터 타고난 착한 본성에 있지만 현인, 불초인, 지인智人, 우인愚人 등의 차이가 생기는 것은 무엇 때문이라고 하겠는가. 앞에서는 기질이 그 천성을 가리고 뒤에서는 물욕이 천성을 막기 때문이라고 하겠다. … 하루라도 자신의 사욕을 극복하고서 예禮로 돌아가기만 한다면 마치 맑은 바람이 불어와서 모든 흐린 기운을 말끔히 씻어 주는 것처럼 될 것이다. 그리하여 마음속의 광명이 찬란하게 비쳐 하늘과 땅에 가득 차고 신명神明의 도리에도 통하게 될 것인데, 이러한 경우를 위로 올라가서 찾아본다면 요임금의 '극명준덕克明俊德'과 '광피사표光被四表'가 바로 그것이라 하겠다. 아아! 하늘에 있을 때는 명명明命이라 하고 사람에게 있을 때에는 명덕明德이라 한다. 이것은 원래 별개의 것이 아니라고 할 것이다. … 대체로 태어나면서부터 아는 생지生知의 소유자는 드물다고 하겠다. 따라서 곤학困學의 선비들에게는 오직 노력하여 실천하는 역행力行만이 실로 도에 들어가는 문이 된다고 할 것인데, 역행이란 단지 게으름을 부리지 않고 부지런히 낮이고 밤이고 쉬지 않는 것을 말한다. 장차 실천하려고 한다면 반드시 삼달덕三達德 시작해야 할 것이요, …… 장차 삼달덕을 실천하려면 반드시 하나에서 시작해야 할 것인데. 그 하나는 무엇이겠는가. 바로 성誠일 따름이다. 성誠의 도로 말할 것 같으면 천지에 있어서는 양양한 귀신의 덕으로 나타나고 성인에 있어서는 넉넉하게 커서 그 높음이 하늘에까지 닿는 그런 것이라고 하겠다.[7]

인간의 성품에 대하여는, 공자의 경우와 같이 태어나면서 아는 자, 배워서 아는 자, 어려움을 겪으면서 아는 자, 그리고 어려움을 겪으면서 배우지 아니하는 자로 나누어 볼 수도 있다.[8] 그러나 목은은 대체로 태어나면서부터 아는 자는 드물다고 말한다. 따라서 사람들의 정도의 차이는 있더라도 누구나 스스로의 재질을 다할 수는 있다는 것으로 그는 오직 노력하여 실천하는 역행力行을 말한다. 역행이란 단지 게으름을 부리지 않고 부지런히 쉬지 않고 스스로를 가꾸려는 자발적인 노력을 강조하여 말하는 것이다. 군자의 이상인격이 무엇인가에 대하여 지인용智仁勇의 덕을 갖추어야 한다고 말한다. 지자知者는 사리를 분명히 인식하여 사물의 이치를 밝히고, 인자仁者는 자기의 사욕을 이기어 주체를 확립하고, 용자勇者는 의義를 보고 달려가 두려워하지 않고 실천하는 것이다.

천과 인은 서로 간극이 없으므로, "본래 하늘의 명명明命과 사람의 명덕明德은 다른 것이 아닌데도 현상적으로는 분리되어 있기 때문에 다시 하늘과 사람이 일체가 되는 노력을 기울이지 않으면 안 된다는 것이다."[9] 천하에 두루 통하는 이 세 가지 덕인 지 인 용으로 오직 노력하여 성실히 실천하는 것만이 실로 도에 들어가는 문이 된다는 것이다.

천의 운행은 성誠으로 일관되므로 사람도 성실하게 실천하기만 하면 바로 하늘에서 타고난 본래성을 실현하여 마음속의 광명이 찬란하게 비쳐 하늘과 땅에 가득 차고 신명神明의 도리에도 통하게 될 수 있다고 목

7. 『牧隱文稿』 卷10, 「可明說」: 本然之善 固在也 而人有賢不肖智愚之相去也 何哉 氣質蔽之於前 物欲 拘之於後 … 一日 克己復禮 則如淸風與 而群陰之消也 方寸之間 粲然光明 察乎天地 通于神明矣 泝而求之 則堯之克明峻德 光被四表者也 嗚呼 在天曰明命 在人曰明德 非二物也 … 生知 鮮矣 困學之士 惟力行一言 實入道之門也 力行之道 孜孜屹屹 不舍晝夜 … 將欲踐之 必自三達德 將踐三達德 必自一 一者何 誠而已 誠之道 在天地 則洋洋乎鬼神之德也 在聖人 則優優大哉 峻極于天者也

8. 『논어』, 「계씨」 9장.

9. 이기동, 『李穡』, 성균관대학교출판부. 2005, 114쪽.

은은 귀신의 덕을 말하고 있다. 『중용장구』 16장을 보면 "공자말씀에 귀신鬼神의 덕德됨이 성盛하여 주위에 흘러 움직여 위로 좌우로 차고 가득한 귀신의 덕으로 나타나서 사람으로 하여금 제사를 받들게 한다. 귀신은 보아도 보이지 않고 들어도 들리지 않지만 물物을 체하여 남김이 없다."고 하였다. 여기서 귀신鬼神은 조화의 자취로, 하나의 기운으로 말하면 와서 펴는 것은 신神이 되고 뒤집어 돌아가는 것은 귀鬼가 되니 실상은 한 존재일 따름이다. 이른바 귀신이란 우리가 생각하는 잡신雜神이 아니라 천지의 변화작용이다. 귀신의 대용이란 존재론적인 해석이 아니라, 현상작용으로서 변화작용을 의미하는 것이다. 귀신의 작용은 보아도 보이지 않고 들어도 들리지 않는다. 다시 말하면 하늘 위에는 해와 달, 별들이 두루 펴져 배열되어 있고, 대지 위에는 산악이 치솟고 강하가 흐르고 있는 그 소이연은 귀신의 덕으로서 변화작용의 본바탕이 되는 것이다. 하늘과 사람은 원래 내면의 심心으로 합치되어 있어, 하늘과 사람이 일체가 되는 노력을 기울이면, 마음속의 광명이 찬란하게 비쳐 하늘과 땅에 가득 차 천과 인이 서로 간극이 없다는 것이다.

> 천지 사이에 마음이란 것이 있으니, 이것을 일컬어 하늘의 밝은 명命이라고 한다. 이 마음을 만물 모두가 골고루 품부 받고 있지만, 그 중에서도 특히 인간의 경우가 가장 신령스럽다고 하겠다. 하지만 인간 역시 앞에서는 기품에 구속받고 뒤에서는 물욕에 가려지고 있으니, 여기에서 삼품三品의 설이 일어나게 되었다. 그래서 성인이 이 점을 걱정한 나머지 가르침을 베풀어 인륜人倫을 밝히고 사욕을 극복하여 예禮로 복귀하게 하였으니, 이렇게 해서 상하 사방 모두가 똑같이 방정方正하게 되었다고 하겠다.[10]

10. 『牧隱文稿』 卷6, 「平心堂記」 : 心在天地曰明命 賦之物均矣 而人最靈 然其氣稟拘於前 物欲蔽於後 三品之說所由起也 聖人憂之 立教以明倫 克己以復禮 於是 上下四方 均齊方正矣

여기서 말하는 삼품三品의 설은 『논어』 「계씨편」에 보면 기질에 의해 태어나면서 아는 자, 배워서 아는 자, 불통하여 어려움을 겪으면서 배우는 자이다. 보편적인 덕으로써 보편적인 도를 행하는 것이지만 사람의 기품은 같지 않다는 것이다. 『중용』에 보면 혹 태어난 바탕이 지극히 밝아서 태어나면서부터 이 도를 알며, 혹 반드시 배운 뒤에 이 도를 알며 혹 어렵고 힘겹게 노력하고 노력하여 이 도를 아는 자가 있다. 그러나 처음 노력할 때는 그 하는 일이 비록 다르지만 그 성공함에 이르러서는 이 도를 행함은 한가지라고 말한다. 마음은 기질에 가리고 물욕에 구속되어 어두워졌으므로, 물들지 않은 본래의 마음을 찾기 위하여서는 인간다움의 본래성을 찾아야 하는 것이다.

이른바 극기복례克己復禮는 자포자기하지 않는 자신의 사욕을 극복하여 본성으로 돌아가, 너와 내가 살아갈 수 있는 사회성을 회복하는 것이다. 이는 인간내면의 도덕적 수양이 강조하는 것이다. 목은이 여기에서 '극기복례克己復禮하게 되면 똑같이 상하 사방 모두가 똑같이 방정方正하게 된다.'는 것은 천인무간을 전제로 말한 것이다. 이러한 목은의 사상적 특색은 천인무간을 전제하면 천의 관념은 리理로 설명되기도 하고 중中으로 설명되기도 한다. 목은은 "명名이 비록 다르지만 리理는 일一이며, 리理의 일一은 곧 중中"[11]이라 하여 리理와 중을 동일시하고 있다. 목은에 의하면 중中이 올바르게 나타난 모습이 화和로 이해된다. '움직이되 반드시 올바름으로써 하면 화和는 그 중에 있는 것이다.'[12] 이러한 천인무간설을 바탕으로 하는 목은의 인간존재에 대한 이해는 하늘과 사람은 본래 같은 것인데, 사람이 그 본래의 모습을 앞에서는 기품에 구속받고 뒤에서는 물욕에 가리어져 상실하기 때문에 하늘과 같은 모습을 유지하지 못한다는 것

11. 『牧隱文稿』 卷10, 「伯仲說」 : 名雖殊而理卽一 理之一卽 所謂中也

12. 『性理大全』 卷4, 『通書』, 愼動 弟5, 233쪽 : 動必以正則和在其中

이다. 이는 바로 하늘과 하나인 본래의 모습을 회복한 사람이 성인聖人이기 때문에 성인은 하늘과 같은 존재이고, 나아가 하늘과 사람과 만물이 같은 존재라고 보는 것이다.

성인은 천지의 덕에 꼭 부합되니	聖人脗合天地德
군자는 조정의 의례에 광휘를 발하고	君子照耀朝廷儀
부부의 가정은 찬연히 법도가 있거니와	夫家婦室粲有則
요의 선양과 탕의 정벌도 돌아가는 곳은 같은 곳	堯禪湯伐同其歸
그러니까 알리라 어린아이의 순일한 곳	故知赤子純一處
슬기 있는 사람과 조금도 다름없는 것이다	宛與智者無少違[13]

요는 순에게 천자의 자리를 선양禪讓하였고, 탕湯은 백성들에게 무도하고 잔인한 걸왕을 정벌하여 하夏나라를 멸망시키고, 스스로 상商나라를 건국했다. 그러나 요와 탕의 일의 그 귀취는 인륜人倫을 밝히고 사욕을 극복하여 예禮로 복귀하고자 하는 본마음에서 나왔다. 요의 선양과 탕의 정벌도 결국 있는 바의 것을 있는 그대로 찬연히 밝혀주는 사람이기 때문에, 어린아이의 순일한 점과 지자智者의 순수함 또한 조금도 다름이 없다는 것이다. 따라서 목은은 요와 탕 같은 성인은 천지의 덕에 꼭 부합한다고 말하는 것이다.

이러한 관점은 권근에게 이어져 '성인聖人은 천지와 같다'[14]는 견해와 같은 것이며, 그 또한 "성인의 마음은 하늘과 간극이 없다."[15]고 말하고 있다. 이는 "천과 성인을 합하여 말한 것을 통해서 천은 곧 성인이고 성인이

13. 『牧隱詩稿』 卷15, 「赤子吟」.

14. 『周易淺見錄』 上經, 權近撰.

15. 『周易淺見錄』 易說 序

바로 천이어서 조금도 틈이 없다."[16]는 것이다. 이렇듯 목은은, 사람을 하늘과 애초에 분리되어 있지 않고 접전摺轉으로 이어져 있는 존재로 이해하였다. 그는 하늘과 사람이 하나라는 사실을 확인하는 방법으로 정관貞觀 개념을 제시하여 천인미분天人未分의 사상을 설명하고 있다.

진양의 공자가 호객들과 교의를 맺어 晉陽公子結豪客
풍운의 장한 회포가 팔방에 가득 찰 제 風雲壯懷滿八極
혁연히 한 번 일어나 천과를 휘두르니 赫然一起揮天戈
수나라 제방의 버들이 빛을 잃었네 隋堤楊柳無顏色

이미 은주를 이어서 무공을 이루었으면 已踵殷周成武功
의당 펴야 하리 우하를 따라 문덕을 宜追虞夏敷文德
가득히 채워진 것 지키며
이치를 편안히 다스림이 중한데 持盈守成貴安靖
큰 일 큰 공 좋아하다 반측을 하게 되네 好大喜功多反側

삼한은 기자가 신하 노릇 안 한 땅이니 三韓箕子不臣地
내버려두는 것이 또한 득책이었을 법한데 置之度外疑亦得
어찌하여 금옥 같은 무력을 움직이기에 이르렀는가 胡爲至動金玉武
말 재갈 물려 스스로 동녘 땅에 나왔나 銜枚自將臨東土

병거兵車에 꽂힌 선기旋旗는 요동의 달빛을 감싸면서 貔貅夜擁鶴野月
그 깃발들은 계림鷄林(신라)의 비에 새벽을 적신다 旌旗曉濕鷄林雨
삼한을 주머니 속의 물건으로 여겼으니 謂是囊中一物耳

16. 『周易淺見錄』 上經, 「乾卦解說」, 權近撰 : 又以天與聖人合而言之 可見天卽聖人 聖人卽天渾然無間之意

눈이 백우전에 빠질 줄을 어찌 알았으랴　　那知玄花落白羽

정공이 죽고 나자 언로가 막히었으니　　鄭公已死言路澁
풍비를 무너뜨렸다 또 세운 게 가소롭다　　可笑豊碑蹶復立
머리 돌려 정관년을 세 번 외치니　　回頭三叫貞觀年
하늘 끝에서 비통한 바람이 쓸쓸히 불어온다.[17]　　天末悲風吹颯颯

위의 시는 목은이 부친의 부음을 받고 귀국하는 도중 유림관을 지나면서 쓴 것이다. 그 내용은 진양晉陽의 공자公子인 당의 태종이 고구려를 정벌하려다 안시성에서 양만춘 장군에게 패전한 역사적 사실이다. 다시 말하면 진양공 이연李淵의 아들인 당의 태종이 수나라 말기에 큰 공을 좋아하여 문덕文德은 지키지 못한 것이다. 삼한三韓은 기자가 신하로서 세운 나라가 아니다. 그럼에도 불구하고 천자가 쓰는 무기인 천과天戈를 휘둘러 수나라가 멸망했음을 의미한다. 결국 정관貞觀을 보여주지 못했음을 묘사한 것이다. 목은은 우리 조선이 입국立國한 것은 실로 당요唐堯 무진戊辰년이라 한다. 무왕武王이 은殷나라를 정벌한 뒤 은의 태사인 기자箕子를 봉하면서도 신하로 대하지 않았던 것이다.'[18] 그러한대도 당태종이 고구려를 정벌하려 하였으니, 천자가 정고正固하지 못하여 천자답지 못함을 말한 것이다.

정관貞觀의 정貞은 『주역』, 「계사전」에서 나온 말로, 그 의미는 "하늘과 땅의 도는 정貞하여 보는 것이요. 해와 달의 도는 정貞하여 밝은 것이다. 천하의 움직임은 온전히 정貞 한 것이다."[19] 이 시의 말미에서 목은은

17. 『牧隱詩稿』 卷2, 「貞觀吟」.

18. 『牧隱文稿』 卷9, 「送偰符寶使還詩序」.

19. 『周易』, 「繫辭傳」 下 : 天地之道 貞觀者也 日月之道 貞明者也 天下之動 貞夫一者也

"머리 돌려 정관貞觀년을 세 번 외치니, 하늘 끝에서 비통한 바람이 쓸쓸히 불어온다."라고 말했다. 또 이미 우하虞夏를 따라 은殷나라 주周나라를 이어서 문덕文德을 펴서 이치를 편안히 다스려야하는 일인데, 오히려 삼한三韓을 주머니 속의 물건정도로 가볍게 여기고, 반측反側을 한다. 그러므로 당 태종이 30만 대군을 친히 거느리고 고구려를 쳐들어왔을 때 결국 고구려의 명장 양만춘楊萬春의 화살에 눈을 맞아 부상당하게 되고, 직간直諫하는 신하는 믿었다가 의심하여 언로가 막히고, 풍비豐碑는 헐어 버렸다가 다시 세우는 희극까지 일어나게 됐다. 이 시에서 정공鄭公은 당 태종의 명신名臣으로 정국공鄭國公에 봉해진 위징魏徵을 가리킨다. 당시 위징은 당태종의 신하로 직간으로 이름이 나있다. 위징이 죽었을 적에 당 태종이 친히 비문을 짓고 써서 풍비를 세웠다. 얼마 후에 위징이 천거한 두정륜杜正倫, 후군집候君集이 죄를 얻어 복주伏誅된다. 그렇다고 이미 망자亡子가 되어 버린 위징을 의심하여 친히 써서 세워준 비석을 무너뜨렸다가 그 후에 또 그 일을 뉘우치고 비석을 다시 세웠다. 바로 이러한 것이 어찌 정관貞觀의 정이 될 수 있겠는가 반문하며, 그는 정관의 연호를 붙인 시대임에도 불구하고 정고正固한 도의 실현이 이뤄질 수 없는 시대라고 한 것이다.

여기서 정관貞觀에서의 정貞의 의미는 정고正固함을 지키고 수지守持한다는 뜻이다. 다시 말하면 정이란 본바탕을 잘 지키는 것으로서 '있는 바대로 바로 있게 하는 것'이다. 이와 같이 '천지자연의 도가 있는 바대로 곧게 보이고 명월은 밝은 것으로 청풍은 시원함으로 그렇게 깎아 버릴 수가 없다'[20]는 것이다. 따라서 천지의 음양의 도는 바른 자리에 있어 높이 우러름을 받는다. 또한 일월日月이 서로 교체하는 도는 바른 자리에 있으므로 밝게 빛나는 것이다. 이와 같이 만물의 운동변화는 모두가 전일專一

20. 李光靖撰, 『牧隱先生年譜』, 述先錄, 回想社, 1987, 16세條「閑居詩」: 明月淸風不可刪

하여 단정端正함이 천지자연의 도에 있다는 것이다. 그러므로 사람의 행위도 더불어 바름을 지켜야 하는 정고함을 강조하는 것이다. 목은은 이러한 있는 바대로 바로 있게 하는 정貞의 의미에 큰 비중을 두고 있는 것이다. 그의 도학적 실천정신은 바로 천지의 도를 있는 바대로 바르게 보아 해와 달이 밝은 것과 같이 정고正固함에 바탕을 두고 있는 것이다. 목은이 강조하고자 하는 것은 바로 정고正固함을 바탕으로 삼는다면 성인의 도와 천지의 도는 동일하다는 것이다.

만물일체론萬物一體論

목은은 천인의 간극이 없음을 천지인 삼재三才가 저마다 하나의 태극太極을 갖추고 있다는 이론으로 증명하고 있다. 삼라만상의 근원은 모두가 하나이다. 따라서 삼라만상이 각각 하나의 태극을 갖추고 있는 것이다. 말하자면 만상이 동일한 근원이라는 것이다.

군자에겐 참다운 낙이 있으니	君子有眞樂
오묘한 곳 참으로 말하기 어렵네	妙處誠難言
솔개는 날고 물고기는 뛰니	鳶飛與魚躍
만상의 근원은 모두가 하나이네	萬像同一元

좁쌀 같이 조그만 이 한 몸도	眇然稊米身
도화에 연원한 바이거니와	道化所淵源
예악이 천하에 입혀졌으니	禮樂被天下
주공 공자는 지금도 살아있다네	周孔至今存

군자는 기꺼이 은퇴함이 있으니	君子有肥遯

번민도 없고 노여움도 없거늘　　無悶亦無慍
성시엔 무엇하러 경영을 하며　　城市何所營
산림엔 무엇하러 숨는단 말인가　　山林何所隱

오래도록 세상 속에 섞여 있다가　　久矣混常流
냇가에서 천지운기를 관찰하고　　川上觀氣運
끝없이 사방에 교화를 펴면서도　　悠然撫四達
화려한 명성을 바라지 않았다네　　無心望華問[21]

만물은 제 각기 흩어져서 다르다. 그러나 모든 이理가 하나로 연결되어 있는 전체적 개념인 태극은 천지인에 각각 갖추어져 있다. 따라서 산이 높으면 골짜기는 깊은 것이며, 봄에 씨를 뿌리면 싹이 나고 꽃이 피는 것이다. 솔개는 하늘을 나는 것이다. 아버지가 있으면 효는 있는 것이다. 보이는 현상은 다르나 그 소이연은 같다. 솔개는 날고 물고기는 뛰는 이러한 모든 리理가 하나로 연결되어 있는 전체적 개념이 태극이다.

목은은 송대 주돈이周敦頤(렴계濂溪)의 태극설에 영향을 받았음을 다음과 같이 말하고 있다.

> 천재에 도통의 실마리를 이음이여, 그 시내를 렴계라고 명명했는데, 위로 렴계濂溪를 스승으로 삼아, 한마디 말을 듣고 도를 깨달아서, 탐하는 이욕利慾을 깨끗이 씻었어라. 마음의 근원을 밝게 하는 데는, 오직 태극을 깊이 궁구할 뿐이로다.[22]

21. 『牧隱詩稿』 卷3, 「君子2首」.

22. 『牧隱詩藁』 卷1, 「山中辭」: 續道緖於千載兮 乃命其溪曰濂 惟山中之無偶兮 尙摳衣於丈函 聞一言以悟道兮 洗利欲之貪婪 開心源之瑩淨兮 惟太極之泳涵

목은은 『통서』와 「태극도설」 등을 쓴 주돈이를 스승으로 삼았다. 그 영향으로 마음의 근원을 밝히는 것은 태극관념을 깊이 탐구해야 한다고 말하는 것이다. 그는 또한 "만물이 형체가 있으면 이치는 있는 법이라 태극 또한 애써 사람에게 찾도록 하였네."[23] 라고 하여 태극 개념에 관심을 집중하고 있음을 알 수 있다. 「태극도설」에서 '무극이태극無極而太極'의 태극은 천지만물의 근본을 뜻한다.[24] 태太는 대大, 극極은 지극至極의 뜻이다. 태극을 리로 확정한 것은 주희이다. 태극이 리며 동시에 천명이다. 이러한 모든 리理가 하나로 연결되어 있는 전체적 개념이 태극이다. 주돈이는 순수지선을 인간의 최고 가치로 보아 성인聖人을 그 대표자로 생각한다. 즉 인간의 본성은 성誠이라고 할 수 있고 이것은 천부적이라는 것이다. 척측天側으로 보면 태극이라 하고 인측人側에서는 誠이라고 한다. 이름은 다르지만 둘이 아닌 것이다.[25] 따라서 만물 만사가 태극을 떠나서 존재할 수 없고, 태극이란 우주만물의 본체가 되는 것이다. 「태극도설」에 인극人極이 바로 성誠이라고 한다.[26]

위대하여라 주역의 건곤이여	大哉易乾坤
태극이 한번 동정을 일으키매	太極一動靜
저절로 천지의 뿌리가 생겼으니	自生天地根
내 몸 가운데 돌이켜 살필진댄	反觀吾身中
성성에 마음을 항상 둬야 하거늘	成性當存存
어찌하여 외물의 노예가 되어서	奈何役於物
밤낮으로 본원에 흐려져 가는고	日夕迷本原[27]

23. 『牧隱詩藁』 卷7, 「病中吟」 : 萬物有形卽有理 太極亦强令人尋

24. 『性理大全』 卷1, 「太極圖」 : 故曰無極而太極 非太極之外 復有無極也

25. 유정동, 『유학원론』, 성균관대학교출판부. 1994, 150쪽.

26. 유정동, 『유학원론』, 성균관대학교출판부. 1994, 150쪽.

여기에서 목은은 성성成性에 마음을 항상 두어야 한다고 말한다. 성성은 이루어진 성, 즉 타고난 성을 뜻한다. "천지가 자리를 베풀거든 주역이 그 가운데 행해지나니, 이루어진 성에 마음을 항상 두는 것이 도의 문이다."[28]는 것이다.

물의 성질은 절로 내려가는 건데	水性自趨下
누가 그 본말을 논한단 말인가	誰論委與源
분명하게 태극으로 돌아가나니	分明歸太極
단적으로 좋은 말을 지킬 뿐이네	端約守嘉言[29]

목은은 물의 성질은 본말로 나누어 논할 수 없듯이 만물도 본과 말로 나누어 볼 수 없다는 것이다. 분명하게 태극으로 돌아가기 위한 것은 천명을 아는 것이다. 앞서 밝힌 바 태극을 리로 확정한 것은 주희이다. 태극이 리이고 동시에 천명이다. 사람의 입장에서는 지성至誠인 것이다. 다시 말하면 분명하게 태극으로 돌아가기 위한 것은 지성하려는 것으로 목은은 "좋은 말을 지킬 뿐이다."라고 한다. 이와 같이 목은은 말을 근엄하게 해야 한다는 점을 강조하여, 말을 함부로 하지 말고, 말을 할 때는 세 번은 생각하고 또 어떠한 자리에서도 한마디라도 경솔히 말하지 말기를 당부한다. 이것은 모든 리理가 하나로 연결되어 있는 전체적 개념인 태극 또한 애써 사람에게 찾도록 한 것이다.[30]

27. 『牧隱詩藁』 卷10, 「古意三首」.

28. 『주역』 「계사」: 天地設位 而易行乎其中矣 成性存存 道義之門

29. 『牧隱詩藁』 卷19, 「卽事」.

30. 『牧隱詩藁』 卷7, 「病中吟」: 萬物有形卽有理 太極亦强令人尋

> 사람들에게 함부로 말하지 말고, 말을 할 때는 세 번을 생각하고 또 어떠한 자리에서도 한마디라도 경솔히 말하지 말라. 영화와 치욕은 오직 입 놀리는 데에 있다.[31]

「즉사卽事」에서도 "물아物我는 일심一心이며, 고금古今도 일리一理다."[32] 라고 말하여 만물의 일체성을 해석하고 있다. 다시 말해서, 천지인의 도에 각기 하나의 태극이 있으므로 모든 만물이 생겨나고 자라는 이치가 끝없이 펼쳐져서 다함이 없음을 말하는 것이다.

> 내가 새, 짐승, 풀, 나무를 살펴보건대, 각기 하나의 태극이다. 동물로서 양을 얻는 것은 수컷이 되고, 식물로서 양을 얻는 것은 꽃이 된다. 대개 수컷이 있는 뒤에 암컷이 (그 양을) 이어받고 꽃이 있은 뒤에 열매가 (그 양을)이을 수 있다. 이렇게 서로 보합하고 대화大和하여 정고貞固(그대로 있는 것)로 돌아가니 진실로. 이것은 나의 말이다. 가령 그대의 스승이 스승 삼는 바는 대웅이다. 이른바 세존으로서 삼계三界의 사師이다. 그대가 추구하는 것은 심화心花인데, 이것은 이른바 과덕果德이요, 십방十方의 무량세계無量世界에 비치어 이르는 곳마다 발현하는 것이다. ……도를 얻게 되면 그때 우담발화가 세상에 출현하게 될 것인데, 상인이 이러한데도 가지나 덩굴만을 찾아서 좇아다닌다면 어찌 될 말이겠는가. 가섭迦葉이 미소를 지은 것도 여기에서 결코 벗어나지 않는다는 것을 중영仲英은 마땅히 알아야 할 것이니, 어딘가에서 무화과無花果의 꽃이 피기만을 기다리면서 공연히 가지를 꺾으려고 치달리지 말 일이다. 중영은 부디 힘쓰고 힘쓸지어다.[33]

31. 『牧隱詩藁』 卷28, 「示諸子」: 三緘其口愼言人 千載流傳面目新 莫向座中輕一語 樞機榮辱在搖脣

32. 『牧隱詩藁』 卷1, 「觀魚臺小賦」: 物我一心 古今一理

생생의 이치로서 모든 사물에 존재하는 것은 곧 태극이다. 그것을 '통체태극統体太極'으로 설명하기도 한다. 여기서 목은은 조수鳥獸나 초목도 각각 한 태극이라는 말로 설명하고 있다. 그리고 꽃이 있고 난 다음에야 열매가 그 결실을 맺고 그 열매가 이어져 가니 대화大和를 보합하여 정고貞固로 돌아간다, 그러면 만물이 생겨나고 자라는 이치가 끝없이 펼쳐지는 것이다. 따라서 생생하는 이치로 보면 만물은 모두 일체로 '물아일심物我一心 고금일리古今一理'라는 것이다.

주돈이가 제시한 태극 개념을 주희는 "형체로 변화하는 것으로 만물을 말하면 각기 하나의 성性이므로 만물은 하나의 태극이다."[34]라 하고, "하나의 존재 속에 각각 하나의 태극이 구비되어 있다."[35]고 말한다. 이러한 '각구일태극各具一太極'을 목은은 '각일태극各一太極'의 개념으로 표현한다. '각일태극'의 의미는 바로 정고貞固로 돌아가, 낳고 낳는 이치가 다함이 없는 정貞으로 보아야 함을 뜻하는 것이다. 정고란 있는 그대로 만물이 생겨나고 자라는 이치가 모자라지 않게 바르게 하여 끝없이 펼쳐진다는 것을 의미한다. 거듭 말하면 낳고 낳는 이치가 무궁한 그 정고이며, 대화가 보합하여 정고함으로 돌아가니, 성실히 노력함으로 마침내 마음이 편안한 경지를 얻음을 뜻하는 것이다. 내가 아무리 뛰고 또 뛰어도 아직 편치 않으며 언제나 멀리 산수를 찾아 스승을 만나서 도를 찾는 것이 아니라, 도를 찾는다는 것은 인간의 도리를 힘써 성실히 실천해야 한다는 것이다. 성실하지 않으면 정고貞固하지 않아 내 마음 아직 편치 않은 것이다. 먼 곳

33. 『牧隱文稿』 卷10 「仲英說」 : 吾觀鳥獸草木 各一太極也 動物之得乎陽者爲雄 植物之得乎陽子爲英 蓋雄然後雌有以承之 英然後實有以繼之 保合大和 歸于貞固 生生之理不窮矣 此則吾說也 至若師之所師曰大雄者. 所爲師世尊也 而爲三界師 師之所求曰心花者 所謂果德也 而照十方刹 佛佛心心 隨處發現矣 師尙走乎哉 師其歸而返照名號於介然之頃 而有得焉 則優曇鉢花出現於世矣

34. 『性理大全』 卷1, 「太極圖」 : 萬物化生 以形化者言也 各一其性 而萬物一太極也

35. 『近思錄』 卷1, 「道體」 : 一物各具一太極

에서 찾지 말라는 뜻은 지금 이 자리에서부터 사람의 도리를 성실히 다하여 마음속의 광명이 찬란하게 느껴져 정고貞固로 돌아가 자신이 안심安心의 경지를 얻으라는 것이다. 이러한 정고貞固로 돌아가는 경지를 목은은 조수鳥獸나 초목도 각각 한 태극이라는 말로 설명하는 것이다.

여기서 목은은 "그대가 추구하는 것은 심화心花인데, 이것은 이른바 과덕果德이다."고 하여 성誠을 말하고자 한다. 심화心花는 청정무구淸淨無垢한 우리의 본심을 뜻하는 불교 용어이다. 마음 꽃을 활짝 피워 시방의 무량 세계를 비춰준다는 뜻이다. 이것은 과덕果德이라 하여 불교 수행의 결과로 얻어지는 이른바 상락아정常樂我淨'의 네 가지 덕을 말하는 것이다. 쉼 없이 힘쓰고 힘쓰는 수행의 결과로 "십방十方의 무량세계無量世界에 비치어 이르는 곳마다 발현하는 것이다."라고 하였다. 성실히 수행하여 도를 얻게 되면 그때 우담발화가 세상에 출현하게 될 것이라는 것이다.[36] 우담발화優曇鉢花는 불교에서 말하는 인도의 상서로운 꽃 이름으로, 무화과라고도 한다. 또한 부처가 세상에 출현하여 설법하는 것을 우담발화가 한 번 꽃 피는 것으로 비유하기도 한다.[37]

마침내 마음이 편안하면 불교에서는 참이 되지만, 목은은 더 나아가서 우환의식으로 힘쓰고 힘써 군자가 실천해야 하는 바를 말하고 있다. 공자는 "가난함을 근심하지 않고 편안하지 못한 것을 근심한다."고 하였고, 또 "지위가 없음을 걱정하지 말고 지위에 설 것을 걱정하라."고 하였다. 또한 "안으로 반성하여 허물이 없다면 도대체 무엇을 근심하고 무엇

36. 『牧隱文稿』 卷10 「仲英說」: 吾觀鳥獸草木 各一太極也 動物之得乎陽者爲雄 植物之得乎陽子爲英 蓋雄然後雌有以承之 英然後實有以繼之 保合大和 歸于貞固 生生之理不窮矣 此則吾說也 至若師之所師曰大雄者. 所爲師世尊也 而爲三界師 師之所求曰心花者所謂果德也 而照十方刹 佛佛心心 隨處發現矣 師尙走乎哉 師其歸而返照名號於介然之頃 而有得焉 則優曇鉢花出現於世矣

37. 『국역 목은집 』권10, 290쪽 注 참조

을 두려워하겠는가?" 라고 말한 것에서 알 수 있듯이 이것은 마음에서 학문과 가치실천 등이 바르지 못할까를 언제나 걱정하는 자기성찰의 정신으로 이어지는 것이다. 따라서 목은은 처세에 있어서 중화를 이루는 것은 바로 힘쓰고 힘쓰므로 안심[38]의 경지에 이르는 것이라 하는 것이다. 또한 목은은 "안자顔子, 증자曾子, 자사子思, 맹자孟子의 학은 주역의 정貞을 전한 것이라 도학이 정명貞明하게 되었다"[39]고 하고, 또한 "『주역』의 64괘 모두에 貞의 뜻이 드러나 있다."[40]고 말한다. 또한 정貞 관념은 건乾의 그것이 가장 크다고 한다. 그래서 '곤坤에서도 빈마牝馬라는 두 글자를 덧붙여 놓았으니 이는 가장 존귀한 것은 이 세상에 두 개가 있을 수 없기 때문이다. 곤坤에서는 건乾에서 보다 형이하적인 말로 표현하고 있다.[41] 바로 정고貞固란 생하고 생하는 이치가 다함이 없는 정貞으로 보아야 함을 뜻하는 것이다. 낳고 낳는 이치가 무궁한 것이 그 정고貞固함이며, 힘쓰고 힘쓰므로 세상에 출현하게 되어 마침내 마음이 편안한 경지를 얻음을 정고貞固하는 것이라 한다.

> 건곤은 『주역』의 문이다. … 64괘는 정貞을 드러낸 것이다. 건괘의 정貞은 큰 것이라 곤괘에는 빈마牝馬를 더한 것이다. 이것은 높은 것에 둘이 없다는 이치이다. 『시경』의 주남과 소남의 풍화는 후비后妃의 정에 달려

38. 心安에 대한 故事는 禪宗의 이른바 '安心法門'을 말하는 것으로 중국 선종의 二代祖인 慧可가 스승인 達磨에게 "제 마음이 편하지 못하니 스승께서 마음을 편안하게 해 주셨으면 합니다." 하자, 달마가 "그 마음을 가지고 와라. 너에게 편안함을 주겠다."라고 하여 혜가가 한참 뒤에 "그 마음을 찾아보았으나 찾을 수가 없습니다."라고 하니, 달마가 "내가 너에게 이미 안심의 경지를 주었다."라고 한 것이다. 『국역 목은집 』권10, 290쪽 注 134) 참조

39. 『牧隱文稿』 卷4 「朴子虛貞齋記」 : 顔曾思孟之學 傳此貞也 故其道學如日月之貞明焉

40. 『牧隱文稿』 卷4 「朴子虛貞齋記」 : 六十四掛 貞之著也

41. 말은 유순하면서도 한번 짝을 지우면 다른 것과 달리 그것을 견고히 지키는 동물이라는 풀이에서 牝馬라고 말하고 암말이 새끼를 밴 후 대개 12개월 만에 낳는다는 설로 12에 상응하는 뜻도 있으니 바로 生生之理가 不窮함의 生生과 의미가 같은 말로 풀이된다.

> 있다. 그래서 건곤의 중괘에 배합한 것이다. … 그래서 건곤이 사귀어 통하는 데서 이루어지는 것이다. 그러므로 건곤 2괘에서 족히 정의 교훈을 볼 수 있다. 더구나 우하상주의 글들은 이 정을 기록한 것이다. 그 때문에 그 치교治敎가 천지의 정관貞觀과 같다. 안자 증자 자사 맹자의 학문은 이 정을 전한 것이다. 그 도학이 해와 달의 정명貞明한 것과 같다. 그러니 정의 쓰임이 크다고 하지 않겠는가[42]

『주역』에서 "천하天下를 움직이는 것은 오직 곧음(貞) 그것 하나이다."라 하였다. 천지天地라 할 때에는 자연적 의미를 갖지만 천하天下라할 때에는 인간사회를 말한다. 인간사회에서는 생하고 생하는 이치가 다함이 없는 정貞으로 이어가는 것이다.

목은은 『주역』의 중심개념이 바로 정貞이라고 보고, 64괘는 정貞이 들어난 것이라고 말하고 있다. 이 정으로 건괘와 곤괘가 서로 사귀어 크게 통하게 된다. 『서경』의 우서虞書 하서夏書 상서商書 주서周書의 글이 모두 이 정貞을 실마리로 잡아서 그 교화가 천지의 정관과 같다고 말하고 있다. 건괘와 곤괘가 그것으로 들어나는 바가 바로 그 정고貞固이다. 여기서 정은 『주역』의 건괘에서 원형이정元亨利貞의 4덕 중의 하나이며, 동시에 곤괘에서의 '빈마지정牝馬之貞'에서의 정貞을 말한다. 이 정貞은 정正 또는 고固로 설명할 수도 있다. 이것을 낳고 낳는 리理가 다함이 없는 정덕貞德으로 만물일체가 가능한 것이다.

목은은 천지만물의 리理는 하나로 막힘없이 통하기 때문에 간극이 없는 일체라는 관념을 구체적인 만물에 비유하여 설명하고 있다.

42. 『牧隱文藁』 卷4 「朴子虛貞齋記」 : 乾坤 易之門也 … 64卦 貞之著也 言之長也 且就乾坤言之 乾之貞 人也 至於坤 則加牝馬焉 尊無二上也 詩之二南風化 繫於后妃之貞也 是以 配乾坤之重卦言 … 是以致乾坤之交泰焉 乾坤二卦 足以見貞之訓矣 而況虞夏商周之書 紀此貞也 故其理敎 如天地貞觀言 顔曾思孟之學 傳此貞也 故其道學 如日月之貞明焉

무소의 뿔은 능히 하늘에 통하고　　　犀牛有角能通天
불을 붙이면 깊은 못 속을 환히 밝히고　　　火燃下燭窮深淵
고기 새겨 물에 넣으면 삼척을 열어주며　　　刻魚入水劈三尺
돌로 만든 무소는 진의 강물을 진압했네　　　磨石作象橫秦川[43]

위 시구에 나오는 고사의 내용은 다음과 같다. 전설에 의하면, 무소의 뿔에 불을 붙여 비추면 깊은 물속의 괴물들을 다 볼 수 있다고 하는데, 진晋나라 온교溫嶠가 일찍이 우저기牛渚磯에 이르렀을 때 그 물에는 괴물이 많이 있다고 세상에 알려진 곳으로 물의 깊이를 헤아릴 수 없었고, 궁금하여 마침내 무소의 뿔에 불을 붙여 비추어 보니, 물속에 사는 온갖 기이한 형상을 한 동물들이 다 보였다는 것이다. 『포박자抱朴子』「등섭登涉」에 "삼촌寸 이상 되는 진짜 통천서각通天犀角을 구하여 물고기 무양으로 새거서 물속에 넣어두면 그 물고기가 사람을 위하여 사방 삼 척쯤의 공간을 항상 열어줌으로써, 사람이 물속에서 호흡을 자유로이 할 수 있다."고 한데서 온 고사이다. 진秦 효문 왕이 일찍이 이빙李氷을 촉군태수로 삼아 그로 하여금 석서石鼠 다섯 마리를 제작해서 촉강의 수정水精을 진압한 고사이다.[44]

여기서 목은은 만물의 형상이 하늘과 통할 수 있음을 무소의 뿔의 속이 상하로 관통되어 있어 능히 하늘에 통하는 것으로 비유하여 말하고 있는 것이다. 서우犀牛는 서각犀角을 가져 하늘에 통하고, 서우의 서각에 불을 붙여 비추면 심연深淵 속을 통하여 그 속의 괴물들을 다 볼 수 있다는 것이다. 여기서 불을 붙인다는 것은 위로 향하는 불꽃과 흘러내리는 촛농은 수면과 깊은 물로 비유되는 것이다. 이것은 그 닿을 수 없는 하늘과 땅 만큼의 차이로 해석된다. 비록 이런 차이라 하더라도 길이 열려 중간에 막

43. 『牧隱詩藁』 卷14, 「犀帶行」.

44. 『국역牧隱集』4, 「牧隱詩藁」, 第14卷 2쪽 注 6), 7), 8).

힘이 없다면 깊은 물속에 사는 괴물을 볼 수 있는 것이다. 서각을 물고기의 형상으로 새겨 깊은 물에 넣으면 살아서 삼척의 길을 열어줌으로 물속의 괴물을 볼 수 있는 것이다. 목은은 이것을 인간이 하늘에 통하는 길로 비유하는 것이다. 하늘과 통하려면 중간에 막힘이 없어야 한다. (상하로 관통되어 있는 서각으로 삼척을 열어주면 물속의 괴물들을 만날 수 있듯) 인간도 하늘과 정성으로 길을 열고 정성으로 만나고자 하면 하늘과 통할 수 있다는 것이다.

지극히 정성을 들인다고 하는 것은 중간에 막힘이 없으니 상하로 관통되어 있는 서각으로 비유할 수 있는 것이다. 물고기의 형상으로 새겨 깊은 물에 넣으면 살아 있는 생명체를 만날 수 있는 것이라 했는데 왜 그 형상을 하필이면 물고기로 잡았는가?

『중용장구』 20장에 "하늘의 도는 성誠이니 성해지려고 하는 것은 사람의 도이다." 라고 했다. 지성至誠이면 역시 현상의 세계와 통천通天할 수 있다는 것이다. 지성은 서각을 물고기로 조각하는 것처럼 널리 배우고 자세히 물으며 신중히 생각하고 명확히 분별하며 돈독히 수행하는 것으로 천도를 볼 수 있는 것이다. 한편 목은은 바다와 물방울의 관계를 비유하여 만물의 일체를 설명하고 있다.

> 지금 비가 하늘에서 내리면 빗줄기가 서로 쳐서 물방울이 생긴다. 물방울은 물 가운데 가장 작은 것이다. 가장 작으면서 가장 큰 것과 짝이 될 수 있는 것은 형세 때문인가. 아니다. … 그렇다면 그것은 이치가 그러한 것이다. 바다와 물방울은 이름이 다른 것이다. 물방울은 도로 그 바다로 돌아간다. 바다가 그 물방울을 받아들이고 나면 또한 흔적이 있는가? 없다. 소융消融해서 하나가 된다. 나눌 수 없는 것이므로 이치가 같을 뿐만 아니라 물질로서도 또한 다르지 않다.[45]

목은은 바다와 물방울은 이름이 다른 것으로, "소융消融하여 하나가 된다."고 말한다. 바다와 물방울은 나눌 수 없는 것이다. 이것은 이치가 같을 뿐만 아니라 물질로서도 또한 다르지 않다고 만물일체를 말한다.

여기에서 말하는 소융하여 하나가 되는 것은 마치 인의예지仁義禮智 4덕四德에서의 인仁 개념과 같은 것이다. 인은 편언偏言하면 일사一事요, 전언專言하면 사덕四德을 포괄하는 것이다. 따라서 하나라는 개념은 부분적으로 말하면 만물 각각의 하나를 가리키는 일一이요, 전체적으로 말하면 통체通體가 되는 것을 가리키는 일一이라는 관점[46]과 같은 것이다. 이른바 일원一源이라 하고 무간無間이라고 말하는 것은 바로 소융하여 일一이 된다는 뜻이다. 이와 같이 만물은 하늘과 소화消化 혼융하여 하나가 되므로 둘로 나누어 볼 수 없다. 말하자면 이치가 같은 것으로 물질로서도 또한 다르지 않는 것이다. 이와 같이 목은은 '소융하여 하나가 된다'는 명제를 전제로 인성人性과 물성物性의 동일성을 파악하고 있는 것이다. 이러한 관점은 목은이 만물을 있는 그대로의 만물로 직관하는 보합대화保合大和의 중화적 사유체계를 지니고 있다는 것을 알 수 있다.

중화적中和的 군자론君子論

중화설中和說은 유교에서 제창하는 학설로서 중과 화의 두 개념이 연이어 쓰이게 된 것은 『중용』에서 비로소 시작되었다. 중화의 개념은 우주론적,

45. 『牧隱文藁』 卷9, 「贈一漚上人序」 : 今夫雨降於天 其滴也 相激而泡沫生焉 泡沫水事之最微者歟 最微而可配於最大者 勢乎 非也 … 然則其理也 海也漚也 名之別也 漚還歸其海 海受其漚 亦有跡乎 無也 消融爲一 無所分析 則不獨理同 其爲物也 亦不異矣

46. 『性理大全』, 「太極圖」 : 四德之元 猶五常之仁 偏言則一事 專言則包四者 則是仁之所以包 夫四者 固未嘗離夫偏言之一事 亦未有不識天偏言之一事 而可以驟語 夫專言之統體者也

방법론적, 윤리 도덕적 의의가 있다.

목은은 "한 덩이 화기和氣 밖에 다른 물건 없으니 중화를 빚어 만들어 작은 시에 넣으려다."[47]라고 말하여, 중화 개념의 세 가지 의의를 아우르는 융해적 성격으로 제시하는 것이다. 다시 말해서 그는 중화를 같으면서도 다르고 다르면서도 같은 화해和諧의 의미로 풀이하고 있다.

모든 것이 변화하는 것은 자연의 운행에 따라 올바름을 구하고 있는 것이다. 그러므로 인간의 실천 행위에서 올바름을 구하는 것은 바로 중화를 통해 융해하는 것이라고 말할 수 있다. 인성人性이 구체적으로 실행됨에 있어서는 현실적 상황에 따라 적의하게 시중時中으로 중화의 이론이 전재되며, 인간 주체의 덕성이 가치창조로 치중화致中和의 문제가 제기된다. 치중화에서 치致는 지至와는 달리 능동적인 의미가 있으며 중화는 인간에 속하는 것이라 하겠다.

살 집 정하기가 천도 정하기보다 어려워라	卜居難似卜遷都
난곡은 예로부터 푸른 오동에 머문다네	鸞鵠由來峙碧梧
평원의 봄기운 광대함을 이미 보고 나니	已見平原春動盪
그늘진 골짝 희끗한 눈이 가련키만 하구나	尙憐陰壑雪模糊
황량한 송국 사이엔 세 길이 트였거니와	荒涼松菊開三徑
(범려가)뿌연 물결 아득한 오호엔 편주를 띄웠었지	縹渺烟波泛五湖
늙은 내가 쭈그려 앉아있는 걸 비웃지 마오	莫笑牧翁終縮坐
여흥 강물에 오리 한 쌍이 목욕을 할 걸세	驪興江水浴雙鳧[48]

47. 『牧隱詩藁』 卷7, 「則辭」 : 釀作中和入小詩

48. 『牧隱詩稿』 卷14, 「柳開城歸利川別墅聞之晩不及有所諮謗吟成短篇」.

이 시는 목은이 늙어 가련한 상황을 비유법으로 잘 묘사하고 있다. 여기에서 한곳에 걸맞게 사는 것, 난곡이 벽오동에 깃드는 것, 한 쌍의 오리와 그 강이 어울리고 있는 것 등은, 천지의 중도中道에 융해되어 있는 것이다. 바로 변화 속에서 변하지 않는 변상變常이 함께 융해되어 있는 것이다. 인간이 만사에 응하는 것은 원리로서의 천도를 본받아 그 상황에 알맞게 행하는 시중時中의식에 의해 변화하는 현실에 적응하는 것이다. 이러한 현상에 대한 감응은 지성스럽게 화해함으로써 중절中節함이 가능한 것이다. 이와 같이 목은은 현실에 대해 강한 긍정성을 갖고 곡진하게 응한다면 중화를 이룰 수 있다고 생각하는 것이다.[49] 군자가 살아가며 산수를 즐기며, 심신을 수양하여 사심을 물리치면 묘리가 드러나는 것이다. 그 묘妙는 사람에게서는 오로지 성지誠之하는 것이 된다. "그 뜻을 성하게 한다는 것(誠之)은 스스로 속이지 않는 것이니 악취를 싫어함과 같고 호색을 좋아함과 같으니 이것을 자겸自謙이라한다."[50]라고 하였다. 남을 속일 수는 있어도 자기는 속이지 못한다. 악취를 싫어함과 같고 호색을 좋아함은 스스로를 기만하지 않는 것으로 여기에 자겸을 느끼는 것이 성의誠意이다. 그러므로 곧 중화의 바름은 다름이 아니라 내적으로는 성誠이요, 대외적으로는 경敬공부의 실천이다. 정자는 "성誠되면 경敬하지 않음이 없고, 아직 성에 이르지 못했으면 경敬연후에 성이 가능하다."고 말한다. 『논어』 헌문편에서는 "자기수양은 경으로 하라(修己以敬)" 고도 하였다. 그러므로 인간은 바로 일상의 움직여 일을 할 때나 일없이 고요할 때나 남이 보지 않을 때나 경하여, 주재력主宰力을 지닌 주체를 확립하여 중화를 이루어 행하는 것이 문제가 된다. 목은은 사군事君하고 사친事親하는 이륜彛倫의 실천이나 자신을 단속하고 만사에 응하는 행위 자체가

49. 『牧隱文藁』 卷3, 「澄泉軒記」 : 泛應曲當而爲中節之和

50. 『대학』6장.

바로 중화적 실천이라고 한다. 이러한 "중화적 실천은 계신戒愼으로부터 시작한다."[51]고 말하니, 『대학』에서 일러주고 있는 계구戒懼나 신독愼獨은 다 같이 경 공부라는 것이다.

일반적으로 인의예지仁義禮智는 천리踐履한 뒤에 이루어지는 것 아니라 실천하는 그 행위 속에 인의예지가 융해되어 있는 것이다. 바로 도덕적인 덕목이 몸소 실천되는 천리踐履과정에서 이루어진 것이다. 이러한 천리과정은 성경誠敬관념을 바탕으로 이루어져야 하는 것이 바로 중용적 융해의 실천인 것이다. 목은에게서 도라고 하는 것은 일상생활에서 모든 구체적 행위는 도 아닌 것이 없는 것이니, 일상에서의 비근한 행위를 예가 아닌 것은 버리고 힘쓰고 힘써 성실함으로 융해하여 실천해 가는 것을 의미한다.

> 그렇다고 한다면 도를 찾아서 사방을 유람한다는 것 자체가 너무도 쓸데없는 일이라고 해야 할 것이다. 스님이 왕골방석 위에 앉아 있으면 도가 바로 왕골방석 안에 있을 것이요, 스님이 짚신을 신고 걸어가면 도가 바로 짚신 안에 있을 것이요, 장벽墻壁이나 와력瓦礫 역시 도 아닌 것이 없을 것이요. 강산이나 풍월 역시 도 아닌 것이 없을 것이요, 입고 먹는 것도 도 아닌 것이 없다. 어찌 이뿐이겠는가. 옷을 입고 밥을 먹는 것도 도 아닌 것이 없고, 눈썹을 치켜 올리고 눈을 깜박거리는 것도 도 아닌 것이 없다.[52]

『중용장구』 제1장에 "도는 잠깐도 떠날 수 없는 것이다. 떠날 수 있으면 도가 아니다."라고 말한다. 그렇듯 여기서 목은은 일상의 행동뿐만 아

51. 『牧隱文稿』 卷10, 「伯中說」 : 是則事君事親 行已應物 中和而已 欲致中和 自戒愼始,

52. 『牧隱文藁』 卷9, 「送峯上人遊方序」 : 曰然則所謂游者贅甚矣 師在蒲團 則道在蒲團矣 師用草鞋 則道在草鞋矣 墻壁瓦礫 無非道也 江山風月 無非道也 不寧唯是 着衣喫飯 無非道也 揚眉瞬目 無非道也

니라 모든 사물에 존재하는 것이 모두 도라고 말하는 것이다. 스님의 행동이나, 강산풍월과 같은 자연이나, 입고 먹는 것 등 일상이나, 이목耳目을 움직이는 등의 모든 것이 도가 아닌 것이 없다는 것은 한순간도 경하지 않음이 없는 무불경毋不敬으로 실천이다. 목은은 그러한 실천행위 속에 들어 있는 도는 바로 『중용』에서 말하는 성誠이며, 그러한 융해적 삶이 성경誠敬 개념을 실천하는 것이라 하는 것이다.

안빈낙도가 원래 나의 뜻인지라	安貧是吾志
물처럼 맑으리라 스스로 여겼는데	自請清如水
무슨 일이 생겨서 뭔가 부족해지면	遇事物不及
고요한 물위에 파도가 또 일어나네	還如浪波起
알겠노라 내 마음을 단속하지 못해	乃知守不約
바로 이런 결과를 초래한다는 것을	所以致如此
정정靜定공부를 제대로 하지 못했으니	靜定妄施工
마구 치달리며 그칠 줄을 모를밖에	驅馳不知止
늙어 병든 몸 아직도 돌아가지 못하고	老病猶未歸
동분서주하며 무엇을 또 기다리나	栖栖復何竢
자책하다 다시금 스스로 용서해 주나니	自責復自恕
이름 때문이요 이욕 때문은 아니리라	爲名非爲利[53]

유교철학의 목적은 최고의 선을 추구하는데 있다하겠다. 최고의 선을 추구하려면 자신의 성실한 내면성에서 참 거짓 진리 허위를 가려내어 예

53. 『牧隱文藁』 卷28, 「有感」.

가 아닌 허위를 버려야한다. 목은은 '안빈낙도安貧樂道'에 자신의 뜻을 두고 있다. 공자는 "부와 귀는 사람이 다 소망하는 것이지만 마땅한 도로써 얻은 것이 아니면 처하지 않는다."[54]하였다. 그러나 마음이 물처럼 맑지 못하고 무슨 일이 생겨서 뭔가 부족해지는 것은 자신의 마음을 단속하지 못해서 중화되지 못한다고 자기 성찰하는 것이다. 그것은 공부를 제대로 하지 못한 결과라 하여 쉼 없이 정정靜定공부하고자 말하는 것이다. 정정靜定공부는 경敬공부인 것으로서 고요한 가운데 모든 형상에 접하지 않을지라도 두려워하는 마음으로 항상 보이지 않는 곳에서도 경계하고 삼가는 공부가 순간도 게을리 해서는 아니 된다는 것이다.

목은의 중화적 실천에 관한 이론을 그가 언급하는 군자론을 통해 살펴볼 수 있다. 목은에게서는 군자라는 제목의 시편들이 많이 있다. 군자는 유교의 도학사상에서 이상적 삶을 살고자 하는 인간으로 주목한다.

내 그 옛날 신사년에	我昔歲辛巳
당시 나이 십사세로	行年十又四
즉석에서 일백 자의 시를 이루어서	立成百字詩
요행히 진사 급제 하였는데	僥倖取進士
소인이 되는 건 부끄러운 것이라	已恥爲小人
다만 군자 되기를 기원했었지	祇願爲君子
그 후 중국에 유학해서는	及游學中華
지난날의 뜻을 더욱 면려勉勵했건만	益勵前日志
중간에 명리名利에 빠져서	中爲名利蝕
세인과 그리 다르지 않게 되었네	與世無大異
이젠 쇠퇴하여 도와 멀어졌으니	頹摧去道遠

54. 『논어』「리인편」子曰 富與貴 是人之所欲也 不以其道得之 不處也.

스스로의 탄식을 언제나 그칠꼬　　自歎何日已
억抑의 경계를 혹 행하지 못한다면　　抑戒儻不擧
응당 더러운 이름을 남길 수밖에　　甘心穢青史[55]

목은은 그의 나이 14세로 즉석에서 일백 자의 시를 이루어서 요행히 진사에 급제하여 소인이 되는 건 부끄러운 일이라 다만 군자가 되기를 기원했다고 술회하고 있다. 그 후 중국에 유학해서는 지난날의 뜻을 더욱 힘쓰고 힘썼지만 중간에 명리名利에 빠져서 세상 사람들과 별 다르지 않게 되어 군자의 도와 멀어졌음을 스스로 채찍하고 있다. 그는 군자와 소인의 구분을 명리名利만을 추구하는지의 여부에 달려 있다고 말하고 있다. 공자는 군자는 의義에 밝고 소인은 리利에 밝다[56]고 하였다.

군자에게 세 가지 즐거움이 있으니　　君子有三樂
제가로부터 평천하까지라네　　自家及天下
하늘과 사람에게 부끄러움 없을 제　　俯仰旣無歉
이 착한 마음을 잘 보존만 하면　　保此神明舍
부끄러움이 나올 데가 없어　　愧怍無從生
훌륭한 명성이 천하에 퍼지리라.　　聲名遍夷夏[57]

여기에서 군자에게 세 가지 즐거움이 있다는 것은 『맹자』에 나오는 군자의 세 가지 즐거움[58]이다. 그것은 부모가 모두 생존해 계시며 형제가 무

55. 『牧隱詩藁』 卷23, 「我昔」.

56. 『논어』 「리인편」 子曰 君子喩於義 小人喩於利

57. 『牧隱詩藁』 卷15, 「君子有三樂」.

58. 『孟子』 盡心上 20, : 父母俱存 兄弟無故 一樂也 仰不愧於天 俯不怍於人 二樂也 得天下英才而敎育之 三樂也

고한 것이 첫 번째 즐거움이고, 우러러 하늘에 부끄럽지 않으며 아래로 보아 남에게 부끄럽지 않은 것이 두 번째 즐거움이고, 천하의 영재를 얻어서 교육하는 것이 세 번째 즐거움이라고 했다. 이 세 가지 즐거움에는 천하에 왕 노릇 하는 것은 들어있지 않고, 일상적인 생활에서 힘쓰고 힘쓰는 가운데 나오는 것이며, 신명神明한 마음을 잘 보존하는 것에서 나온다고 한다. 부모가 모두 생존함은 제가齊家로부터 미치는 것이고, 하늘과 사람에게 부끄러움 없음은 누가 보던 안 보던 신독愼獨하여 인의仁義의 마음을 잘 보존만 하면 인간의 삶이 도에서 잠시도 벗어나지 않으니 중화되어 안심하고 안락하여 마음속의 광명이 찬란하게 비쳐, 무엇을 하든 어디를 가든 두루 통하는 것이다. 영재를 교육하는 것은 자신이 철저히 실천하는 인의仁義를 남에게 전하니, 그 행복은 오래지속 될 것이다. 왕 노릇 하여 누리는 부귀영화라도 언제 사라질지 모르는 불안한 것이니 참 행복은 아니라는 것이다. 이와 같은 군자의 즐거움은 내가 할 수 있음을 철저히 믿고 언제나 자기 처지에서 중용의 도를 지킴으로 인생에서 중화를 이루어 남의 탓 없이 편한 마음으로 불안 초조 없이 융해하는 삶에서 오는 것이다. 목은은 군자가 처한 위치에서 마땅히 해야 할 도리를 다하면 도는 가는 곳을 따라서 있게 되고, 이 마음을 잘 보전하면, 가는 곳마다 훌륭한 명성이 들릴 거라는 것이다.

군자가 평소의 뜻을 굳게 지킴은	君子秉素志
잊지 않고 스스로만 알 뿐이라	耿耿徒自知
(중략)	
심원함 추구하면 되레 생각 얕아지고	追深慮却淺
먼 데를 보면 형세 더욱 낮아지네	聚遠勢逾卑
이 또한 뜻을 상실함을 알겠으니	乃知亦喪志
학자가 의당 버려야 할 것이로다	學者當去之

두려운 맘으로 통렬히 자책하노니 悚然自痛責
더구나 마음을 저 성색에 옮김에랴 況彼聲色移[59]

여기에서 그는, 군자가 평소의 뜻을 굳게 지킴은 난국을 극복하여 나갈 신념과 용기를 스스로 체득하여 알기 위함이라 하고, 심원함만을 추구하면 되레 생각이 얕아져서 자칫 편견에 빠져 들어 배타적인 독선에 들기 쉽다는 것이다. 또한 『중용장구』 15장에서 "군자의 도는 비유하면 먼 곳에 가더라도 반드시 가까운 곳으로부터 시작하는 것과 같으며, 높은 곳에 오를 때에는 반드시 낮은 곳으로부터 시작하는 것과 같다."하였다. 높은 곳에 오르려면 낮은 곳을 놓아두고 높은 곳에 오를 수는 없는 것이다. 이러한데 일상적인 도덕은 물론이요 현실생활에 인간관계에 있어서나 당면한 일상생활의 문제는 놓아두고 현실에서 먼 고원한 것민 바라보먼 형세가 더욱 낮아져서 그 평소의 뜻을 상실함을 알게 된다 하고, 이것은 공부하는 자는 버려야 할 것이라 한다. 이것이 『중용』의 말대로 "군자의 도는 나아가는 것에 차례가 있다."는 것이다.

군자는 본래의 뜻을 잘 붙들어야 하거니 君子秉素志
어찌 한 몸 영화롭게 한다 말하랴 豈曰榮其身
경륜은 군왕의 교화를 보익하고 經綸贊王化
그 덕택 백성들에게 입혀야지 德澤霑生民
화려한 옷은 이목에 어른댈 뿐이요 軒裳曜耳目
금옥은 정신을 혼미시킬 뿐이네 朝昏厭一味[60]

59. 『牧隱詩藁』 卷7, 「君子秉素志三首」 중 一首.

60. 『牧隱詩藁』 卷7, 「君子秉素志三首」 중 二首.

군자는 본래의 뜻을 잘 붙들어야 한다는 것은 선을 가려서 굳게 잡는 것[擇善而固執]이다. 이것은 성실하고자 하는 인간의 도리를 실천하는 구체적인 방법의 하나로 특히 개인의 내면적인 충실을 강조한 것이다. 따라서 성실하고자 하는 사람의 도리는 단지 몸을 영화롭게 하는 것만을 말해서는 아니 된다는 것이다. 사람이 입는 화려한 옷은 눈만을 위해서 하는 것뿐이며, 금은보화는 정신을 물욕에 얽매이게 하고 내적 충실을 얕게 하여 미혹시킬 뿐이라는 것이다. 사람의 도리는 인욕人慾으로 덕을 실천할 수 없으므로 내재된 덕을 자각하여 선을 선택하여 선을 밝히고 밝힌 선을 굳게 지켜야만 성실히 행동에 옮길 수 있다는 것이다. 인간의 선천적인 도덕적 실천력은 『맹자』「진심상」에서 '양지良知' '양능良能'으로 나타난다. 맹자는 사람은 배우지 않고도 능한 것이 양능이고 생각하지 않아도 아는 것이 양지라고 말한다. 군자는 진실과 거짓이 없는 원래 그러한 천부적인 능력을 회복하여 자신의 본성을 다하는 것이다. 자신의 본성을 다했다는 것에서 스스로의 만족감을 얻게 되면, 다른 사람이 보지 않을 때나 보지 않는 곳에서도 안으로의 성실이 밖으로 드러나므로, 항상 사람의 도리에 어긋나지 않게 되어, 하고 싶은 대로 하여도 법도를 넘지 않게 되는 것[61]이다.

군자가 본래의 뜻을 굳게 지켜	君子秉素志
다만 하늘과 친구가 될 뿐이거늘	祇與天爲徒
문장과 정사의 재능을 가지고	文章與政事
어찌 내 몸만 편하게 해서 될건가	豈止寧吾軀
출처는 진실로 고려할 바 아니요	出處諒非慮
길이 당우를 노래하기로 맹세하고	永矢歌唐虞

61. 『논어』「위정」4. 七十而從心所慾不逾矩

(중략)

서로 맞지 않으면 바로 떠나야 하니 　　不合卽徑去
자지가紫芝歌 또한 즐기기에 충분하다오 　　紫芝亦足娛[62]

군자가 본래의 뜻을 굳게 지키는 것은 천부적인 도덕성을 자각하고 이를 실현하기 위하여 성실하고자하는(誠之) 인간의 도리를 실천하는 것이다. 여기에서 다만 하늘과 친구가 될 뿐이라는 것은 천도를 알고 천명을 아는 것이다. 하늘이 내게 문장과 정사에 능한 재능을 가지게 한 것은 내 일신상의 영화만을 추구하라는 것은 아니라는 것이다. 군자는 군왕의 정치를 돕고 백성들에게 덕택을 입히는 것으로 그 뜻을 삼아야 한다. 그러나 군왕의 초빙이 있더라도 도리가 아니면 부득불 거절하여, 은거하면서 고사리를 캐 먹더라도 안빈낙도安貧樂道로 자지가紫芝歌를 지어 부르고 싶은 것이었다. 이것이 바로 목은의 심정인 것이다.

군자는 화함을 귀하게 여기나 　　君子和爲貴
마음은 남을 따라 하는 게 아니라오 　　其心非殉人
금석의 여러 소리가 서로 다르나 　　金石衆音異
화해和諧 이루어 질서를 빼앗기질 않으면 　　克諧無奪倫
소리 분명하고 잘 잇대어져 　　皦如繹如也
지극히 순조롭게 신명에 통하리라 　　至順通神明
우리 동년배들에게 감히 고하노니 　　敢告我同輩
거짓을 등지고 참으로 돌아가세나 　　背僞斯歸眞[63]

62. 『牧隱詩藁』 卷7, 「君子秉素志三首」 중 三首.

63. 『牧隱詩藁』 卷20, 「君子」.

그는 여기에서 군자가 귀하게 여기는 것은 화和라고 전제한다. 인간의 도리를 구체적으로 실현함에 있어서는 중화를 이룸을 가장 바람직한 것으로 삼는 것이다. 화는 어그러지거나 틀린 바가 없이 감정의 바름이고 도의 작용으로 천하에 두루 통하는 도이다. 여기에서 목은이 말하는 화함은 남과 어울린다고 해서 그 마음이 남을 따라 하는 것이 아니다. 군자가 중화를 이루는 것은 마치 금석金石의 여러 소리가 서로 다르나 조화를 잘 이루어 질서를 잃지 않으면, 그 소리가 분명하고 잘 이어져서 순조롭게 신명한 마음에 통하는 것과 같다는 것이다. 따라서 중화의 참다운 뜻을 따라 감정을 바르게 하여 세상살이를 치우치지 않고, 거짓되지 않게 해야 나의 기운이 순조롭고 기쁘고 즐거운 것이다. 그러면 천지의 기운 또한 순조로워 서로 통한다는 것이다.

군자의 마음은 마치 물과 같아서	君子心如水
굽이굽이 순리대로 따를 뿐이요	曲折隨所之
군자의 마음은 마치 산과 같아서	君子心如山
후중하여 옮겨가질 않는 법인데	厚重無所移
한탄스러워라 나 같은 소인은	嗟嗟我小人
동정이 대부분 타당함을 잃어서	動靜多失宜
실행할 때 자취를 감추고	可行輒屛跡
그쳐야할 땐 도리어 시류를 좇아 하네	可居還趨時
되레 속으로 반성하지 않을지언정	寧能內不省
반성해보면 장차 누구를 책망할까	內省將責誰[64]

여기에서 '군자의 마음을 물에 비유하였는데, 물의 속성은 모든 만물

64. 『牧隱詩藁』 卷23 「君子」 : 君子心如水 曲折隨所之 君子心如山 厚重無所移 嗟嗟我小人 動靜多失宜 可行輒屛跡 可居還趨時 寧能內不省 內省將責誰

을 잘 자라게 하지만 높은 곳에만 있으려고 시기하고 다투지 않는다. 또한 그릇에 따라 자유롭게 자기 형체를 바꾸는데, 그것은 순리대로 따를 뿐 만물에 순응하여 다투지 않는 위대한 점이 있다. 이는 무너지지 않는 자기를 갖고 있는 것으로 중화하는 것이다. 맹자는 "근원이 있는 샘물이 솟아나와 밤낮을 가리지 않고 흘러 음푹한 구덩이를 메운 뒤에 바다로 들어가니 근본이 있는 물건은 다 이러하다."고 하였다. 목은은 이러한 물이 군자의 마음과 같다는 것이다. 또한 군자의 마음이 마치 산과 같아서 선을 가려 굳게 잡은 것은 후중厚重하여 옮겨가질 않는 법이라고 한다. 그러나 군자가 아닌 이는 거리낌 없이 행동하여 동정動靜이 중용을 알았지만 대부분 타당함을 잃어서 중용의 작용이 어그러진 것이니 실제로 행할 때는 자취를 감추고, 그쳐야 할 때는 도리어 세속적인 것을 좇아한다. 다시 말하면, 군자는 자연의 순리인 중용의 도리를 따르나, 소인은 중용에 위배되어 이욕에 빠져 부정한 일일지라도 거리낌 없이 하는 자라는 것이다. 이에 목은은 "반성해보면 장차 누구를 책망할까"라고 말한다.

주희는 중화中和는 성정性情으로 말하는 것이요 중용中庸은 덕행을 말하는 것으로 중용의 중에 실제로 중화의 뜻을 겸하고 있다고 말한다. 중용中庸에 있어서 중은 기본개념이다. 결국 이 중은 실천적으로는 성誠으로 귀착된다. 성을 가지고서야 중화가 가능한 것이다. 이와 같이 목은은 군자가 소중하게 여기는 것은 중용적 화해이며, 이를 만사에 응하고 자신을 단속하는 지표로 삼아 일상에서 성誠으로 실천하여야 한다는 점을 강조하고 있는 것이다.

5

유불선의 회통과 원융

불교인식佛教認識과 유불이동儒佛異同

목은은 소년기부터 사찰에서 글을 읽으며 승려들과의 교류를 통해 불교 교리에 대한 이해를 도모하였다. 그가 자주 산사에 머무는 일은 그의 선대 때부터 이어져 내려온 자연스러운 생활이었다. 그리하여 유교사상과 불교사상을 구별하면서도 동일한 점을 찾고자 하였다.

부친 이곡이 대장경을 인성印成할 뜻을 세웠는데 착수하지 못하고 세상을 떠났다. 목은은 부친의 유훈을 받들어 1381년(우왕 7년)에 여주 신륵사에서 대장경을 인성했다.[1] 그는 이와 같이 불교에 대한 관심이 높아 목은의 문집에는 불교사원과 승려에 관한 기문들이 매우 많다.[2] 이숭인(1349~1392)은 목은이 부친에 대한 효성孝誠의 차원에서 불교를 철저히 배척하지 않고 불교에 귀의하여 신불信佛하였다고 다음과 같이 말하고 있다.

1. 『高麗史』 卷115, 列傳 第28, 李穡傳

2. 『牧隱文藁』 卷2, 「驪江縣神勒寺普濟舍利石鐘記」「天寶山檜巖寺修造記」, 卷9 「驪興神勒寺禪覺眞堂詩後序」「普濟尊者語錄後序」, 卷14 「普濟尊者諡禪覺塔銘竝序」

그러니 그 불서가 세상에 크게 전파됨은 당연하다. 가정선생이 이미 일으켰고 목은 선생이 계승하여 마침내 이 법보를 이룰 수 있었고, 임금과 어버이에게 복리福利를 바쳤으니, 이것이 곧 충신효자가 극진한 방법을 쓰지 않음이 없다는 것이리라[3]

목은의 불교인식은 기본적으로 유·불을 둘로 가르거나 차이를 비교·분석하려는 것은 아니었다. 그는 배불하는 것도 아니며 숭불하는 것도 아니다. 목은은, "나는 원래 석釋을 좋아하지 않는다."[4]고 하였다. 이러한 언급은 불교의 제도적인 면을 말한 것이요, 불교의 이론적인 것에 대해서 한 말은 아니다. 그는 당시에 만연한 불교의 폐단을 적시하고, 이의 해결방안으로 사원의 신설을 금하고 승려에게 도첩을 주어 승려의 수를 제한하도록 건의하였다.

불교가 중국에 들어오매, 왕공王公과 사서士庶가 높이고 섬기어 한漢나라로부터 오늘에 이르기까지 날로 새롭고 달로 성하여, 우리(고려) 태조께서 왕업을 창시하매, 불사佛寺와 민가가 삼삼오오 뒤섞이게 되었습니다, 중세 이후로 그 신도가 더욱 번성하여 오교五敎 양종兩宗이 이익을 위하는 소굴이 되어 산천 깊은 곳에 절 없는 곳이 없게 되니 다만 부도의 무리가 비루함에 물들 뿐 아니라 나라의 백성들 역시 놀고먹는 자가 많으므로 식자識者는 매양 마음 아프게 여깁니다. 부처는 대성인이나 좋아하고 미워함이 반드시 일반사람들과 같을 것이니 어찌 망령되이 그 신도의 이와 같음을 부끄러워하지 않겠습니까? 신은 바라건대 밝은 조금條禁을 내리시어 이미 중 된 자는 도첩을 주고 도첩이 없는 자는 군오軍伍에 충당하고 새

3. 『陶隱文集』 卷4 「驪興郡神勒寺大藏閣記」 : 其書之盛傳於世宜也 稼亭先生旣作之 牧隱先生又述之 卒能成此法寶 奉福利於君親 斯乃忠臣孝子之無所不用其極者歟

4. 『牧隱文藁』 卷2 「天寶山檜巖寺修造記」 : 予素不樂釋氏

> 로 창건한 절은 모두 철거하게 하되 철거하지 않는 자는 수령을 죄주어 양민으로 하여금 머리 깍지 않게 하기를 바랍니다.[5]

또한 그는 "공자는 말하기를 '귀신을 공경하되 멀리하라' 하였으니, 신은 원하건대 부처에 대해서도 마땅히 또한 이와 같이 하여야 할 것입니다."[6]라고 하였다. 이것은 불교라고 배척하는 것이 아니라 불교의 형식에 매여 있는 부조리를 척결해야 함을 말하는 것이다. 목은은 불교의 부조리 뿐만 아니라, 기복祈福신앙에 얽힌 불교의 인과의식이나 죄와 화복 관을 철저히 반대한다. 이것은 인간의 탐욕이 저지르는 것으로 인간의 본성을 떠난 비현실적이며 부자연스러운 행위를 지적하여 그는 불교를 배척하는 것이다. 그가 39세에 예문관 대제학으로 있을 때에 문수보살의 큰 행사에 왕과 같이 합석하였으나, 목은은 예불할 때 부처에 절을 하지 않았다[7]고 한다. 목은은 이단을 물리친 맹자를 예로 들고 있다.

> 맹자가 양주와 묵적을 물리친 것은 그 공이 삼재三才와 짝을 이루나, 오늘날엔 서로 도움이 없다. 염불을 하면서 차갑게 비웃고 부처님의 도장은 금빛의 아름다움으로 빛나고 공자의 마을 곡부는 이끼가 많이 끼여 있다. 마음이 아프다. 눈물이 흐르는구나. 조물造物은 서로 시기하며 응대하는가.[8]

5. 『高麗史』 卷第115, 列傳28, 李穡傳 : 佛氏入中國 王公士庶 尊而事之 自漢迄今 日新月盛 肆我太祖 化家爲國 佛刹民居 參伍錯綜 中世以降 其徒益繁 五敎兩宗 爲利之窟 川傍山曲 無處非寺 不惟浮屠之徒 浸以鄙陋 亦是國家之民 多於遊食 識者每通心焉 佛大聖人也 好惡必與人同 安知已逝之 寧不恥其徒之 如此也哉 臣伏乞 明降條禁 已爲僧者 亦與度牒 而無度牒者 卽充軍伍 新創之寺 竝令撤去 而不撤者 卽罪守令 庶使良民 不盡髡緇

6. 『高麗史』 卷第115, 列傳28, 李穡條 : 孔子曰敬鬼神而遠之 臣願於佛亦宜如此

7. 大山 李光靖 『牧隱 先生年譜』.

8. 大山 李光靖 『牧隱 先生年譜』 牧隱 39세 「偶題自笑」 : 孟氏闢楊墨 其功配三才 而今反相助 默坐時冷咍 祇園焜金碧 闕里多苺苔 傷哉可流涕 造物應相猜

목은은 불도佛徒가 인간의 허점을 파고들어 "화복의 설로 현혹시키고 복을 빈다는 명분에 가탁하여 말할 수 없이 사치하고 화려하게 지어 국가의 재정을 탕진하고 백성을 병들게 하는 자들"[9]이라 하여 부처를 빙자한 불도의 탐욕을 싫어하였다. 또한 불상을 조성하고 탑을 세우고 불상을 공양하고 신자들이 불탑의 주위를 순회하면서 예배하는 불사佛事에 대해서도 인간의 실리적 측면에서는 비술秘術은 거짓되고 부정적으로 인간세의 제도가 저지르는 것이라고 보았다. 한편 그는 "형체를 감추고 가부좌한 채 면벽面壁 수도하고 있는 선승의 위의威儀가 엄숙하나 수행과정은 뱃속이 텅 비어 성명性命이 위태롭다."[10]고 하여 선승을 비난하기도 한다. 보법報法 노승이 자기 몸을 살라 공양한다는 소리를 듣고 "좌선하던 자기 몸을 불사르다니 우습고 어리석은 일이다."[11]고 비판한다. 이것은 자신의 몸을 사르는 것은 천리를 역행하는 일로, 몸을 살라 결국 죽은 재로 공양하기보다는 살아있는 그 자체로 인간의 도리를 다하며 성실히 살아가면서 봉양하는 것이 참이라고 보는 것이다. 그러나 목은은 불교의 교리에서 취할 만한 것에는 남다른 호감을 가지고 있다.

> 불교는 나라 밖의 종교이다. 그럼에도 불구하고 나라 안의 종교를 앞질러서 유독 존귀하게 된 것은 무엇 때문인가? 그것은 바로 나라 안의 사람들이 거기에 빠져들었기 때문이다. 불교의 화복과 인과에 대한 설만 보더라도 거기에는 벌써 사람들의 마음을 동요시키는 점이 있다. 게다가 불교를 보면 거의 대부분이 호걸스런 인재들이다. 불교가 이런 인재들을 얻게 되었고 보면, 그 도가 세상에서 존경을 받게 된 것도 결코 이상한 일이 아니

9. 『牧隱文藁』 卷1 「眞宗寺記」 : 豈與夫眩禍福之說 假祝釐之名 極侈與麗 傷財病民者比哉

10. 『牧隱詩藁』 卷24, 「普德窟僧求坐禪供碌蓮花文」 : 飢膚不露威儀肅 口腹如虛性命危

11. 『牧隱詩藁』 卷28, 「聞報法老僧燒身三首」 : 笑他焚却坐禪身. … 燒成供養應癡身

다. 나는 그래서 불교를 심하게 거부하지 않을 뿐더러, 더러는 호감을 가지고 서로 어울리기도 한다. 이는 대개 그들에게서 취할 만한 것이 있기 때문이다.[12]

나라 안의 교는 유교의 교화라고 보며, 나라 밖의 교는 바로 불교의 가르침이다. 불교가 외래종교임에도 불구하고 그 당시 불교를 추종하는 사람들이 많았다. 그들은 일상적인 세상일에는 싫증을 내면서 유교의 예법을 따르는 것을 좋아하지 않는다. 불교에도 취할만한 것이 있기에 그들은 호걸豪傑다운 인재들이다. 그러므로 목은은 불교를 긍정하면서 유교와 상통함을 찾고자 한 것이다. 일반적으로 마음은 존재론적으로는 근원적 차이가 없고 서로 상통하는 것이다. 그는 "만물과 인간은 또 별개의 것이 아니다."[13]라고 하여 불성과 마음으로 보면 인간과 만물이 다르지 않다는 것이다. "사람의 마음과 불보살의 마음은 근본적으로 같다. 그러므로 부처라고 해서 그 마음이 불어나는 것도 아니고, 중생이라고 해서 그 마음이 줄어드는 것도 아니다."[14]고 하여, 부처이든 자신이든 똑같이 마음을 가진 사람이다. 부처를 목표로 하여 스스로 성실히 노력하면 그를 닮아갈 수 있다고 보는 것이다. 이는 마음을 중심으로 하는 보편 개념을 제시하는 것이다.

목은은 모든 종교의 근본은 마음이라는 관점을 가지고 있다. 모든 종교가 서로 통하는 점은 인간에 내재한 천심에 있다는 것이다. 그는 "천지

12. 『牧隱文藁』 卷1, 「麟角寺無無堂記」 : 釋氏域外之敎也 而軼域中之敎 而獨尊焉何也 域中之人爲之也 其禍福因果之說旣有以動人之心 而趨釋氏者 率皆崽常厭俗 不樂就名敎繩墨 豪傑之才也 釋氏之得人才如此 無怪其道之見尊於世也 余是以不拒釋氏甚 或與之相好 蓋有所取焉耳

13. 『牧隱文藁』 卷6, 「負暄堂記」 : 物與我又非二也

14. 『牧隱文藁』 卷5, 「寶蓋産石台菴地藏殿記」 : 人之心 與佛菩薩之心, 本一也, 故在諸佛不增, 在衆生不滅

의 마음은 곧 사람의 마음이다. 어진 마음을 찾으려면 『논어』를 보고 『주역』을 보면 된다."[15]고 말한다. 이는 인간의 삶 자체가 나의 마음에 연유한다는 것이다. 이와 같이 그는 유교와 불교를 마음을 중심으로 융해시키고 있다. 그는, "이단이 혹 나를 그르칠까 염려되어 사심을 막아서 나의 성誠을 보존코자 한다."[16]고 하여 마음의 보존을 중시하고 있는 것이다.

목은은 불교를 인정하되 유교의 입장에서 실천을 강조하고 있다. 그는 "연단鍊丹을 해서 신선이 된다는 보장이 없듯, 면벽面壁을 한다고 좌선坐禪을 배울 수는 없다."[17]고 하여, 몸소 실천하는 측면을 중시하고 있는 것이다.

> 그(나옹)의 도가 행해지느냐의 여부는 바로 후세의 사람들에게 달려 있는데, 후세의 사람들이 그(나옹)의 도를 알기 위해서는 이록을 보는 이외에 다른 길이 없으니, 그의 제자들이 여기에다 정성을 쏟는 것도 당연한 일이라고 하겠다. 내가 재주가 없는 몸으로 임금의 분부를 받들고서 그의 명銘을 지었는데, 이번에 또 어록의 뒤에다 한 마디 말을 적어 넣게 되었으니, 이것이 나의 행운이라 할 것인가, 아니면 불행이라고 할 것인가. 뒤에 오는 이들은 이 점을 살펴주었으면 한다.[18]

15. 『牧隱文藁』 卷10, 「子復說」 : 天地之心 卽人之心也 求人心 觀乎易 觀乎語 斯足矣

16. 『牧隱詩藁』 卷15, 「半夜歌」 : 只恐異端或娛我 閑斯直欲存吾誠

17. 『牧隱詩藁』 卷35, 「淸竹菴設非食朴判書姜判事玄判書適來談笑極歡而罷用前韻」 : 鍊丹未必得爲仙面壁安能學坐禪

18. 『牧隱文藁』 卷9, 「普濟尊者語錄後序」 : 玄陵之師 普濟尊者 嗣法於西天指空 浙西平山 大闡宗風. 故其片言半句 爲世所重 語錄 所以述也 師之道之行之與否也 固在於後之人 後之人之知師之道也 非語錄 無由 宜其弟子之區區於此也 予以非才 奉旨撰銘 又引語錄 吾之幸也歟 吾之不幸也歟 後之來者 尙監之哉 弟子名 覺玗 覺然 覺卞 校讎舊本 張繡之梓 故略書如此

윗글에서 '나옹의 도가 행해지느냐의 여부'와 '후인이 그의 도를 아는 것'이 대구對句이다. 다시 말하자면 도를 아는 것이 힘이 아니라 실천을 통해서만이 힘이 생겨나는 것이다. 바로 행行과 지知가 합일 되는 것을 말하려는 것이겠다. 즉 종풍宗風을 크게 천명한 나옹懶翁 혜근慧勤(1320~1376)에게서 불도佛道가 실현되고 있으므로 불교교리인 중도中道실천은 진실로 후인에게 달려 있다는 것이다. 다시 말해서 나옹의 도를 아는 것은 불교의 깨달음의 경지이며, 그 깨달음을 아는 것은 후인들의 마음에 달려있어 실천해야 함을 강조한 것이다. 이른바 석가가 가섭에게 전한 '열반묘심涅槃妙心'은 마음에서 깨달은 것과 같은 맥락이다.

나옹은 세상의 모든 법이 부처님 안에 있다고 말한다.

> '부처님 참 모습이야 텅 빈 하늘같건만 물 속 저 달처럼 부르면 벌써 오시네.'스님은 불자拂子(법을 전할 때 쓰는 일종의 먼지털이)를 세로로 세우시고 말씀하셨다. 석가 노자가 와서 산승의 불자 끝에 와 있으면 묘색을 발하시어 큰 지혜의 빛을 놓으시고 큰 해탈 문을 활짝 열어놓으시고 모두가 내가 되니 … 세상의 모든 법이 다 이 안에 있습니다.[19]

여기에서 그는 부처님 참 모습이야 텅 빈 하늘같다. 부르면 벌써 오신다고 하였다. 그러나 부처님은 실체도 없는데 어떻게 오신 것을 알 수 있는가 하면, 그것은 마음으로 믿음으로만 가능한 것이다.

불교에서 금강金剛이란 의미는 깨달음의 지혜를 뜻한다. 목은은 "금강이 무너지지 않는 것은 나의 성性에 달려 있다."[20]고 말한다. 그리고 "금강

19. 『懶翁和尙語錄』「원문부록」 無比譯註 민족사 1996 50쪽 : 佛眞法身 猶若虛空 應物現形 如水中月 豎起拂子云 釋迦老子來也 在山僧拂子頭上現 妙色身放 大智光明開大解脫門 全爲我 … 世間一切諸法盡在裏

20. 『牧隱詩藁』 卷12, 「金剛山歌」 : 金剛不壞有我性

목으로 지팡이를 삼고 금강석으로 안석을 만들어 금강을 자신의 마음속에 간직하면 심경인 자신의 마음과 금강산이 하나가 된다."[21]고 말한다. 이것은, 깨달음의 지혜란 마음을 다스려 하늘에서 부여받은 본성을 회복하는데 있는 것이요, 금강산을 여러 번 올라 내세來世에서 삼도三途에 빠지는 것을 면하려는[22] 신앙에 있는 것이 아니라고 말한 것이다. 깨달음의 경지는 자신의 마음에 있다. 그치게도 하고 움직이게도 하고 천 갈래 만 갈래로 나눠지기도 하는 그 마음을 바로 잡아야 하는 것이다.

> 나옹은 (천하의 서울이라 할) 연도燕都를 깜짝 놀라게 한 스님이라네. 참선의 본고장인 강남땅에 들어가 지공指空이며 평산平山같은 하늘아래 첫째가는 큰스님들을 찾아뵙고 그들로부터 가사袈裟와 불자를 건너 받았다네. 그러니 스님이 부처님의 가르침을 깨우친 지도 벌써 옛일인가 보네. … 저는 다만 공자의 가르침만을 공부했을 뿐 불교는 전혀 모르는 사람입니다. 그러니 어떻게 큰스님 어록에 붙일 머리글을 쓸 수 있겠습니까 … 스님어록을 보니 부처님이란 한줄기 풀이요 풀마다 거룩한 부처님이다. … 하늘과 땅 한 덩어리 되어 다툴 일 없으니 한가롭다 이 몸이여. 해 뜨고 또 해가 지네. 이렇듯이 오고가니 머물 곳은 어디 멘가 이르는 곳곳마다 봄날도 좋다. … 하늘과 땅기운이 이뤄지고 만물이 잘 자람은 모두 따뜻한 봄바람 때문이다. 하나인 바탕이 만 가지로 달라진다 함은 무슨 뜻인가? 그치게도 하고 움직이게도 하는 바로 이 마음을 뜻함이니 이는 스님께서 하신 말씀을 한 치도 벗어나는 것이 아니다.[23]

21. 『牧隱詩藁』 卷23, 「卽事」 : 金剛木爲杖 金剛石在机 金剛在吾心 心與境何異

22. 『牧隱詩藁』 卷12, 「金剛山歌」 : 三登此山免三塗

23. 『懶翁和尙語錄』 (白文寶 序) : 曰懶翁汴遊燕都 又入江南得叅指空平山授以法衣 麈尾於佛法旣積力久 帝優加褒奬令住錫廣濟禪寺 賜以金襴拂子人敬其法而又平居示人句偈多矣 及東還晦迹山水中. …… 予曰道不同不相爲謀 予業儒不識佛理 何能冠其辭乎. …… 今觀師語運 佛是一莖草 草是丈六身 此足以報佛 予於師亦曰. … 曰天地一醇 融閑

한편 나옹에 대해서 백문보白文寶 역시 목은과 같은 견해를 보인다. 그러나 백문보는 불교배척주의자이다. 그는 그 당시의 불교의 모순과 비리에 대한 위기를 심각하게 보아, 공민왕에게 척불소斥佛疏를 올리기도 한다. 여기에서 백문보는 '부처님이란 한줄기 풀이요 풀마다 거룩한 부처님'이라는 명제 속에서 모든 것을 풀어 나갔다. 하나인 바탕이 만 가지로 달라진다고 했다. 한 가지 바탕이란 뜻은 목은의 말처럼 "무릇 리理는 형체가 없는 것인데도, 물物에 깃들면 물의 형상이 되며, 리理가 현저해진다."[24]는 것이다. 이 리理를 동일한 하늘에서 받아 동일하게 사람과 사물에 있는 이 "성性은 맑아 동하지 않으며, 순수하고 한결같으며, 잡됨이 없으니 오상五常의 전체가 되었다. 성性은 내가 마땅히 길러야 하니 유와 불이 함께 조금도 다르지 않다."[25]고 목은은 말했다. 달리 표현하자면 성性은 맑고 순수하며, 잡되지 아니한 것으로 양성養性해야 하며 이러한 양성은 유교에서나 불교에서나 서로 다르지 않다고 보고 있는 것이다. 성性은 인간의 마음에 내재해 있는 것이다. 그치게도 하고 움직이게도 하는 바로 이 마음으로 불교와 융합되면서 나옹과의 화답도 가능하였던 것이다.

일반적으로 유교와 불교의 만남을 대표적인 맥락으로 효孝사상을 들 수 있다. 목은이 말하는 유교적 효의 관점은 나옹이 말하는 효사상과 일맥상통하는 바가 있다. 먼저 목은의 효 개념을 보면 다음과 같다.

> 효는 대개 천리의 본연이니, 아랫사람을 어루만지는 인仁이나 윗사람을 섬기는 충忠 모두가 여기에서 나오는 것이다. 그러고 보면 이 사찰을 다시

身盡日同往來 何所止三十六春宮 盖理有象 象有數 六六是天地之數 天地絪縕 萬物化醇 皆不出於春風和氣 所謂一本萬殊 亦莫非此如可動可止 而不外乎懶翁一句形容

24. 『牧隱文稿』 卷3, 「葵軒記」: 夫理無形也 寓於物 物之象也 理之著也

25. 『牧隱文稿』 卷6, 「雪山記」: 性之湛然不動 純一無雜 而爲五常之全体也 性吾所當養, 儒與釋共無少異焉

일으킨 것 역시 선조의 뜻을 이어받는 동시에 윗사람의 은혜에 보답하는 일이라고 할 것이니 도리로 볼 때 그렇게 하는 것이 원래 당연한 일이기도 하다.[26]

유교사상에서 인仁은 추상적 개념이고, 인仁한 마음이 구체적으로 행위로 옮겨질 때는 효로 표현한다. 효는 부모를 받드는 윤리이지만 천리의 본연이므로 근본적으로 인간의 도리를 포괄하고 있다, 따라서 효는 가정에서는 화목이 되지만 국가사회로 확충되면 충이 되어 윗사람을 섬기는 것 같다는 것이다. 생과 사는 인생의 순환 과정이다. 이른바 하나의 생명이 다른 하나의 생명으로 나아가는 그 관계는 부모와 자식관계로 말할 수 있다. 이를테면 오늘 내가 존재하기 위해서는 수백 수천의 조상이 계셨으며 나에게도 수백 수천의 자손이 있게 된다, 이를 보면 인간은 역사적 존재이다. 나를 있게 해 준 근본에 대한 보답으로 조상에게 숭배하지 않을 수 없는 것이다. 역사적 존재로서 이 세상을 살아가면서 역사적 사명감으로 효를 실천할 때 살아계신 분에게는 효도요, 돌아가신 분에게는 제사인 것이다. 따라서 효는 생명의 원리로서 천리의 본연이 되는 것이니 이른바 조상의 뜻을 이어받고자 함은 조상을 알고자 함이다. 조상을 앎으로서 조상에 대한 모든 체험이 가능한 것이다. 그러한 체험 뒤에는 삶의 기쁨이 있기 때문이다. 따라서 위 글에서 목은은 조상의 뜻을 이어 사찰을 짓고자 함을 당연하다고 보는 것이다.

불교경전에서 효에 대한 기록으로 『불승도리천위모설법경佛昇忉利天爲母說法經』이 있다. 석가의 성도成道후 곧 도리천忉利天에 계신 어머니를 위해 석가는 설법하고 석 달 동안 효양을 지극히 행한 것을 기록했다.[27] 고

26. 『牧隱文藁』 卷1, 「眞宗寺記」: 孝盖理本 撫下仁事上忠 皆於是乎出 則爲是寺 以繼先志 以報上恩 其道固當然矣

려시대의 불교계에서 효에 대한 중요 경전으로 의천義天의 「강우난분경발사講盂蘭盆經發辭」를 들 수 있다. 의천이 말하고 있는 효의 관념은 대자비大慈悲의 사랑으로 풀이하고 있다.

> 대자비는 사랑하지 않은 것이 없고 대효는 친애하지 않는 것이 없다. 내가 사랑하는 것만 사랑하고 남의 사랑하는 것까지 사랑하지 않으면 그것은 대자비가 못되고 현재의 친애하는 것만 친애하고 과거에 친애했던 것까지 친애하지 않으면 그것은 대효大孝가 아니다. … 석문의 오시(五時)와 유전의 육경은 모두 대소를 감싸고 존비存否를 일관하는 것이니 비록 베푼 가르침은 다르다 하더라도 효도를 숭상하는 점에는 다름이 없다.[28]

불가의 대자비와 유교의 대효를 사랑과 친애로 설명하고 있어 의천 역시 자비심을 불교의 효 사상으로 파악하고 있는 것이다. 현재의 부모뿐 아니라 과거세의 부모까지 친애하는 것을 대효大孝로 설명한다. 대자비는 사랑하지 않는 것이 없다. 그러므로 대자비와 사랑은 하나로 다르지 않다. 대자비라 하는 것은 과거나 현재의 대소 존부를 일관하고 있는 것이다. 현재의 친애하는 것만 친애하고 과거에 친애했던 것은 친애하지 않으면 그것은 효가 아니다. 인간은 역사적 존재로서 효와 친애는 현재와 과거를 전부 하나로 일관하는 것이다. 어버이와 나와 자손이 그렇게 하나로 조금도 벗어날 수 없는 천륜으로 있는 것이다. 여기서 유교와 불교의 같은 점을 찾을 수 있다.

앞서 살펴 본 바 목은은 마음을 주제로 하여 유불을 동일하게 파악하고 있다. 그는 "마음은 하나이니, 중생이나 부처나 그 마음은 본래 다른 것이

27. 李熙德 『高麗儒教政治思想의 硏究』, 一潮閣, 1995. 268쪽

28. 李熙德 『高麗儒教政治思想의 硏究』 ,一潮閣, 1995. 270~271쪽 義天 「講盂蘭盆經發辭」 재인용.

아니다."[29]라고 한다. 이는 범부와 성인의 마음이 다르지 않다는 유교의 주장과 같다. 결국 심心은 불교와 유교가 다르지 않다. 그러나 불교와 유교의 수양방법에서 차이가 있다고 목은은 말한다. 그는 불교의 공적空寂 관념과 유교의 적 관념을 대비하여 해석하고 있다.

> 이각二覺이 적寂으로 돌아가는 이것은 교敎의 극치요, 삼관三觀이 적寂으로 끝나는 이것은 선禪의 극치입니다. 이런 경지에서는 공덕을 쌓으려는 행동도 끊어지고, 옳으니 그르니 하는 분별심도 없어질 것이니 이 적을 통해서 영가永嘉가 거론한 시비도 모두 잊어버리고 달마達磨가 공적에 대해서 말한 의미를 꿰뚫어 아는 것이 바로 나의 뜻입니다.[30]

이각二覺은 본각本覺과 시각始覺을 말한다. 본각은 중생이 본래 갖추고 있는 바, 여래如來와 똑같은 청정한 지혜를 말하고, 시각은 일단 미혹迷惑된 중생의 본각이 다시 본성으로 환원된 지혜를 말하는데, 『대승기신론大乘起信論』에 이 사상이 나온다. 적寂은 일체의 상相을 떠난 적멸寂滅의 상태를 말한다. 삼관三觀은 관법觀法을 닦을 때의 마음의 상태를 말하는데, 이에 대해서는 여러 가지 설이 있지만, 여기서는 당唐 나라 징관澄觀이 말한 정관靜觀・환관幻觀・적관寂觀을 가리키는 것이다.

일숙각一宿覺으로 유명한 당 나라 승려 영가永嘉의 '증도가證道歌'에 "그르다고 하는 것도 사실 그른 것이 아니고, 옳다고 하는 것도 사실 옳은 것이 아니니, 처음에 털끝만큼이라도 분별심을 낸다면 나중에는 천 리나 어긋나게 될 것이다."라는 말이 나온다. 이 이론으로 보면 영가永嘉가 거론한 시비是非는 적을 통하여 잊어버려야 하는 것이다. 이상은 불가에서 말

29. 『牧隱文藁』 卷3, 「香山安心寺舍利石鐘記」 : 心一也 衆生諸佛本不異

30. 『牧隱文藁』 卷6, 「寂菴記」 : 二覺 歸於寂 敎之極也 三觀 終於寂 禪之極也 功行已斷 知見不立 俱忘永嘉是非 直透達磨功德 是吾志也

하려는 공적空寂이다.[31]

이에 대해 목은은 적寂에 대하여 다음과 같이 말한다.

> 우리 유자儒者가 복희씨伏氏 이래로 간수하면서 서로 전해 온 것도 바로 적寂이라고 할 것이니, 나같이 형편없는 사람의 경우라 할지라도 감히 이를 실추시킬 수는 없는 일이다. 태극太極은 적寂의 근본이 된다 할 것이니 그것이 한 번 움직이고 한 번 고요함에 따라 만물이 순일하게 변화하고, 인심人心은 적寂의 버금이 된다 할 것이니 그것이 한 번 느끼고 한 번 반응함에 따라 만선萬善이 널리 행해지게 되는 것이다.
>
> 그렇기 때문에 『대학』의 강령綱領도 정정靜定에 두고 있으니, 이것이 바로 적寂을 말함이 아니겠는가. 또 『중용』의 요체도 계구戒懼에 두고 있으니, 이것이 바로 적을 말함이 아니겠는가. 계구는 한 마디로 경敬이요, 정정 역시 경이라고 할 수 있는데, 경이란 단지 주일무적主一無適일 따름이다. 주일主一은 지키는 바가 있음을 말하고 무적無適은 옮겨 감이 없는 것을 말하는데, 지키는 바가 있고 옮겨 감이 없는 것을 적寂이 아니라고 말할 수는 없을 것이다. 그리하여 이 적寂에 기초하여 정사政事를 행하다 보면 치평治平의 밝은 효과가 나타나게 되고, 도덕道德을 닦아 나가다 보면 위육位育의 큰 효험이 드러나게 되는 것이다.[32]

불교의 수양방법인 적寂의 경지에 이르는 것은 마음을 바로잡기 위한 수양방법이다. 목은은 다음과 같이 적을 유교에서의 관념과 동일파악하고, 그러한 공부를 통한 인간 수양을 강조하고 있다.[33]

태극은 적寂의 근본이 된다. 그것이 한번 움직이고 한번 고요함에 따라

31. 국역목은집 제 10권,「寂菴記」주33,34,35

32. 『牧隱文藁』卷6,「寂菴記」.

33. 『牧隱文藁』卷6,「寂菴記」: 戒懼敬也 靜定亦敬也 敬者 主一無適而已矣

만물이 순일하게 변화하여 인심은 적의 버금이 된다고 하고, 유교의 태극과 인심 관념도 모두 불교의 적이라고 말한다.

또한 불교의 적寂과 유교의 경敬을 동일하게 파악한다. 이를테면 『대학』의 첫머리에서 삼강령三綱領을 제시한 다음에, 바로 "지止할 곳을 안 뒤에야 정定함이 있고, 정定한 뒤에야 정靜할 수 있고, 정靜한 뒤에야 안安할 수 있다."는 말이 나온다. 여기에서 정靜과 정定은 불교의 적의 의미와 같다는 것이다. 또한 『중용』에서는 군자는 보이지 않는 곳에서도 경계하며 조심한다 하고, 들리지 않는 곳에서도 두려워하여 조심한다는 계신공구戒愼恐懼를 불교의 적정으로 파악한다. 계구戒懼와 정정靜定은 한 마디로 경敬이라 할 수 있다. 이것은 유불도가 교섭하는 가운데 새로운 경 개념이다. 경이란 주일무적이다. 주일主一은 지키는 바가 있음을 말하고 무적無適은 옮겨 감이 없는 것을 말하는데, 지키는 바가 있고 옮겨 감이 없는 것을 적寂이 아닐 수는 없다고 말한다.

목은은 적寂이라는 것도 인간관계 속에서 현실성과 적극성으로 다른 사람들을 널리 이롭게 해 주려는 마음의 본원이 된다는 것이다. 그리하여 이 적寂에 기초하여 정사政事를 행하다 보면 치국평천하 효과가 나타나게 되고, 도덕道德을 닦아 나가다 보면, 중과 화에 이르게 되어, 천지가 제자리를 잡게 되고 만물이 육성되는 큰 효험이 드러나게 된다는 것이다.

선교인식仙敎認識과 유선융화儒仙融和

목은의 선교사상은 그가 정신수양을 통해 도달한 정신적 경지를 나타내는 청정세계에 대한 시편들을 통하여 그 대강을 살필 수 있다. 그의 정신수양은 존심存心에 치중하였으며, 본성이 발현된 호연한 정신적 경지로 승화함에 있어 자연의 원기元氣와 교감하는 것이라 할 것이다.

높은 가을하늘 은하수 맑은데	高秋河漢澄
금물결 바로 이와 같구나	金波政如此
비로소 알겠네 천지 사이엔	始知天壤間
호연한 한 기운일 뿐이라는 걸	浩然一氣爾
이 몸은 한척의 허주로	此身一虛舟
둥실둥실 만 리를 떠가네	泛泛適萬里
시원始原의 세계에서의 고상한 노닐음은	高游太素中
물욕의 누를 깨끗이 씻어주네	淨洗物慾累
나직이 읊조려도 흥 얕지 않나니	微吟興不淺
깨달은 자와 아마도 동궤이리라	達者或同軌[34]

여기서 그는 청명한 밤하늘에 은하수는 맑고, 달빛의 금물결이 펼쳐져 있는데, 그 속에서 천지사이에 호연한 일기一氣 뿐이라는 사실을 알게 해 준다고 한다. 이러한 천지간에 자신은 한 척의 허주虛舟로서 만 리萬里를 떠간다고 말한다. 홀로 한 척의 허주로서 망망대해를 만 리 떠간다면 꿋꿋하게 독존의식이 길러진다. 독존의식은 사회적 평가나 물질 부족에 양심의 가책을 느끼지 않고 초연하게 지내는 의식이다. 여기서 허주는 잡념이나 망상이 없는 마음이다. 이것은 남에게 이기려고 시기하고 다투는 마음 없이 고난의 세월을 살아가면서 결국은 천지사이가 일기一氣라는 것을 배우고 깨닫는 것이다. 이것은 생生과 사死도 하나의 기운이라는 것을 깨달은 것이다. 이 마음으로 시원의 세계에서 고상하게 노닐어서 물욕이 깨끗이 씻어지니 깨달은 자(달자達者)와 그 궤를 같이 한다고 하였다. 달자는 바로 신선을 의미한다. 그러한 그는 가을밤의 하늘세계가 맑으니 자신의 마음이 맑음을 말하고 신선의 경지는 맑고 호연한 일기一氣

34. 『牧隱詩藁』卷4, 「對月遣興」.

와의 교감을 통해 무욕의 정신세계로 몰입하여 물질이 부족한 근심이나 고통 등이 없이, 또한 사회적 평가에도 흔들리지 않고 기쁨을 누리고 있는 것으로 읊고 있는 것이다. 목은은 "군자의 마음은 마치 물과 같아서 굽이 굽이 순리대로 따를 뿐이다."[35]라고 한다. 물의 속성은 높고 깨끗한 데로 올라가려고 다른 물건과 다투지 않고 아주 낮고 더러운 곳으로 고요히 스며들어가서 모든 만물을 평등하게 잘 자라게 하는 것이다. 노자老子는 이 물에서 최고지상最高至上인 선善의 가치를 발견하였다. 목은의 마음 역시 물은 무너지지 않는 자기를 갖은 채 그릇에 따라 자유롭게 자기 형체를 바꾸어 순리대로 따를 뿐 만물에 순응하여 시기하고 다투지 않는 위대한 점을 본 것이라 하겠다.

산천은 어찌 그리도 깨끗한지	山川何淨麗
수목들은 정히 무성도 하구려	樹木政扶疎
깜박이는 새벽 등불 아래서	向曉燈明滅
호연浩然히 태허太虛를 관찰하노라	浩然觀太虛[36]

여기서는 자연의 청정함을 묘사하고, 새벽녘에 청정한 풍경 속에서 태허太虛의 세계를 볼 수 있다는 것이다. 태허를 본다는 것은 목은 자신의 마음이 깨끗함이다. 구체적인 대상을 표현하지 않고 일반적으로 산천초목을 묘사한 것은 그의 뜻이 원대함을 나타내고 있는 것이다. 태허는 송유宋儒 장재張載가 사용한 개념으로 우주만물의 근원이 되는 원기元氣를 말한다. 그리고 기氣의 모든 유행을 말하는 것으로 원기를 통해 만물이 형성되는 것이다. 목은은 여기서 장재의 태허개념을 수용하여 청정하고 만물의

35. 『牧隱詩藁』 卷23 「君子」 : 君子心如水 曲折隨所之.

36. 『牧隱詩藁』 卷19, 「卽事」.

생명력을 부여하는 기운으로서 원기를 파악하고 원기와의 교섭을 말하고 있는 것이다.

이러한 태허는 목은에게서는 양기陽氣개념과 통하는 것이다.

> 펴는 것은 양陽에 속한 일이다. 봄기운이 활짝 펴지면 만물의 생기를 되찾아 성장하고 번성하는 가운데 지극히 평화로운 기운이 온 누리에 흘러넘쳐서 간격 없이 두루 적셔 주게 마련이다.[37]

여기서 봄기운이 펴져서 만물이 생기生氣를 되찾아 온 누리에 평화로운 기가 넘치는 것을 양기라고 보는 것이다. 그는 자신의 정신적 경지를 호연지기浩然之氣로 표현하고 있다.

지난밤 구름기운 평야에 흩어지니	宿雲散平楚
새벽녘 얼마나 아름다운가	晨光何陸離
부상扶桑에 한 번 빛 번쩍이자	扶桑一動色
천지가 온통 광휘로세	天地皆光輝
창문열고 온화한 기 들여	開窓納淑氣
호흡이 마치 뱀이나 거북 같네	呼吸如蛇龜
심신이 쇠하고 병든 지 오래	心神久凋瘁
깊이 맺힌 병은 진실로 치료하기 어렵구나	膏肓諒難醫
새벽에 자란 기운 반관反觀해 보니	反觀平旦氣
청명한 기운 한 오라기	清明存一絲
진실로 직直함으로 보전할 수 있다면	苟能保以直
호연한 기가 천지에 가득 차리라	浩然充兩儀[38]

37. 『牧隱文藁』 卷10, 「孟陽說」 : 予曰 舒者 陽之事也 春氣發揚 物生遂暢 人和洋溢 浹洽無間 比之世

여기에서 반관反觀이라 함은 주관에 집착하지 않고 사물을 객관적으로 관찰하는 수양방법을 말한다. 지난밤 기운은 흩어지고 새벽기운이 피어올라 천지가 온통 광휘하다고 묘사하여 새로운 세계의 전개를 드러내고, 그의 정신수양에 개오開悟를 암시하고 있다. 부상扶桑이라는 신화神話상의 처소와 천지의 광활한 공간 속에 청명한 기운이 있다고 말하여, 자연의 세계를 선경仙境으로 보는 것이 특이하다. 그러한 기운을 진실로 직直으로 보존할 수 있다면 호연浩然한 기氣가 천지에 가득 차리라고 말한다.

> 호연지기는 천지의 원초적인 기운이다. 그래서 천지가 이로 인하여 제자리를 잡게 되는 것이다. 호연지기는 만물의 근원적인 기운이다. 그래서 만물이 이로 인하여 제대로 육성되는 것이다. 이 기운이 하나로 합쳐진 것을 전체라 하고, 따라서 이 기운이 발휘되는 것을 대용이라 한다. 이 기는 범위가 제한되어 있지도 않고, 틈새로 빠져나가 줄어드는 법도 없으며, 기질의 후박 · 청탁이나 이하夷夏의 구분이 있다고 해서 차별하는 일도 없다.[39]

여기에서 말하는 호연지기는 천지의 시초이며 만물의 근원인 것으로 태허 관념과 동일한 것이다. 또한 후박과 청탁의 구분이 있다 하더라도 결국 근원적 기운은 하나이니 차별하는 일이 없다는 표현은 수양을 통한 목은 자신의 마음과 하늘의 마음이 고요하여 천인天人의 구별이 없다는 의미로 해석할 수 있는 것이다.

38. 『牧隱詩藁』卷3, 「晨興」.

39. 『牧隱文藁』卷10, 「浩然說贈鄭甫州別」: 浩然之氣 其天地之初乎 天地以之位 其萬物之原乎 萬物以之育 惟其合是氣以爲體 是以發是氣以爲用 是氣也無畔岸 無罅漏 無厚薄 清濁夷夏之別

빈 대청에서 좋은 친구 마주하며　虛廳對良友
생각나는 대로 얘기를 하다 보니　出語隨所思
정밀한 의리는 절로 아름답거니와　精義自爲休
곧은 말은 다시 곁가지가 없구려　直言無復枝

곁으론 노장의 학문을 탐구하고　旁探莊老學
멀리 주공 공자의 말을 잇나니　遠繼周孔辭
이만하면 만년 수양이 넉넉한데　晩景足頤養
구이九夷에서 산들 무엇이 누추하랴　何陋居九夷

고요히 미래의 일에 대응하되　寂然應來物
행위도 없고 또한 생각도 없어　無爲復無思
한 마음엔 천지가 갖추어졌고　一心具天地
만사는 줄기와 가지가 나뉘었나니　萬事分幹枝

나아갈 만하다면 다시 왜 물러가며　可就復何去
받을 만하다면 다시 왜 사양하랴　當受復何辭
의리는 구차하지 않음에 있나니　義在不苟耳
청하기만 하구나, 저 백이는　淸哉彼伯夷[40]

목은의 마음이 고요한 상태를 유지함은 하늘의 마음이 되었다는 것이다. 그의 초연하고 자유로운 삶은 그의 정신수양을 통하여 누리게 되는 것이다. 한 마음엔 천지가 갖추어져 있어 만사의 뿌리는 같고 줄기와 가지가 나뉘었다 말한다. 그러므로 그는 호연지기를 기르면, "평상심과 화기和氣의 경지에 도달할 수 있으니, 호연하여 진실로 내 삶을 좇을 만하

40. 『牧隱詩藁』 卷10, 「對友自詠三首」 중 一二首.

네."[41]라고 말한다. 『중용장구』 제1장에 "중화를 이루면 천지가 자리를 잡으며 만물이 길러진다."고 말한다. 이와 같이 그는 자연의 화기가 만물의 생명력을 불어 넣는다고 생각한다. 이러한 화평한 세계를 체득하기 위해서는 개인의 심성수양이 주된 문제가 되며, 본성의 회복은 목은에게서의 호연한 정신적 경지에 들어가는 것이다.

목은의 삶은 조리를 바르게 하는 정중正中의식을 바탕으로 초연한 상태를 제시한다. 유유자적한 삶을 사는 사람에게는 그가 서 있는 그 자리가 바로 선계이다. 선계가 따로 없다. 여유작작한 삶은 마음에서 오는 것이지, 환경에서 오는 것이 아니기 때문이다.[42] 목은은 화기의 유행을 요순시대의 태평한 기상으로 비유하여 설명한다.

> 기수沂水에서 목욕하고 무우舞雩에서 바람 쐬는 일은 화기和氣가 유행하여 당우唐虞의 기상과도 다를 바가 없음을 충분히 알 수가 있으니, 때 맞춰 비가 내려 만물이 싹을 틔우고 자라나게 하는 것을 더 말할 필요가 있겠는가.[43]

비가 내려 만물이 싹을 틔우고 자라나게 하는 이 문합脗合은 지성至誠으로 중화일 때 가능한 것이다. 바로 화기가 유행하여 인간과 자연의 조화가 아주 잘 이루어지고 있음을 말하고 있는 것이다. 화기가 유행하여 크게는 천지가 되고, 밝게는 일월이 되어 조화가 이루어지는 것이다. 따라서 맑고 아름다운 이 강산 어느 곳에 가더라도 음풍농월할 만한 곳 아닌데가 없게 될 것이라.[44]고 목은은 말한다.

41. 『牧隱詩藁』 卷16, 「晨興」 : 到得平心和氣處 浩然眞可順吾生

42. 이기동, 『李穡』 성균관대학교출판부, 2005, 149쪽.

43. 『牧隱文藁』 卷3, 「陽村記」 : 則夫子之無所不知 無所不化 昭昭乎其明也 浩浩乎其人也 浴沂風詠之流 猶足以知和氣流行 與唐虞氣象無異 則其時雨化之者 發榮滋長 復何言哉

영해의 동쪽 언덕　丹陽東岸
일본의 서쪽 물가엔　日本西涯
큰 파도만 아득할 뿐　洪濤淼淼
아무 것도 알 수 없지만　莫知其他
그게 동動하면 산이 무너지는 듯하고　其動也如山之頹
그게 정靜하면 닦아 놓은 거울 같다네　其靜也如鏡之磨
풍백이 풀무로 삼는 곳이며　風伯之所槖籥
해약이 실가로 삼는 곳이네　海若之所室家
큰 고래들 떼지어 놀면 기세가 창공을 뒤흔들고　長鯨群戲而勢搖大空
사나운 새 외로이 날면 그 그림자 저녁놀에 닿고　鳥孤飛而影接落霞
관어대에서 굽어보니　有臺俯焉
눈에는 아무런 경지도 보이질 않네　目中無地[45]

여기에서는 보이지 않고 알 수 없는 바다 속의 지경을 말하고 있지만, 이와 같이 눈에 보이지 않는 경계라도 자신의 마음이 고요하여 고도로 수양되면 직관으로 만물을 이해할 수 있다는 것이다. 그가 표현하는 중화의 개념은 도가의 원기元氣 개념으로 사용하고 있음을 알 수 있다. 그는 "중화의 기는 넘쳐서 원래 흠결이 없나니, 다만 명성明誠으로 양단을 체험한다네."[46]라고 하여, 자신의 내면과 조화로운 상태가 되는 것을 말하고 있다. 공간의 전체성이 유한한 시각에 나타날 때 그것을 보이지 않고 알 수 없는 유현幽玄으로 표현할 수 있다. 그러한 유현은 마치 산이 무너지는 움직임으로 나타나고, 그리고 잘 닦아놓은 맑은 거울처럼 고요함으로 존재해 있으나 풍백風伯과 해약海若과 같은 귀신이 머물러 사는 곳을 가리키

44. 『牧隱文藁』 卷1, 「西京風月樓記」 : 江山淸麗 無適而非吟風弄月之地

45. 『牧隱詩藁』 卷1, 「觀魚臺小賦」.

46. 『牧隱詩藁』 卷12, 「有感」 : 中和洋溢元無欠 只把明誠驗兩端

는 것이다. 큰 고래들 떼 지어 놀아 기세가 창공을 뒤흔들고 사나운 새 외로이 날면 요동치는 그림자가 저녁놀에 닿는 곳이다. 그래도 굽어보니 눈에 땅은 보이지 않는다는 것은 시끄러운 세상에서 초연하게 살아가는 것이다. 또한 벌이 때를 짓고 개미가 모여 살아가면서 그들 눈에는 땅이 보이지 않는 듯[47] 살아가는 것처럼 목은은 '관어대에서 굽어보니 눈에는 땅이 보이질 않는다.'와 같은 의미로 쓰고 있다. 관어대에서 굽어보며 땅을 보지 못하는 어두움을 그는 중화의 융해로 직관하고 있는 것이다.

목은은 자연 속의 식물인 대나무를 예를 들어, 유가와 선가에서 말하는 유유자적함으로 유선을 융해시키고 있다.

「차군루기此君樓記」에서 깊이 음미할 구절은 대나무에 대한 목은의 해석이다. "산중의 풍경은 일정하지 않아 이 누각을 빛내고 있는 것은 바로 대나무에 있다고 여겨졌기 때문에, 내가 차군이라고 이름을 지은 것이다. 그런데 차군에 대해서 제대로 아는 사람은 찾아보기가 힘들기 때문에, 내가 유독 그대에게 기대를 걸고 있는 것이다."[48]라고 스님이 말하고 있다. 이에 목은은 "내가 차군(대나무)과는 일찍부터 마음속으로 사귀어 왔던 터라고 하면서 나의 감회를 적는다."[49]고 말한다. 그는 자연물인 대나무와도 대화를 나누고 있는 것이다. 이와 같이 대나무에 대한 정회情懷는 유현幽玄한 경지에 있다고 할 것이다.

> 대나무가 현인과 비슷하다고 하는 설은 백낙천의 기문에 상세히 실려 있고, 대나무가 장부라는 주장은 두목지의 부에 갖추어져 있다. 그리고 왕우칭은 대나무와 잘 어울리는 사물의 정상을 남김없이 표현하였으며, 채

47. 『牧隱詩藁』 卷21, 「有感」 : 蜂屯蟻聚如無地

48. 『牧隱文稿』 卷1, 「此君樓記」 : 且山中之景不一 而樓之勝於竹乎在焉 吾故以此君 名之知此君者 盖鮮吾獨有望於子焉

49. 『牧隱文稿』 卷1, 「此君樓記」 : 余於此君 盖嘗內交矣

관부는 대나무를 통해 사정邪正을 구분할 수 있다는 주장을 내놓기도 하였다. 그런가 하면 문여가文與可는 대나무의 속성을 파악하여 묵으로 묘사하였고, 소자첨蘇子瞻은 그 도리를 밝게 살펴 글을 붙여 놓았다. 그리고 진晉 나라의 칠현이나 당 나라의 육일六逸같은 사람들 역시 모두 차군此君 덕분에 유명해진 경우라고 할 것이다.[50]

그는 대나무가 현인과 비슷하다 ,대나무가 장부다, 대나무를 통해 사정邪正을 구분할 수 있다는 등 대나무의 풍격에 대한 선인들의 평을 열거하여 현인, 대장부로 보는 것에 동의하고, 또한 계절과 어울리는 정상과 사정을 구분하는 등 속성에 대해 설명하고 있다.

대나무의 곧은 마음과 변치 않는 절조에 대해서 말을 한다면 필시 고루한 쪽으로 잘못 짓게 되어 자유로운 정신의 소유자들에게 비난을 받게 될 것이요, 송월래풍하送月來風는 면에 대해서 말을 한다면 필시 천박해 지니 그 두 쪽을 택하지 아니 한다[51]

여기서 그는 대나무의 곧은 절개는 당연한 것으로 자적自適하는 이들에게는 그 이상의 정감을 가지고 있으니, 비난 받는다 하고, 음풍농월하는 면으로 말하면 천박해진다고 하여, 특히 그는 생활 속의 상황에서 지금 바로 그 자리에서 느끼는 정신적 경지를 설명하고 있다.

50. 『牧隱文稿』 卷1, 「此君樓記」 : 似賢之說 樂天 記之詳丈夫之論 牧之 賦之備 禹稱盡 宜物之狀寬夫立邪正之分 與可得其情而副之墨子 瞻明於理 而着之文 至若普之七賢 唐之六逸 又皆籍君 而有名者也

51. 『牧隱文稿』 卷1, 「此君樓記」 : 余雖欲出意 以言乎貞心苦節 則必失之固 而見誚於蕭散之輩 以言乎送月來風 則必失之淺 而取笑於篤厚之人 又安得駕空之說 以求勝於故人哉 吾記不作 可也

> 내가 유독 부러워하는 것이 있으니, 그것은 즉 '선가의 유명한 노사老師께서 선정禪定을 잠깐 쉬고 재계하는 그 여가에, 정신을 풀어헤치고 생각을 모두 내려놓은 가운데 서로 더불어 이 누각 위에서 소요하노라면, 마치 비바람이 치는 듯 소리가 대숲에서 몰려와 정적靜寂속에 휘감긴 객진客塵을 얼음 녹듯 해소시켜 주는 것이다.[52]

목은이 보는 대나무는 선정의 여유 속에서 선의 연장으로 마음을 편안히 가지고 사려를 놓아 서로 그 경지에 노닐면 이 누상에 대나무가 길게 자란 그 깊은 뜻이 절로 그 죽림에 다가가듯 한다는 것이다, 다시 말해서 대숲에서 소리가 몰려와 정적靜寂속에 휘감긴 객진을 얼음 녹듯 세상살이 근심 걱정도 이 고요 속에 묻혀서 해소시켜 주는 것이다. 대나무를 보면서 선정禪定과 재계齋戒의 경지가 그 깊은 체험으로 풀어진다는 것이다.

목은은 "필시 소승小乘의 성문聲聞을 이 공적은 깨뜨려 버리고, 불타는 번뇌를 시원하게 하니, 차군의 도움이 그것만으로도 벌써 족한 것이다."[53] 라고 말하여 의인화하여 순일함으로 반관反觀하는 것이다. 이와 같이 목은은 자연과 선정禪定의 경지와 유유자적하는 경지로 융해하고 있는 것이다. 바로 이러한 경지를 체험함으로써 자족自足을 느껴 유교와 불교를 자연 안에서 융합하고 있는 것이다.

다시 정리해보면 목은의 대나무에 대한 해석은 단순히 '송월래풍送月來風'을 읊조리는 단순한 대상으로만 대나무를 보는 것이 아니라 주관에 집착하지 않고 사물을 객관적으로 관찰하는 것이다. 재계하는 그 여가에 긴장을 풀고 모든 것을 초월하여 이 누각 위에서 소요하노라면, 이 누상에

52. 『牧隱文稿』 卷1, 「此君樓記」 : 雖然 吾獨羨 夫名禪老師 定罷參餘 怡神放慮 相與徜徉乎 斯樓之上 有倐倐然 自竹林來 靜縛客塵 渙然氷釋

53. 『牧隱文稿』 卷1, 「此君樓記」 : 必有破空 寂於聲聞 化淸凉於熱惱者矣 此君之助 不旣多乎

대나무 길게 자란 그 깊은 뜻이 절로 그 죽림에서 다가오듯, 세상살이 풍파도 이 고요 속에 묻혀서 엉겨 붙어 있는 것이 하나도 없이 객진을 해소시켜 주는 고마운 것이다. 대나무의 큰 도움은 이 공적은 깨뜨려 버리고, 번뇌를 없애 주는 것이다. 재계와 자연과 선정의 융해함은 천시天時와 풍영諷詠과의 하나가 되는 것으로 설명될 수 있다. 그러므로 목은은 "천시에 순응하면서 우리의 뜻을 자유롭게 풀어 헤칠 수 있는 것은 오직 풍영하는 한 가지 일에 있지 않나 싶다."[54]고 말한다. 그리고 이어서 "무우에서 바람 쐬고 노래하며 돌아온다면 가슴속이 유연해져서 엉겨 붙어 있는 것이 하나도 없을 텐데, 하물며 서우暑雨와 기한飢寒 같은 것에 원망과 탄식을 하면서[55] 자신의 마음을 더럽힐 수가 없다."[56]라고 말한다. 사람의 삶의 방식이나 가야할 길이 확정이 되면 마음이 고요해져 원망과 탄식을 안 하므로 편안할 수 있으며 편안하면 생각할 수 있고 생각해서 깨달을 수 있음을 뜻하는 말이다. 그는 "차서 넘치는 걸 경계하면서[57] 몸 이끌고 뒤로 물러난다.[58]"라고 말한다. 여기서 그가 생각하는 자연의 풍류와 선인의 품격을 짐작할 수 있으며, 그의 은둔적인 삶과 풍류가 하나가 되는 모습도 찾아 볼 수 있다. 그는 한평생 바로 이러한 사상적 기반 위에서 화기和氣를 지향하며 사는 것이다. 한편 목은의 선교사상은 삼한시대로부터 전해오는 신선사상에 영향을 받고 있다. 그것은 그의 동인의식에 의해 한국사상의 정수를 이해하려는 데 근원하는 것이다. 목은의 선교에 대한 인식은 행촌杏村 이암李嵒에게서 전수받은 것이다. 따라서 여기에서는 그 영향에

54. 『牧隱文稿』 卷1, 「風詠亭記」: 順天時 放吾志者 其惟諷詠乎

55. 『書經』, 「君牙」: 夏署雨 小民惟曰怨咨冬祈寒 小民亦惟曰怨咨

56. 『牧隱文藁』 卷1, 「風詠亭記」: 風乎舞雩 詠而歸 胸次悠然 無一點綴 況暑雨祈寒之怨咨有可以浼此哉

57. 『周易』, 「謙卦」: 天道虧盈 … 鬼神害盈

58. 『牧隱文藁』 卷17, 「鐵城府院君 李文貞公墓誌銘」: 曰噫戒盈 奉身而退

대한 그의 언급을 통해 유유자적하고 자유자재로운 생활을 영위하였던 선교仙敎적 삶을 중심으로 살펴보기로 한다.

목은은 "나는 일찍이 행촌을 스승으로 섬겼으며 그의 아들 및 조카들과 함께 놀았다."[59]고 술회하고 있다. 목은이 아버지처럼 섬기던 이암은 충정왕이 즉위하고 나자 선왕의 옛 신하로서 덕이 있고 공로를 세운 자 가운데 오직 목은 이색만이 나의 정치를 도와줄 수 있다는 건의를 올려 마침내 목은이 좌정승에 임명되게 하였다.

이암이 활동했던 당시는 성리학이 수용되면서 성리학자로서 과거에 급제한 신흥 사대부들이 출현하였는데, 이암은 이곡과 목은 부자를 비롯해서 백문보 이제현 등 당시의 신흥유신들과 개인적인 교유는 있었지만 그 자신이 성리학을 수용하였다는 직접적 근거는 발견되지는 않는다.

그러나 행촌은 청평산에 은거하며 그 당시 『상서대전尙書大傳』, 사마천의 『사기』, 장재張載의 『서명西銘』, 『서경』의 「태갑」 편 등을 직접 베껴 읽고,[60] 「태갑」 편은 공민왕에게 필사해서 바치기도 한다.[61] 이러한 성리학의 기본적 소양이 되는 서적들은 그 당시의 학자들에게 새로운 학문적 촉매가 되고 있음을 알 수 있다.

이암이 산중으로 들어간 배경은, 공민왕이 고려에 환국하자 서연書筵의 임무를 이제현 등에게 맡겼으나, 이암에게는 철원군에 봉하여 예로써 대우만 하고 직책을 주지 않았던 연유에서 이다. 그리하여 이암은 초야에 은퇴할 뜻을 품고서 청평산淸平山으로 들어간 것이다.[62] 그가 청평산을 은거지로 선택한 것은 그의 사상과 깊은 연관이 있었기 때문일 것이다. 청

59. 『牧隱文稿』 卷3, 「長城縣白巖寺雙溪樓記」: 予嘗師事杏村侍中公 與子姪遊 師其季也

60. 한영우 외, 『杏村 李嵒의 生涯와 思想』, 「杏村李嵒年譜」 일지사, 2002. 258쪽

61. 『牧隱文藁』 卷17, 「鐵城府院君李文貞公墓地銘」: 公自念年將六十 位亦極矣 不以此時乞骸骨 復何사 去入靑平山

62. 『牧隱文藁』 卷17, 「鐵城府院君李文貞公墓地銘」:

평산은 청평산인인 이명李茗이 단군 관계 역사책『진역유기震域遺記』를 지은 곳이다. 따라서 청평산은 고려시대 거사불교와 선가仙家의 중심지로 널리 알려진 곳이다.[63] 이암은 청평산에 은거하던 5년간 단군시대의 옛 역사에 관한 책을 보았다. 이암은 문과 출신의 유학자이기는 하나, 불교와 선교의 사상에 더 기울어 있음을 알 수 있는 것이다. 특히 선교는 한국적 도교로서 단군과 신선에 대한 신앙을 말한다.[64] 이암이 백문보에게 다음과 같이 말했다.

> 신은 인간에 의지하고, 인간은 신에 의지해야 백성과 나라가 영원히 편안해진다. 제천祭天은 궁극적으로 근본에 대한 보답으로 돌아가는 것이니 어찌 소홀하게 할 수 있는가.[65]

목은은 이암이 호연한 태도로 강화도로 은퇴했던 시절을 그의 묘지명에서 묘사하고 있다.

> 선원사의 식영노인息影老人과 우정을 나누면서, 사원 경내에 집을 짓고 해운海雲이라는 편액을 내고 조각배를 타고 나가면 번번이 돌아올 줄을 몰랐다. 아량雅量이 이와 같았으며 행촌은 스스로 붙인 별호였다.[66]

이러한 고아한 홍취는 행촌杏村이라는 자호自號를 얻을 만하다. 이처럼 불교와 유교를 섭렵하며 선인으로 살아온 그의 풍류는 목은의 선교사상

63. 한영우 외,『杏村 李嵒의 생애와 사상』, 일지사, 2002. 32쪽

64. 한영우 외,『杏村 李嵒의 생애와 사상』, 일지사, 2002. 58쪽

65. 한영우 외,『杏村 李嵒의 생애와 사상』, 일지사, 2002. 42쪽

66.『牧隱文藁』卷17,「鐵城府院君李文貞公墓地銘」: 與鮮源息影老人爲方外友 築堂寺中 扁曰海雲 扁周往還 至輒忘歸 盖其雅量如此 杏村其自號也

형성에 큰 역할을 하고 있다고 할 것이다.

「행촌연보」에 의하면 이암은 3년간의 강화 유배에서 풀려나자 천하주유에 나서 천보산天寶山을 찾고 거기에서 소전도인素佺道人이라는 기인을 만나 환단시대의 옛 역사를 논하고 『태백진훈太白眞訓』이라는 책을 썼다.[67] 『태백진훈』은 환단시대로부터 전해지는 전래의 도학적 심법을 저술한 일종의 종교서적이다. 한편 『단군세기』를 지어 원시국가의 체통을 밝혔다[68]고 한다. 이로 보아 이암은 단군에 관한 저술을 냈음은 분명하다 하겠다. 오랜 야인 생활을 단군에 관한 신앙과 전설이 깃든 강화도 천보산에서 지내면서 불교와 선교에 전진하여 여러 승려들과 깊은 교유를 맺었다. 또한 홍건적 침략에 온 가족이 참전할 만큼 애국심이 투철하여 국수國粹의 성향을 지니고 고려국의 주체성을 강조한 것을 보면, 우리 민족의 건국 시조인 단군에 대해 관심이 독특했음을 알 수 있겠다.

한국 고대사상은 단군 · 기자 시대로부터 풍류도로 일컬어지는 현묘한 도로서 고신도古神道 사상이다. 『단군세기』의 기본골격은 단군조선은 천자적 지위를 가진 대국으로서 영토상으로나 중국과 대등한 나라라는 것이다.[69] 이 내용은'『태백일사太白逸史』에서 발췌'하였다고 기재되어 있다. 『환단고기선桓檀古記選』의 발췌 내용을 보면 아래와 같다.

> 태초에 위아래 사방은 일찍이 아직 암흑으로 덮여 보이지 않더니, 옛 것은 가고 지금은 오니, 오직 한빛이 있어 밝더라. 상계로부터 또 삼신三神이 계셨으니 곧 한분의 상제시라. 주체는 곧 일신一神이니 각각 신이 따로 있음이 아니나 쓰임은 곧 삼신이시니라. 삼신은 만물을 끌어내시고

67. 「杏村年譜」 한영우 이익주 윤경진 염정섭공저, 『행촌 李嵒의 생애와 사상』, 일지사, 부록, 2002, 255쪽.

68. 한영우 외, 『杏村 李嵒의 생애와 사상』, 일지사, 2002. 46쪽

69. 한영우 외, 『杏村 李嵒의 생애와 사상』, 일지사, 2002, 52쪽

전 세계를 통치하실, 가늠할 수 없는 크나큰 지능을 가지셨더라. 그 형체를 나타내지 않으시고 최상의 꼭대기의 하늘에 앉아 계시니 계신 곳은 천 만 억 토요, 항상 크게 광명을 발하시고 크게 신묘하심을 나타내시며 크게 길한 상서를 내리시더라. 숨을 불어 만물을 만드시고 열을 뿜어내어 만물의 종자를 키우시며, 신묘하게 행하시어 세상일을 다스리시니라 … 생각건대 저 삼신을 천일天一이라 하고, 지일地一이라 하고 태일太一이라 한다. 천일은 조화造化를 주관하고 지인地一은 교화敎化를 주관하며 태일太一은 치화治化를 주관하느니라. …[70]

윗글에서 우리는 대원일大圓一이라는 한 사상을 엿볼 수 있다. 여기서 삼신三神이란 곧 한분의 상제인 것이다. 따라서 그 주체는 곧 일신一神이므로 각각의 삼신이 따로 있는 것이 아니다. 다만 그 쓰임에 있어서는 삼신이 있게 되는 것이다. 상제가 숨을 불어넣어 만물을 만들었고, 열을 뿜어내어 만물의 종자를 보양한 것이다. 신묘하게 행하는 일과 세상일을 다스리는 것은 하나로서 같은 일이며 모든 것의 시작이라 할 수 있겠다. 그리고 삼신은 천일이요, 지일이요, 태일이다. 그 천일은 조화를 주관하고, 그 지일은 교화를 주관하며, 태일은 치화를 주관하는 것이다. 이러한 형상은 단목檀木아래 환화桓花의 대위에 앉아 있는 천제인 환웅桓雄이라는 것이다.

위에서 본 바와 같이 목은의 유유자적한 삶의 모습은 그의 스승 이암에 영향을 받은 것이다. 세속에 초연한 삶은 하늘의 입장에서의 삶이다. 하늘의 입장에서의 삶은 수양을 할 필요가 없다. 현인이 되려고 노력할 필요 없이 삶 그 자체가 바로 진리이다.[71] 목은은 스스로 이 마음은 본디 물

70. 곽춘근, 『太古史學과 高句麗建國秘史』, 천사연, 2004년, 91쪽.

71. 이기동, 『李穡』, 성균관출판부, 2005, 141쪽.

욕이 없다는 의미로, "하늘의 마음을 다시 보면 천지의 마음은 곧 사람의 마음이라[72]"하여, 고도의 수양을 통하여 초연하고 유유자적하게 일생을 선교와 융합하는 삶을 살았던 것이다.

유불선儒佛仙의 원융圓融

고려 건국초기부터 호국이념의 역할을 한 불교는 교화의 도로서 고려 귀족사회의 정신적 지주가 되어 왔다. 유자儒者들의 불교에 대한 이해는 신라 말기 이래로 하나의 시대적 사조思潮이었다. 최치원崔致遠의 〈사산비명〉이나 〈진감선사비문〉 등에서 보이듯이 석가여래釋迦如來와 주공 공자가 같은 경로로 이해되었다. 성종 시대의 최승로는 "불교는 수신의 근본이며 유교는 이국理國의 본원"이라 하여 양자의 보완적인 면모를 인정한다. 또한 현종 대에는 최치원을 문묘종사文廟從祀하면서도 그가 지닌 사상적 다양성으로서 불교적 요소를 문제로 삼지는 않았다.[73] 이는 고려 사대부 사회도 유·불의 공존을 인정하였음을 입증하는 것이다. 고려시대의 일반적인 관념은 유·불 모두 인간의 교화에는 절실하였다. 특히 유교는 인간이 현실생활에 치중하여 나라를 다스리는 본원으로 여기고, 불교는 인간의 마음을 위안하는 수신의 근본으로 여겨 현세의 이국理國과 내세를 위한 수양을 유·불이 각각 분담하고 있었던 것이다.[74]

유교의 화동和同의식은 불교의 중도中道의식과 선교의 일중一中의식, 그리고 도가의 융화融和의식이 회통할 수 있는 가능성을 제시해 준다. 정

72. 『牧隱文藁』 卷10, 「子復說」 : 復其見天地之心 天地之心 卽人之心也

73. 김용곤, 고려 현종대의 문묘종사에 대하여, 제4편 고려의 유교사상론

74. 서경요, 『한국유교지성론』, 성균관대출판부, 2003. 114~5쪽.

주학의 형성에 도 · 불의 영향을 간과할 수 없다. 이는 도가의 좌망坐忘, 현학玄學의 소요逍遙 등의 사상적 재창조이다. 정주학은 불교와 선학의 이론과 비등하기 위하여 『주역』 · 『대학』 · 『중용』에서 유교 고유의 심성학을 발굴해 내고, 천인합일의 경지를 진성盡誠과 지천知天의 논리로 체계화하였다. 수심修心 양성養性의 수양론과 이기론 등의 개념과 용어는 북송시대의 유학자들이 불교와 노장학을 교섭하여 제시된 것이기도 한 것이다.

앞의 절에서 목은 사상은 나옹 · 이암과 사제지간의 교류를 통해서 그의 유불도사상이 통합된 면모를 살펴볼 수 있었다. 이암은 백암사 주지도 역임할 만큼 선조들의 불사와 연이 깊다. 이암은 불교와 선교에 기울고, 국수의 성향을 지니고 있었기 때문에 그 당시의 융해사상의 중심을 이루고 있었을 것이다. 이암이 기본적으로 성리학자이면서도 성리학의 정통 계보를 따질 때 빠지는 것은 그가 불교와 선교를 넘나들며 선인仙人으로 살아온 까닭일 것이다. 이러한 선인의 경지를 목은이 영향 받은 것이다.

하루살이는 어찌 그리 번성한고	蠛蠓何其繁
인생도 근원에서는 동일한 것	人生同一原
요란스레 하루하루를 지내거니	擾擾度朝夕
누구와 친하고 또 누굴 원망하랴	誰親復誰寃
아미타불은 극락국을 만들어 내었고	彌陀幻出極樂國
광성자는 속세 떠나 무궁문에 들어갔으니	廣成去入無窮門
이 때문에 아미타불과 광성자는	所以此二氏
초연하며 자존한다	超然幷自尊
나는 지금 백발에 시서를 즐겨 읽으며	我今白髮耽詩書
누에의 실과 소의 털로 본원을 탐구한다	蠶絲牛毛探本原
담담한 한 맛이 스스로 즐기기에 족하다	淡然一味足自娛
도의가 성을 이루는 것을 잘 보존할 뿐[75]	道義成性聊存存

어찌 요에게만 많이 주고 걸에겐 아꼈으랴　　　堯何豐兮桀何嗇
혁혁한 이 마음은 모두 천지와 똑같다　　　方寸赫赫同乾坤[76]

여기서의 아미타불은 자유롭고 안락한 극락국을 만들어 내었고, 신선 광성자는 속세를 떠나 무궁문에 들어갔다. 무궁문은 『장자莊子』, 「재유在宥」편에 보이는데 무궁문은 지도至道를 가리킨다. 끝도 없고 헤아릴 수도 없는 지도를 얻으면 위로는 황皇이 되고 아래로는 왕王이 된다. 그래서 아미타불과 광성자는 초연하고 자존自尊하니, 이는 부처 아미타불과 선인 광성자를 동격으로 보고 있으며, 또한 바로 낙원과 무궁문을 동격으로 설명하고 인생도 근원에서는 동일한 것으로 보고 있다. 이와 같이 목은은 유교와 불교, 그리고 유교와 선교의 갈림과 합침을 구하고자 하였으며, 유·불·도의 근원이 동일함으로 초연하고 자존하며 이것을 즐겨 보존하는 것이다. 이를테면 독존獨尊의식으로 자신이 가장 멋진 존재임을 알아 마음속의 광명이 가득 차게 된다. 따라서 사회적 평가에 두려움 없이 성실히 자신을 새롭게 창조하여 천지와 같은 마음을 체험하는 것이다. 그는 "솔개가 하늘을 날거나 물고기가 연못에서 뛰어 노는 모습을 보며 천리의 화육化育과 유행을 깊이 체현體現하기 위해 부단히 노력하였다."[77]고 한다.

군자에겐 참다운 낙이 있으니, 오묘한 곳 참으로 말하기 어렵다. 솔개가 날고 물고기가 뛰는 것, 삼라만상이 하나의 근원으로 같이 하는 것이다.[78]

75. 『周易』, 「繫辭傳」上 : 成性存存 道義之門

76. 『牧隱詩稿』 卷17, 「短歌行」.

77. 『牧隱文藁』 卷2, 「漁隱記」 : 鳶飛魚躍之間 深體化育流行之妙

78. 『牧隱詩藁』 卷3, 「君子二首」 : 君子有眞樂 妙處誠難言 鳶飛與魚樂 萬像同日元

여기에서 말하는 오묘하여 말하기 어려운 군자의 참다운 낙은 다른 표현이 아니다. 목은은 도덕道德을 닦아 나가다 보면 위육位育의 큰 효험이 드러나게 되는 것에 자족自足하여 기쁨이나 행복 사랑 등의 광명의 감성을 외적인 관찰이 아니라 내적인 체험을 통해 느끼는 것이다.

동해에서 명월이 나와서	東海出明月
만 리 멀리 조산을 따라오니	萬里隨曹山
조산과 동해는	曹山與東海
본시 지척의 사이였네	本是咫尺間
조산의 푸른 하늘은 씻은 듯이 맑고	碧空炯如洗
동해의 맑은 구슬은 옥반에 떨어져라	明珠墮玉盤
상인의 한 치의 마음은	上人方寸心
마치 둥근 달과 같도다	猶如月團團
나는 선적禪寂을 좋아하여	吾生愛禪寂
세속 벼슬을 그만두려 하노니	欲掛紅塵冠
선사禪師의 앉은 자리를 빌려서	借師坐具地
마음의 편안함을 구해 볼거나	庶以求心安[79]

여기에서 조산曹山은 선산 선사의 본고장으로 조산선사曹山禪師를 가리키는 말이다. 조산과 동해가 지척의 사이라는 뜻은 선禪과의 합일을 말하는 것으로 불교에서의 깨달음의 경지가 마음에 있음을 말하는 것이다. 여기서 마음을 온전히 둥글게 함은 나를 이기고 예로 돌아감으로써(극기복례克己復禮)[80] '선사의 앉은 자리를 빌려서 마음의 편안함을 구해 보는 것'

79. 牧隱詩藁』卷3,「題曹山禪師詩卷」

80.『牧隱文藁』卷6,「平心堂記」: 三品之說 所由起也 聖人愚矣 入敎以明倫 克己以復禮 於是 上下四方 均齊方正矣 此悟說也

이다. 이것은 불자와의 대화에서도 무애無碍하다는 것으로 선적禪寂을 좋아하여 '안심安心'의 경지를 느끼는 것이다. 이렇게 목은은 불·선 사이에서 유학의 천리자연을 실행해 간다. 한편 깨달음은 관찰에서 오는 것이 아니라 체험에서 오는 것이라는 것이다.

> 우리 유가에서 격물·치지·성의·정심을 통하여 수신 제가 치국 평천하를 이룬다고 한다면, 불가에서는 징념澄念과 지관止觀을 통하여 (우리의) 본원인 자성自性이 천진불天眞佛임을 깨달아, 인간을 생사의 고해에서 사람들을 제도하여 적멸寂滅(열반涅槃)에 돌아가게끔 하니, 둘 사이에 과연 무슨 차이가 있겠는가.[81]

여기에서 목은은 유교의 격물格物·치지致知·성의誠意·정심正心을 통하여 수신修身 제가齊家 치국治國 평천하平天下를 이루는 점과 불가의 징념澄念과 지관止觀을 통하여 천진불天眞佛을 깨닫는 점이 차이가 없다고 한다. 인간의 자성自性은 천진불이다. 법장法藏은 "자성은 청정하여 원명圓明한 체體이네."[82]라고 말하는데, 이것은 바로 여래장如來藏 속에 있는 법성法性의 체로서 원래부터 성性 자체로 만족하여 더러운 곳에 있더라도 더러워지지 않고 수행에 의해서도 깨끗해지는 것이 아니기 때문에 '자성청정自性淸淨'이라 한다고 하였다. 또 이 성체性體는 이 세상을 두루 비치며 아무리 그윽한 곳이라도 밝히지 않음이 없기 때문에 '원명圓明'이라 말한다고 하였다. 이것은 더러워지지도 않고(불구不垢), 깨끗해지지도 않으며 (부정不淨), 증가하지도 않고(부증不增), 감소하지도 않는다(불멸不減). 이것은 드러나지 않음(은隱)과 드러남(현顯)의 다름은 있다 하더라도 차별의

81. 『牧隱文稿』 卷3, 「澄泉軒記」 : 吾儒 以格致誠正 而致齊乎 則釋氏之澄念止觀 以見本源自性天眞 佛度人於生死渡浪 而歸之寂滅 豈有異哉

82. 『修華嚴奧旨妄盡還源觀』 : 自性淸淨圓明體

상이함은 없다고 하였다.[83] 따라서 목은이 말한 우리의 본원인 자성이 천진불임을 깨달음은 정심正心을 통하여 자신의 사랑이 모든 사람에게 퍼져 온 세계의 평화를 지향하는 것이다. 또한 징념과 지관을 통하여 자족自足하는 것이다. 자족이란 자신이 누군지를 알아 충만감을 느껴 기쁨을 체험함으로써 열반涅槃에 돌아가 죽음조차도 평온으로 받아들이게 되는 것을 말한다. 목은은 이것은 유가이든 불가이든 그 어떤 종교라도 차이가 없다고 말하고 있는 것이다. 이렇듯 그는 현실 안에서 비관하지 않는 자연관으로 불교와의 융화를 시도하고 있는 것이다.

이러한 점으로 인하여 고려 말 목은의 사상을 비판하는 사람들로 부터 "유종儒宗으로서 부처에 아첨하여 사람들의 심술을 무너뜨리고 풍속을 패란敗亂시켰다."는 말을 듣게 되었다. 또 『고려사』에 있는 목은의 「열전」에서는 "불법을 숭신하여 세상에 기롱譏弄한 바 되었다."[84]는 기록까지 있다. 조선조에 와서는 그가 숭불론자인가 아니면 배불론자인가 라고 하는 시비론적 논란을 일삼기도 하였다. 예를 들어 소산小山 이광정李光靖은 목은에 대한 많은 역사적 사료를 모아서 목은이 숭불론자가 아니라는 고증을 들면서 『려사변무록麗史辨誣錄』[85]을 쓰고 있을 정도로 사료비판에 많은 괴리도 있었다. 외적 형식에 구애받는 사람들의 경솔한 이분법은 개체의 현상에만 집착하는 잘못을 저지르고 있는 것이다. 목은은 「관물재찬觀物齋讚」에서 다음과 같이 말한다.

> 만물을 관찰함에는 각기 방법이 있다. 만물에 깃든 특유의 법칙을 유의하여야한다. 현상만 말하면 너무 얕아 환쟁이의 단청과 같아져버릴 수도 있

83. 法藏, 『修華嚴奧旨妄盡還源觀』 石峻 · 樓宇烈 · 方立天 · 許抗生 · 樂壽明編, 『中國佛敎思想資料選編』 제2권 · 제2책, 北京, 新華書店, 1989, 98~99쪽

84. 『高麗史』 卷115 「列傳」 卷第28, 李穡傳.

85. 『麗史辨誣錄』, 回想社, 1997.

고 본체만 말하면 너무 높아 이단의 허무적멸에 빠질 수도 있는 법이니, 두 개를 분리해서 다르게 보기 시작하면 내 안에 깃든 하늘의 덕을 잃을 것이다[86].

이것은 한 쪽만을 보지 말고 전체를 보아야 한다고 말하는 것이다. 여기에서 유학의 넓이와 깊이를 가늠하여 유학의 진면목을 체인하면 오늘날 종교전쟁 등의 대안을 찾을 수 있다하겠다.

이를테면 그의 시 「신좌晨坐」에서 의관을 정제하고 『주역』을 읽기 위해 방안을 소제하고 다시 향을 사르는 행위는 홀로 있음에도 공경하고 두려워하는 것으로 그 모두가 자연과 하나가 되는 경지인 것이다.

약간의 어두움에 새벽빛이 어두운데	輕陰迷曉色
아침 해는 찬 빛을 희롱하누나	初日弄寒光
청명한 야기는 실낱처럼 가늘고	夜氣微如縷
천지조화는 우주를 포괄한다.	天機括似囊
의관 정제하고 『주역』을 읽기 위해	整冠將讀易
방을 소제하고 다시 향을 사르노니	掃地更焚香
다만 이 아무도 없는 곳에	只此無人處
흥미가 하염없이 진진하구나	悠然興味長[87]

여기서의 "새벽빛이 어두운데 아침 해는 찬 빛을 희롱한다."는 말에서 그는 삶이 긍정으로 향하게 하고자 하는 간절함을 드러낸다. 천지조화, 즉 천리의 화육과 유행을 깊이 체현하기 위해, 홀로 있음에도 삼가 의관을

86. 『牧隱文藁』 卷12, 「觀物齋讚」 : 觀物有術 有物有則 以言乎跡則其淺也或同於繪事之丹青 以言乎理則其高也或入於異端之昏默 惟其二之 喪我天德

87. 『牧隱詩藁』 卷3, 「晨坐」.

정제하고 『주역』을 읽고 있는 것이다. 이처럼 부단히 노력하여 충만감을 느껴 기쁨을 체험함으로 자족하여 흥미가 하염없이 진진하다는 것이다.

우리는 다시 「장성현백암사쌍계루기문長城縣白巖寺雙溪樓記文」에서 쌍계루의 두 갈래의 흐름을 볼 수 있다. 시내 이 두개의 흐름은 하나가 되어 만나는 자리에 누각이 있다. 스님이 이전에 정도전鄭道傳이 지은 그 사찰의 기문을 자료로 보여 주었다.

> 사찰의 내력은 상세히 기술하고 있었으나 정도전은 시내는 어떠하며 누각이 어떠한지에 대해서는 모두 생략하고 써 넣지 않았으므로, 대개 누각의 이름을 짓기가 어려웠다.[88]

우리는 여기에서 정도전은 두 개의 계곡이 함께 만나서 그 누각에서 하나 되고 다시 나누워지는 그 깊은 뜻을 알지 못하였음 알 수 있겠다. 두 시내가 누각에서 하나 된 것은 실로 보기 드문 승경勝景임을 아래 글에서 잘 표현하고 있다.

> 사찰이 두 개의 시냇물 사이에 위치하고 있는데, 그 물은 바로 사찰의 남쪽에서 합류하고 있다. 그 물의 근원을 살펴보건대, 하나는 동쪽으로 가까이 있고 하나는 서쪽으로 멀리 떨어져 있기 때문에 형세 상으로는 크고 작은 흐름의 차이를 보이고 있었으나, 각자 한군데로 합쳐져서 못을 이룬 다음에 똑같이 산을 나와 흘러가고 있었다. 그런데 사찰의 사면을 에워싼 산들이 모두 높고 가파르기만 해서, 찌는 듯이 더운 여름철에도 더위를 피해 시원한 바람을 쐴 곳이 없었기 때문에, 두 물이 합류하는 곳에다 터를 정하고 누각을 세우게 되었는데, 왼쪽 시냇물 위에 걸터앉아서 오른쪽

88. 『牧隱文稿』 卷3, 「長城縣白巖寺雙溪樓記」 : 且以三峰鄭氏記 相示 寺之故 詳矣 而 溪之爲溪 樓之爲樓 皆略之 而不書 皆難乎命其名矣於是

시냇물을 아래로 굽어보고 있노라면, 누각의 그림자와 물빛이 위아래에서 서로 비춰 주는 등, 실로 보기 드문 승경을 이루고 있다.[89]

여기에서 쌍계의 의미는 두 가닥의 물줄기가 만나는 곳을 뜻한다. 그 두 물줄기 사이에 절이 있음은 두 물이 합하는 자리에 사원을 지었으니 마치 두 사상의 연원淵源이 만남을 뜻하는 것이다. 다시 말해서 동은 가깝고 서는 멀게 대소의 상등대相等對[90]가 있으나 동서가 융합하여 그 연원을 이룬다. 사면에 있는 산과 절의 깊고 높은 뜻은 하나로 만나는데, 이 뜻을 그림으로 그려보면, 두 물이 합류하는 곳에다 터를 정하고, 누각을 세운 형상이 될 것이다. 좌측의 물 흐름에서 우측의 물 흐름을 걸터앉아 굽어보며, 그 참된 절의 의미를 찾아보노라면 그 참절과 비치는 그림자는 접전으로 똑같다. 절과 물이 떨어져 있지만, 물빛이 위아래에서 서로 비춰줌은 실은 상하 상통하니, 절과 물에 비치는 절 그림자는 일체가 된다. "혁혁한 이 마음은 모두 천지와 똑같다."[91] 다시 말하면 생기게 하는 것과 생긴 것이 동일한 것이니, 실로 보기 드문 승경을 이루고 있는 것이다. 두 물이 하나로 융합하는 곳에 절이 있어 상하 상통한다 하니, 이처럼 천지의 마음이 곧 내 마음임[92]을 알게 된다는 뜻으로 이해한다. 목은은 계곡의 흐름의 두 줄기가 합수하는 곳에 절이 있는 것은 유선儒仙의 융화이며, 유불의 융화이다. 여기에서 또한 불佛 · 선仙 사이에서 유학의 본령을 보고 있는 것이다. 이러한 승경은 실로 보기 드물다는 의미에서 목은이 "혼연히 하나가 되는

89. 『牧隱文稿』 卷10, 「長城縣白巖寺雙溪樓記」 : 寺在二水間 而水合于寺之源 東近而西遠 故其勢 有大小焉 然合而爲淵然後 出山而去 寺四面山 皆高峻 夏蒸溽無所納凉 是以據二水合流之處 有樓焉 跨左水 俯右水 樓影水 光上下相涵實爲勝覽矣

90. 상등대의 관계는 꽃 한 송이와 그 꽃의 한 잎사귀가 하나인 것 같은 관계로 드러나는 융해적 표현이다.

91. 『牧隱詩稿』 卷17, 「短歌行」 : 方寸赫赫同乾坤

92. 『牧隱文藁』 卷10, 「子復說」 : 復其見天地之心 天地之心 卽人之心也

시기는 언제나 적고 분열되는 시기는 언제나 많다."[93]라고 말한 뜻을 이해할 수 있다.

다음의 시귀에서 목은의 유불儒佛 혼융에 관한 의식으로 천리본연의 자취를 체감할 수가 있다.

서로 찾다가 혹시 서로 멀어질까 두려워	相尋直恐或相疎
연못가를 마주하여 집을 지으려고 하노니	欲向池邊對結廬
바람에 실려 향기 다가오면 상쾌하고 시원하니	風定聞香應灑落
달 밝아서 그림자 보면 또 운치가 있으리	月明看影更紆餘
원공 무숙(주돈이)은 오도를 밝혔거니와	元公茂叔明吾道
지자 선사는 불경을 부연 설법했다네[94]	智者禪師演佛書
다행히 이 마음도 일찍이 속된 적 없거니	幸是此心曾不俗
어찌 성색이 내 처음 옷[95] 더럽히려 하랴	敎聲色累吾初[96]

여기서 "주돈이는 오도吾道를 밝혔거니"라는 구절과 "지자선사는 불경을 부연 설법했다네"라는 구절을 나란히 열거하고 있다. 여기에서도 유불의 혼륜의 계기가 보인다. 그리고 그가 지향하는 곳은 천리본연의 중이라고 할 것이다. 목은은 "물아일심物我一心 고금일리古今一理"를 그의 발원단본처로 삼고, 불교의 중관中觀을 중심으로 그 중이 가지는 의미와 만나는 동시에 그의 불교적 사상의 근원은 "일심一心으로 이문二門을 연다."

93. 『牧隱文稿』 卷1, 「流沙亭記」 : 然混一常少 兩分裂常多

94. 智者는 天台禪師 智顗의 호인데, 그는 天台宗의 개조로서 맨 처음 天台山에 들어가 『妙法蓮華經』을 중심으로 불교를 통일하여 천태종을 완성하고 『묘법연화경』을 강설하였으므로 이른 말이다.

95. 『楚辭』 離騷 : 進不入以離尤兮 退將復修吾初服 製芰荷以爲衣兮 集芙蓉以爲裳

96. 『牧隱詩稿』, 「再賦廣濟蓮池」.

는 말과 같이 중도中道적 구조를 가진다고 할 수 있다. 여기에서 일심은 일리一理라는 의미와 상통하는 것이다. 이러한 점에서도 유불선의 혼륜의 계기를 살필 수 있다. 목은의 이러한 형체에 구애됨이 없는 그의 광활한 달관의 경지를 다음에서 엿볼 수 있다.

백씨는 불법을 닦아 도가 매우 깊어져서	伯氏梵學餐道腴
당에 올라 설법하여 황도를 경도시키고	升堂說法傾皇都
숙씨는 총각으로 시서를 근면히 익혀서	叔氏總角敦詩書
등과하여 군수가 되고 재주도 넉넉하니	登科作郡才有餘
바야흐로 공자와 석가가 친히 안아다 준	方知孔釋親抱送
선림의 사자요 유림의 봉황임을 알겠네	禪林獅子儒林鳳
다만 슬픈 건 도가 같지 않아서	所嗟道不同
출처를 서로 따르기 어려움일세	出處難追踪
서풍이 마구 불어 기러기 행렬 끊겼으니	西風橫吹鴈行斷
만리 푸른 구름이 어디에서 다시 만날까	萬里碧雲何處逢
형화의 맺힌 시름은 저녁의 엷은 연기이요	荊花結愁紫煙夕[97]

여기서 목은은 선림禪林의 사자와 유림儒林의 봉황을 함께 말하고, 그러나 불가와 유가의 도는 같지가 않아서 출처를 따르기가 어렵다고 말하고 있다. 여기서 "형화의 맺힌 시름은 저녁의 엷은 연기이다."의 형화荊花는 자형화의 준말이다. 옛날 전진田眞의 세 형제가 모든 재산을 공평하게 서로 나누고 오직 당전의 자형수 한 그루만 남았으므로, 세 형제가 함께 의논하여 다음날에 이것마저 쪼개서 나누기로 하였는데, 다음날 자형수를 베려고 가보니 자형수가 마치 불에 탄 것처럼 말라 죽어 있었다. 그러

97. 『牧隱詩藁』 卷3, 「惜別歌」.

자 세 형제가 서로 크게 뉘우치고 나무를 베지 않으니, 그 나무가 금방 다시 살아났다는 고사에서 온 말로, 형제가 서로 헤어지는 것을 비유한 말이다. 전진의 세 형제를 유불선의 형체로 생각하고 이 글을 본다면, 그 세형제가 자형수를 쪼개어 나누어 갖자는 것을 크게 뉘우치니 시든 나무가 다시 살아났다. 그러나 자형수을 쪼개 세 형제가 나누기 갖고자 하니 불에 탄 것처럼 말라 죽어있으니, 목은의 느낌은 시름으로 자욱하다는 것으로 이해된다. 목은은 「기삼봉寄三峯」에서 "나는 유자로서 일찍이 명命을 알았고 불교를 배워서 육신도 잊게 되었다."[98] 고 말하여, 유불의 관계를 꽃 한 송이와 그 꽃의 한 잎사귀가 하나인 것 같은 상등대의 관계로 이해하여 유불을 융화적으로 회통시키고 있는 것이다.

98. 『牧隱詩藁』 卷35, 「寄三峯」: 爲儒早知命 學佛又忘身

6
도학의 중용적 실천

도학道學과 중정의식中正意識

도학의 도는 유교의 도로서 공자가 추구하는 인간의 도를 의미란다. 사람의 일상생활 속에서 반드시 따라가야 할 인간의 도리로 구체적인 생활 자체를 떠나서는 의미가 없는 것이다. 인간은 인간의 도리를 다하기 위하여 최선의 노력을 다해야 한다. 이에 이치를 궁구하고 마음을 바르게 하여 사회에 정도를 구현하려는 실천이 이루어질 때 올바른 도가 실현되어 만사만물이 정중正中될 수 있는 것이라 하겠다. 도학은 유학의 기본정신인 내성외왕內聖外王의 도를 말하며, 천리天理와 합일되는 경지이다. 인도人道는 천리를 그 중심에서 확보하고 있으면서 천리를 실현할 수 있는 주체로서의 인도이며, 이것은 천도에 근거하여 성립되고 천도는 인도에 의해 실현된다. 따라서 도학은 인간의 구체적인 현실에서 올바르고 마땅한 삶을 추구하는 의리학이며, 정의와 진리를 위해 생명까지 버리는 종교성을 포함하고 있다.[1] 이를테면 도학은 본래 인간의 윤리적 내면성을 밝히는 데 그 본질이 있으므로 인간의 도리를 다하는 것이 곧 도학이다[2]라고 하여, 인륜에 대한 사실판단으로서의 객관적 진리와 가치판단으로서의 규범적 지식을 올바르게 인식하여 참된 인격을 수양하여, 사회에 사랑과 정의를 구현하려는 실천적 학문이다.[3]

도학과 성리학의 구별은 사변적인 것과 천이踐履적인 차이가 있다고 할 수 있다. 다시 말하면 도학자들은 자신의 내면의 성실성으로 '무자기毋自欺'하는 마음가짐과 수신修身의 대법으로 『소학』에서 제시하고 있는 몸가짐을 아울러 중시하는 것이다. 학문의 진위眞僞보다는 실천의 성위誠僞를 문제 삼아 득도得道보다는 행도行道를 중시한다.[4]

목은의 사상적 경향과 특색은 정중正中의 실천의식에 있다. 이러한 정중의식은 허형의 『소학』 중시의 학풍을 계승하여 인간의 심성을 수양하는 실천의식인 것이다. 목은은 수양실천방법으로 천리를 보존하고 인욕을 막아 중화를 이루어야 한다고 아래 글에서 중화의식을 강조하고 있다.

> 임금을 섬기고 어버이를 섬기는 것과 자신의 행동을 다스리고 외물에 응하는 일은 중화일 따름이다. 중화를 이루려고 하면 계구와 신독으로부터 시작해야 한다. 계구는 무엇인가 하면 천리를 보존하는 것이다. 신독은 무엇 인가하면 인욕을 막는 것이다. 천리를 보존하고 인욕을 막아 모두가 지극한 경지에 이르게 되면 성학도 여기에서 마칠 것이다. 대순大舜과 주공은 그 지극한 경지를 이룬 분들이나, 유하혜와 자막은 하나의 편벽함에 치우친 사람들이다.[5]

1. 오석원, 「19세기 한국도학파의 의리사상에 관한 연구」, 성대 박사논문, 1992, 7쪽.
2. 『율곡전서』 卷2, 「語錄上」 : 道學本在人倫之內 故於人倫盡其理 則是乃道學也
3. 오석원, 『한국도학파의 의리사상』, 성균관대출판부, 2005, 224쪽.
4. 서경요, 『한국유교지성론』, 성균관대출판부, 2003. 116쪽.
5. 『牧隱文藁』 卷10, 「伯中說贈李壯元別」 : 是則事君事親 行己應物 中和而已 欲致中和 自戒愼始 戒惧之何 存天理也 愼獨焉何 遏人欲也 存天理 遏人欲 皆至其極 聖學斯畢矣 大舜也周公也 能致其極者也 下惠也子莫也 一於偏者也

이와 같이 목은은 임금을 섬기고 어버이를 섬기는 것과 자신의 행동을 다스리고 외물에 응하는 일 모두를 오직 중화中和에 입각해서 해야 한다고 말하고 있다. 마음속에 내재해 있는 사단四端을 확충하는 것이 천리를 보존하는 것이며, 그것이 바로 계신공부이다. 인욕人慾을 막는 것은 신독공부인 것이다. 사단을 확충하는 방법으로 제시된 계신공부는 성誠을 실천하는 것이고, 인욕을 막는 방법으로 제시된 신독공부는 마음을 경건하게 유지하는 것이다. 바로 보이지 않고 듣지 않은 곳에서라도 두려움을 가지고 조심하는 일이며 행동을 취함에 이에 합당한가를 신중히 살펴 옳은 길로 나아가는 것이다. 이를테면 숨기는 것보다 더 드러나는 것이 없으며 은미한 것보다 더 나타나는 것이 없으니 이런 까닭에 군자는 자기 혼자 있을 때 즉 남이 보지 않는 곳에서도 경계하고 조심해야 하며, 남이 듣지 않는 곳에서도 걱정하고 두려워하여 생각이나 행동하는 것을 삼가는 것이다.[6] 그는 이러한 수양방법이 모두 중화의식을 바탕으로 이루어져야 한다는 것이다. 다시 말하면 충효를 실천하고 자신의 행동을 다스리고 외물에 응하는 일 모두는 성誠을 그 본성으로 하고 있다. 중용사상에 의하면 성誠은 윤리도덕일체의 연원이기 때문에 성誠으로 행위를 할 때 그 결과는 자연의 도에 합당하게 될 것이다. 성誠은 천도이면서 인도로 오직 중화를 이루는 것이다. "중화中和를 이루면 하늘과 땅이 제자리로 돌아가고 만물이 제대로 길러진다."[7]하였다. 만약 중화와 치성致誠이 각각 별개의 것이라면 성誠의 덕이라고 할 하늘과 땅이 제자리로 돌아가고 만물이 제대로 길러지는 일은 도저히 완수할 수 없기 때문이다. 그러므로 성誠과 중화中和를 동일 개념으로 인정하는 것으로 중中이나 화和나 그 근본에 있어

6. 『中庸章句』 1章 : 君子戒愼乎其所不睹 恐懼乎其所不聞 莫見乎隱 莫顯乎微 故君子愼其獨也

7. 『중용장구』 제1장

서는 성誠을 가리키는 것이다. 이는 곧 실천도덕의 목적이 된다. 성誠을 이룩함은 인도人道를 행하는 것이며 중화를 이룩함은 바로 인도를 행하는 것과 일치하는 일이다. 인도를 행하는 데 반드시 중정中正으로서 움직이면 중화가 이루어지는 것이다.

목은은 공문심법의 정일精一공부를 성문심학의 주일主一 공부로 달리 표현하고 있다.

성문의 심학이 헛되이 전해졌겠는가	聖門心學肯虛傳,
주일공부는 마치 좌선과도 같다네	主一功夫似坐禪
분명하고, 밝다 해서 지극한 게 아니요	了了明明非是極
어둡고 말 없는 것 역시 치우친 것이라 말하네	昏昏黙黙亦云偏
벌이 머물며 개미가 모여 사는 땅이 없는 듯하고	蜂屯蟻聚如無地
물고기 뛰고 소리개 나는데 절로 하늘이 있고	魚躍鳶飛自有天
취하고 버리는 것이 손바닥 보는 것 같은데	取捨由來視諸掌
어찌하여 사욕이 괴로이 얽어매는가	奈何私欲苦纏綿[8]

여기서 목은은 성문심학을 도학으로 보고 주일공부의 중요성을 말한다. 이른바 공문심법孔門心法의 정일精一함은 중中개념의 실천방법론이며, 주일主一함은 경敬개념의 실천이라고 할 것이다. 이를테면 물고기 물에서 뛰고 소리개가 하늘에서 절로 나는 것과 같이 사욕이 없이 정일精一하게 자신의 삶을 살아가야한다고 말하는 것이다.

주일하는 공부가 없다면 모두 자기의 사물이 아니며, 주일의 공부가 있으면 외면의 허다한 의리가 비로소 나에게 있게 되며, 모두 자기의 물物과

8. 『牧隱詩藁』 卷21. 「有感」.

사事가 되는 것이다.[9]

주일하는 공부가 없다면 자아와 만물이 하나가 되지를 못하여, 이른바 마음이 있지 않으면 보아도 보지 못하고 들어도 듣지 못하며 먹어도 그 맛을 알지 못한다.[10] 만물의 궁리는 주일로써 함양해야 그 이치를 제대로 궁구할 수 있다. 주희는 거경공부와 궁리공부를 학자의 두 가지 일로 제시하며, 이는 "마치 사람의 두 발과 같아서 왼쪽발이 나가면 오른쪽 발이 멈추고 오른쪽 발이 나가면 왼발이 멈추는 것과 같다. … 그 실은 하나의 일에 지나지 않는다."[11]고 한다. 이와 같이 걸음걸이가 좌우로 교차하지만 그 지향하는 그 움직임에 있어서는 하나라고 하여 '주일처'를 설명하고 있다. 이 '주일'이 성기成己하면 능히 성물成物할 수 있다. 『대학』의 팔조목 가운데 격물格物·치지致知·성의誠意·정심正心은 성기成己하는 공부이고, 수신·제가·치국·평천하는 성물成物하는 공부이다. 목은은 격치성정格致誠正을 통하여 수제치평修齊治平을 이루는 것[12]이 바로 주일 공부라고 말한다.

위에서 "벌이 머물며 개미가 모여 사는 땅이 없는 듯하고, 고기 뛰고 소리개 나는데 절로 하늘이 있다."고 하는 것은 도가 하늘이나 땅에 모두 적용되고 있음을 말하는 것이다. 이렇듯 군자의 도는 모든 사람들의 일상생활과 천지의 모든 원리에 적용되는 것이다. 따라서 성물成物의 물은 가까운 곳을 말하고 가까운 곳으로부터 하는 것이어야 한다고 말하는 것이

9. 『性理大全』 卷43, 「學1」 〈小學〉, 2759쪽 : 方始爲我有 都是 自家物事 工夫到時纔主一

10. 『대학』 제7장.

11. 『朱子語類』 卷9 : 學者工夫, 唯在居敬窮理二事 此二事乎相發 能兢理 則居敬工夫 日益進 能居敬, 則窮理工夫日益密 譬如人之兩足 左足行 則右足止 右足行 則左足止. – 其實 只是一事

12. 『牧隱詩藁』 卷3, 「澄泉軒記」 : 吾儒以格致誠正 而致齊平 則釋氏之澄念止觀

다. 그리고 이 가까움을 『중용』에서는 세처細處로 말하는데, 이 세처를 신독愼獨하고 근행勤行 하고 근언謹言하는 곳이라 한다. 그래서 고인古人은 『소학』과 소사小事 중에 바로 『대학』과 대사大事의 도리가 있는 것이라 하고 그 중에 존하는 것이며 정正은 하나의 배소坏素와 같은 것이라 했다.[13] 이 때 배소는 아직 굽지 않은 질그릇 등을 의미하는 것인데 정을 거쳐 중이 이루어짐을 뜻하며, 『중용』의 세처로서의 『소학』이 지향하는 것이다. 따라서 중과 정이 언제나 지시하는 곳은 주일처이며, 이 주일이 중이며 정이라 할 수 있는 것이다. 목은은 중의 개념을 "이치는 본디 물아物我가 없다."[14]는 관점에서 이름은 비록 다르지만 이치는 하나인 것이라고 설명한다. 격물은 만사에 응하여 만물의 이치를 체인하는 것이며, 치지는 내 마음이 만물의 이치와 만사를 체인하는 것이다. 격물치지는 내 마음이 허령불매虛靈不昧함으로써 가능한 것이다. 격물은 바로 성물成物하는 것이다. 목은은 그의 자제나 제자들에게 『중용』에서 세처細處로 말하는 근언謹言을 당부하고 있다.

> 사람들에게 함부로 말하지 말고, 말을 할 때는 세 번은 생각하고 또 어떠한 자리에서도 한마디라도 경솔히 말하지 말라. 영화와 치욕은 오직 입 놀리는 데에 있다.[15]

또한 그는 모든 행동을 생각하고 행하여 공경함을 오로지 하라고 말한다. 마음가짐과 몸가짐을 제대로 하는 것이 경솔히 하지 않아 주일하는

13. 『性理大全』 卷43, 「學1」 〈小學〉, 2755쪽 : 古人於小學小事中便皆存箇大學大事 底道理在大學只是推將開闊去 何來 小時做底道理存其中正似一個坏素相似

14. 『牧隱詩藁』 卷6, 「自詠三首」 : 理也無物我

15. 『牧隱詩藁』 卷28, 「示諸子」 : 三緘其口愼言人 千載流傳面目新 莫向座中輕一語 樞機榮辱在搖脣

일이라는 것이다. 마음을 오로지 하면, 물은 맑고 하늘이 빛남을 항상 간직할 수 있다고 말하고 있다.

> 군자는 생각해야 할 것이 있으니, 세 번 생각하고 또 반성함이네. 밝고 밝은 마음으로 스스로 천지와 함께 하여야 하네. … 게으르게 행동하여 마음이 텅 비면, 후일에 후회함이 있으리라. 마음을 오로지 하여 경자敬字를 지키면, 물은 맑고 하늘이 빛남을 항상 간직하리라.[16]

또한 목은은, 덕을 세우는 것이 가장 높은 것이요, 그 다음은 공을 세우는 것이요, 또 그 다음은 훌륭한 말을 남기는 것이라고 한다. 이 세 가지는 아무리 오래되어도 없어지지 않으며 이것은 영원히 썩지 않는다고 말한다.

> 입덕立德하기는 하늘에 오르기 같고, 입공立功하자면 내가 이미 늙었네. 입언立言은 전할 만하지 못한데…[17]

이와 같이 목은은 일상사에서의 동정動靜과 어묵語默에 대하여서도 마음을 오로지 하라고 하였다. 또한 신독 · 근행 · 근언을 행하기 어려운 것은 『소학』을 습득하지 않기 때문이라고 하여 일상의 생활습관을 중시한다. 습관을 중시하는 것은 '주일처主一處'로 『소학』과 연관이 있다는 것이다. 사람은 누구나 도덕능력을 가지고 있는데 사람에 따라 나타나는 다양한 차이가 나는 것은 "사람의 본성은 비슷한데, 습관에 따라 서로 달라진다."고 공자는 주일하는 습을 강조하여 말한다.[18]

16. 『牧隱詩藁』 卷15, 「君子有所思」 : 君子有所思 三思又兼三 明明方寸間 自與天地參 … 怠惰中枵然 怠惰當自慚 主一守敬字 水淨川光涵

17. 『牧隱詩藁』 卷25, 「有感一首示伯至廉使」 : 立德如登天 立功吾已衰 立言不足傳

18. 『논어』 「양화」 2

『대학』·『소학』을 나눔은 각각 때를 따름이지만 學分大小各因時
덕을 쌓는 데는 반드시 기초를 알아야 하네 積德須知必有基
「입교」·「명륜」은 우주 안에 가득 차고 立敎明倫彌宇宙
「가언」·「선행」은 세밀히 분석하였네 嘉言善行析毫釐

한산의 늙은 목은은 아비가 되어서 韓山牧老方爲父
중국의 주 문공을 스승으로 삼는 바이라 齊國文公是所師
자손들에게 고하노니 근본을 힘써야 하고 告爾子孫宜務本
조용히 도를 따르고 굽은 길은 따르지 말라 從容中道莫趨崎[19]

목은은 『소학』은 그 규모와 절목이 잘 구비되어 있으므로 자손들에게 근본에 힘쓰고 바른 도를 따르면서 덕을 쌓아야 한다고 일러준다.

전술한바 그는 경공부의 구체적인 수양방법으로 『중용』과 『대학』에서의 계구와 신독을 제시하고 있다.

> 중용의 요체도 계신에 두고 있으니, …… 계구는 한마디로 경이요. …… 경이란 단지 주일무적일 따름이다. 주일은 지키는 바가 있음을 말하고, 무적은 옮겨감이 없는 것을 말한다.[20]

주일무적主一無適함은 지키는 바가 있고 옮겨감이 없는 것이다. 그는 경 공부를 수양방법으로 말하면서, 『중용』의 추뉴樞紐인 계구戒懼는 또한 경이라고 말한다. 그것은 성정性情의 도야陶冶로서 사람이 중정中正의식을

19. 『牧隱詩稿』 卷13, 「睡起聞雞聲偶記初鳴盥櫛之語因念文公小學規模節目之備吟成八句以戒子孫云」

20. 『牧隱文稿』 卷6, 「寂菴記」: 中庸樞紐 在於戒愼 非寂之謂乎 戒愼 敬也 靜定 亦敬也 敬者 主一無適而已矣 主一 有所守也 無適 無所移也 有所守 而無所移 不曰寂 不可也

바탕으로 자신을 바르게 하는 중화中和사상이라 할 것이다.

목은은 '무자기毋自欺'하는 차원에서 충효관념과 중화사상을 다르게 보지 않는다. 그것은 바로 주일무적하는 경공부로서 또한 시중時中이라고 할 수 있다.

> 사람은 태어날 때부터 건순 음양과 오상 오행의 덕을 이미 갖추고 있다. 이것을 이른바 성性이라고 하는데, 이 성 속에 어찌 일찍이 충이니 효니 하는 이름이 따로 있었겠는가. 적연하여 움직이지 않아서 거울처럼 비었고 저울처럼 공평한 것은 바로 성의 전체이니 그 이름을 중이라 하고, 감응하여 마침내 통해져서 구름 가듯 물 흐르듯 하는 것은 바로 성의 대용이니 그 이름을 화和라고 한다. 따라서 중의 전체가 서면 천지가 제자리를 잡아, 화의 대용이 행해짐으로써 만물이 발육한다. 여기에 또 성인이 천지의 화육에 참여하여 찬조한 묘용 덕분에 덕성이 높아지고 인륜이 펼쳐지게 된 것이다. 그리하여 천서天敍(오륜五倫)와 천질天秩(오례五禮)이 찬연히 빛나면서 환히 드러나게 되었으니, 충효나 중화라고 하는 것을 어찌 두 갈래로 나누어서 볼 수가 있겠는가.[21]

도덕수양의 목적은 중화를 이르는 데 있다. 중화를 이룩함은 바로 인도를 행하는 것과 일치하는 일이고, 오달도五達道를 행하는 데 있다. 이를테면 『중용장구』 20장에서는 "오달도는 군신과 부자와 부부와 형제와 벗을 사귀는 다섯 가지가 천하에 두루 통하는 도이다. 이것을 행하는 것은 하나이다." 주희는 이 하나가 성誠이라 하였다. 도덕의 목적은 실질적 방면에서 말하면 성誠을 현실화하는 일이고, 형식적 방면에서 말하면 중화

21. 『牧隱文藁』 卷10, 「伯中說贈李壯元別」: 夫人之生也 具建順五常之德 所謂性也 曷嘗有忠與孝哉 寂然不動 鑑空衡平 性之體也 其名曰中 感而遂通 雲行水流 性之用也 其名曰和 中之體立 則天地位 和之用行 則萬物育 聖人參贊之妙 德性尊 人倫敍 天敍天秩 粲然明白 曰忠曰孝曰中曰和 夫豈異致哉

를 이룩하여 오달도를 행하는데 있는 것이다. 따라서 목은은 위와 같이 충이다, 효다, 중화다, 하는 것을 갈래로 나누어서 볼 수 없다고 한다. 물의 근원은 같은 것처럼 충과 효는 근본이 하나라는 것이다.

> 충성하는 것과 효도하는 것은 본래 일물一物이어서 마치 물은 땅을 따라 흐르지만 모양이 같지 않다."[22]

또한 그는 "집에 효성을 바치고 나라에 충성을 바치려면 장차 무엇을 근본으로 삼아야 하는가?"[23]라는 물음에 중中이라는 한글자로 귀결된다고 답하여 충효역시 근본은 중의 관념이라고 말하고 있다.

> 그 물음이 참으로 크기도 하다. 그러나 그 대답 역시 중中이라는 한 글자로 귀결될 뿐이다. 어버이를 잘 모시는 것을 효라고 이름하고 그것을 임금에게 옮겨 적용하는 것을 충이라고 한다. 이름은 비록 다르다고 할지라도 이치는 하나라고 할 것이다. 이치가 하나라고 하는 것은 곧 이른바 중을 의미한다.[24]

이와 같이 충과 효는 근원적인 이치로는 하나이다. 그 이치는 중中이라고 말한다. 그 중은 부모와 자식을 매개해주는 효 관념이다.

일반적으로 모든 것은 하나라고 하는 것은 끝이 없는 하나의 원으로 통일되는 대원일大圓一사상이라고 할 것이다. 이러한 원융圓融사상은 바

22. 『牧隱詩稿』, 「牧隱先生年譜」, 56世條, 「有誡諸生」: 忠之與孝本一物 如水隨地形不同

23. 『牧隱文藁』 卷10, 「伯中說贈李壯元別」: 願受一言以行 孝於家 忠於國 將何以爲之本乎

24. 『牧隱文藁』 卷10, 「伯中說贈李壯元別」 予曰 大哉問乎 中焉而已矣 善事父母 其名曰孝 移之於君 其名曰忠 名雖殊而理則一 理之一 則所謂中也 何也

로 중의 실천으로 충과 효를 행하는 것으로 풀이할 수 있다. 인간의 삶의 목적은 생명의 기쁨을 체험하는 것이다. 따라서 자식 된 입장에서 충만한 기쁨은 효 덕목의 실천을 통해서 가능하며, 부모된 입장에서 더없는 기쁨은 자애하는 데에서 이루어진다.

> 도는 사물 바깥에 있는 어떤 공허한 것이 아니라 사실 사물과 떨어지지 않으니, 만약 사물에서 떨어지면 도라고 할 것이 없다. 예컨대 '임금과 신하는 의로움이 있다'에서, 의로움은 바로 도체이며 임금과 신하는 기용器用이다, 만약 의로움의 도리를 보려고 하면 반드시 임금과 신하에서 보아야지, 임금과 신하를 벗어난 바깥에 별도로 이른바 의로움이 있다고 할 수 없다. '아버지와 자식은 친함이 있다'에서, 친함은 도체이며 아버지와 자식은 기용이다. 만약 친함의 도리를 보려고 하면 반드시 아버지와 자식에서 보아야지, 아버지와 자식을 벗어난 바깥에 별도로 이른바 친함이 있다고 할 수 없다.[25]

이와 같이 오륜의 덕목을 덕행으로 실천하는 가운데에서 생명의 기쁨을 체험할 수 있는 것이다. 그래서 목은은 효를 천리의 본연으로 파악하는 것이다.

> 효는 대개 천리본연이니 아랫사람을 어루만지는 인仁이나 윗사람을 섬기는 충忠이 여기에서 나오는 것이다.[26]

25. 『性理人全』 卷1, 「太極圖說」 112~113쪽 道非是外事物有箇空虛底 其實不離乎物 若離物則無所謂道 且如君臣有義 義底是道 君臣是器 若要看義底道理 須就君臣上看 不成脫了君臣之外, 別有所謂義 父子有親 親底是道 父子是器 若要看親底道理 須就父子上看 不成脫了父子之外別有所謂親

26. 『牧隱文藁』 卷1, 「眞宗寺記」 孝蓋理本 撫下仁事上忠 皆於是乎出

그는 성정性情의 함양에 있어서도 중정中正의 공부를 해야 한다고 한다.

보는 데 따라 정이 절로 동하나니	觸目情自動
노력하여 그 중도를 구할 것이요	庶以求厥中
창졸간에 중도를 잡기 어려우니	厥中難造次
군자는 의당 공부를 해야 하느니라	君子當用功[27]

귀나 눈 같은 것은 생각할 줄을 몰라서 앞에 나타나는 것에 가려지곤 하니, 보는 데 따라 정이 절로 동하여 중도를 잡기 어려운 것이다. 하지만 마음은 생각할 줄 알아서 생각하면 터득하고 생각하지 못하면 터득하지 못한다.[28] 힘쓰고 힘써 공부하여 마음이 밝고 강해지면 감각이 유혹할 수 없다는 것이다. 공자의 말대로 "사람의 본성은 비슷한 데, 습관에 따라 서로 달라지는 것이다."[29] 그러므로 도덕을 실천하는 능력의 차이는 분명하지만 이 차이는 극복할 수 있다는 것이다.

성경誠敬 중심中心의 수양修養

목은의 중화사상은 성誠공부와 경敬공부를 통한 성인의 도를 실천함을 중시하고 있다. 그가 말하는 성 관념은 수양을 통한 실천을 의미한다.

> 천하에서 비근하면서도 고원한 것을 찾아본다면 안으로는 성誠이 바로 그것이고, 밖으로는 양陽이 바로 그것이라고 할 것이다. 그런데 저 성으

27. 『牧隱文藁』 卷8, 「有感」.

28. 『맹자』, 「고자상」 15.

29. 『논어』 「양화」 2

로 말하면 오직 군자의 덕이 갖추어진 뒤에야 실천할 수 있는 반면에 이양으로 말하면 아무리 어리석은 사람들이라도 모두 알고 있는 바라고 하겠다. 말하자면 태양의 봄날에는 따뜻하게 해 주고 여름에는 겁이 나게 했다가 가을에는 바짝 말려주고 겨울에는 다시 온기를 느끼게 해주는 것이 바로 그것인데, 이렇게 해서 한 해의 모든 일이 제대로 이루어져서 백성들이 삶을 영위할 수 있게 된다고 하겠다.[30]

이 글에서 보면 목은은 도의 경지를 양陽으로 본다면 도에 이르기 위한 공부는 성誠으로 말하여, 성誠사상의 실천을 중도의 경지에 이르는 것으로 파악하고 있음을 알 수 있다. 그리하여 그 사이에 각양각색의 형태로 존재하는 만물 모두가 빠짐없이 자신의 자태를 드러내 보여 주기 때문에, "솔개가 하늘에서 날고 물고기가 연못에서 뛰논다."고 한 시는, 양의 도는 발현하여 바로 위와 아래에서 모든 만물이 자신의 존재를 드러내고 있는 것을 말한 것이다.[31] 따라서 삼라만상은 성誠 아닌 것이 없으니, 사람도 성을 실천해야 하는 것이다. 그럼에도 불구하고 이를 보고서도 제대로 아는 자는 매우 적기만 하다고 말한다.

공자는 천시에 순응하여 천을 닮아가는 자신의 성실성을 일찍이 "내가 너희들에게 숨기는 것이 있다고 생각하느냐? 나는 너희들에게 숨기는 것이 하나도 없다."[32]고 말하여 드러냈다.

30. 『牧隱文藁』 卷3, 「陽村記」 : 天下之近而又遠者 求之內曰 誠求之外曰陽 誠惟君子然後 踐之 若夫陽也 愚夫愚婦之所共知也 春而溫 夏而可畏秋而燥 冬而復乎溫 歲功得以成民生得以遂 近竊自謂 聖人之化成人材也 亦如此 詩書禮樂之敎 皆所以順乎天時矣 而仲尼則嘗曰 以我爲隱乎 吾無隱乎爾 盖仲尼 猶天地也 猶日月也 廣大而無所不包 代明而無所不照 物乎其間者 形形色色 呈露靡遺 故曰鳶飛戾天 魚躍于淵 言其上下察也 尙何幽隱之有哉

31. 『牧隱文藁』 卷3, 「陽村記」 : 廣大而無所不包 代明而無所不照 物乎其間者 形形色色 呈露靡遺 故曰鳶飛戾天 魚躍于淵 言其上下察也尙何幽隱之有哉

32. 『論語』, 「述而」 23 : 二三子 以我爲隱乎 吾無隱乎爾 吾無行而不與二三子者 是丘也.

중니가 자신을 따라 노니는 3000명의 제자와 서둘러 닮아가려는 70인의 사이에서 천지의 역할을 하고 일월의 역할을 한 것은 모두가 양의 도를 발현하여 분명히 드러내 밝혀 준 것이다. 그럼에도 불구하고 이를 보고서도 제대로 아는 자는 매우 적기만 하였다. 그런 가운데에서도 증자와 자사가 다행히 저서를 남겨 오늘에 이르렀지만 그것도 렴락濂洛의 학설이 행해진 뒤에 학자들이 그 책을 읽고 나서 비로소 천지에서 노닐고 중니의 일월을 보는 것처럼 되었다. 그리하여 진·한 이래로 그늘이 가려지고 막혀서 통하지 않은 나머지 흐릿하게 잘 보이지 않아 거의 귀신이나 물 여우처럼 되어 있었던 것들[33]이 이제 와서는 마치 맑은 바람이 홀연히 일어나 흔적 하나 남기지 않고 휩쓸어 버린 것처럼 명쾌하게 되었으니, 이 얼마나 통쾌한 일인가[34]

여기서 목은은 성문심학의 도통을 증자 자사 주돈이로 계승되었다고 말한다. 이것은 바로 그 성현의 도통이 성誠사상으로 이어지는 것을 말하는 것이다. 다시 말하면 증자가 지은 『대학』에서의 성의誠意와 자사가 지은 『중용』에서의 지성至誠이 주돈이와 소옹邵雍에서의 성誠사상으로 이어진다는 것이다.

학자들이 그 책을 읽는 것은 중도에 이르기 위한 공부며, 또 공자의 천지에서 노닐고 공자의 일월을 보는 것도 중도의 경지에 도달하기 위한 것이다. 이 두 가지는 자연의 도를 실현한 공자의 도통이 명쾌하게 이어

程子曰 聖人之道猶天然. 呂氏曰 聖人體道無隱 與天象昭然 莫非至教 常以示人 而人自不察

33. 『詩經』, 「小雅」, 〈何人斯〉: 爲鬼爲則不可得

34. 『牧隱文藁』 卷3, 「陽村記」: 嗟夫仲尼 爲天地 爲日月 於從游三千 速肖七十之間者 皆陽道之發見昭著者也 而見而知之者 甚寡 曾子子思 幸而着書 至於今日 濂洛之說行然後學者讀其書 如游仲尼之天地 如見仲尼之日月 秦漢以來 陰翳否塞 泯泯昏昏 幾於鬼역者 如淸風之興 而掃之無跡 何其快哉

지는 것을 말해주고 있다. 자연의 도는 바로 성인의 도이다. 자연의 도는 화기가 유행하여 요순시대의 기상과도 다를 바가 없으므로 인간과 자연의 조화가 이루어지는 것이다. 그러나 인간과 자연이 하나가 되어 양도陽道를 발현하여 그 중도의 경지를 아는 사람이 아주 드물다는 것이다. 따라서 "성인(군자)이 되려면 마땅히 어떻게 해야 하겠는가? 반드시 성誠으로부터 시작해야 할 것이다."[35] 라고 말하여 성誠사상을 성문심학의 요체로 삼고 있는 것이다. 다시 말하면 목은이 말하는 공자의 도통은 바로 자연의 도인 천도와 인도를 매개해주는 성誠사상이다. 성誠의 도는 다니는 곳마다 해와 달은 있는 것처럼 언제 어디서나 있는 것이다.' 그러나 그 도를 아는 자가 드물고 익히 행하면서도 자세히 살피지 못한다고 하는 말에 대하여 목은은 다음과 같이 말하고 있다.

> 중지仲至의 지至라는 글자 속에는 두 개의 뜻이 들어 있다. 도의 차원에서 말한다면 끝까지 도달한 그 경지를 뜻하고, 사람의 입장에서 말한다면 그 경지까지 도달하기 위한 공부를 뜻한다. 도의 큰 근원은 하늘에서 나오는 것이다. 그리하여 일반 백성들의 일상생활 속에 속속들이 배어들고, 성현의 공업功業과 교화 가운데에 뚜렷이 그 모습을 드러내면서, 시서詩書와 예악禮樂으로 질서 정연하게 펼쳐지고, 전장典章과 문물文物로 찬란히 빛나게 되기에 이른 것이다. 이렇게 본다면 이른바 윤리라고 하는 것도 어찌 일월을 높이 치켜들고 다니는 것과 같다고 해야 하지 않겠는가.[36]

35. 『牧隱文藁』卷3, 「陽村記」: 而益勉之哉 勉之當如何. 必自誠始

36. 『牧隱文藁』卷10, 「仲至說」: 夫至者吾所望也 而道之云遠將竭吾力 而吾未敢必 將畫吾進 而吾未之忍 然由之而鮮知 習矣而不察 吾儕之謂也 願先生 明以敎我 倫將書紳焉 子曰 至有二義 以道言 所至之地也 以人言 能至之功也 夫道之大原 出於天 而倫於民生日用之間 箸於聖賢功化之表 詩書禮樂之秩然 典章文物之燦然 則所謂倫理者 豈不如揭日月而行哉

여기에서 지至자의 의미를 도는 하늘로부터 나온다고 말하여 도의 경지에 이르는 것과 그 경지까지 도달하기 위한 것으로 파악하여 설명한다. 이것이 『중용』에서 말하는 "하늘의 도는 성誠이며 사람의 도는 성지誠之"[37]라 하는 말과 같이 도의 경지와 도의 경지까지 도달하기 위한 공부를 말하는 것이다. 도의 큰 근원은 하늘에서 나오는 것으로 일반 백성들의 일상생활 속에 속속들이 배어들고 도가 밝게 드러나는 것은 성현의 공화功化에 있고 시서예악으로 질서 정연하게 나타나고 전장문물에 찬연하게 드러난다는 것이다. 그러므로 시서예악의 내용을 성실히 실천하여 도의 경지까지 도달하기 위한 공부를 힘쓰고 힘써야 하는 것이다. 또한 사람들이 윤리를 실천하는 이륜彛倫 역시 하늘에서 나온 것이다. 이륜은 진실 된 도리로써 해와 달 아래에서 행해져야하는 것이다. 다시 말하면 다니는 곳마다 해와 달이 있는 것처럼 언제 어디서나 인륜을 행하는 것은 곧 천도를 행하는 것과 같다는 것이다.

공자의 제자들은 한 달에 한번이나 하루에 한 번 정도 인의 경지에 이르는 경우가 대부분이었다. 그런 가운데에서 유독 안씨顔氏와 증자만이 그 종지를 얻고 나서, 공자와 같은 경지에 도달하기 위한 방법을 추구하며 공부하였다. 그리하여 위연喟然히 탄식하게 되었는가 하면 일관一貫의 말씀에 곧바로 '네'라는 대답을 자연스럽게 하게 되면서[38] 공자의 경지가 완연히 눈앞에 보이는 듯하였을 것이니, 비록 그들이 그런 경지에 이르지 못했다고 말하는 사람이 있다 할지라도, 나는 그 말을 믿지 못하겠다. 그러고 보면 '끝까지 도달한 도의 그 경지'와 '그 경지까지 도달하기 위한 사람의 공부'라는 것을 과연 둘로 나누어서 생각할 수가 있겠는가.[39]

37. 『中庸章句』 20章, : 誠者天之道 誠之者人之道

38. 『論語』, 「里仁」 : 吾道一以貫之

39. 『牧隱文藁』 卷10, 「仲至說」 : 孔氏弟子 月至日至 獨顔氏曾子 得其宗 求其所以能至

목은은 여기에서 공자의 인仁사상을 안자와 증자만이 그 종지를 얻어 인의 경지에 이르는 방법을 찾으며 공부하였다고 한다. 여기서 중요한 것은 "끝까지 도달한 도의 그 경지와 그 경지까지 도달하기 위한 사람의 공부라는 것을 과연 둘로 나누어서 생각할 수가 있겠는가."라 하여 끝까지 도달한 도의 그 경지와 그 경지까지 도달하기 위한 사람의 공부는 일관되어 있음을 나타내고 있다. 따라서 끝까지 도달한 도의 경지에 이르는 공부는 성誠공부를 통해서 가능한 것이다.

> 성誠이라는 것은 본디 천도로서 논하는 것이니, '아 천명이여 아 그윽하여 끊임이 없다.'라는 것은 오직 성을 강조하고 남음이 없다. 천도의 유행은 예로부터 지금까지 조금도 어긋남이 없고 이처럼, 더위가 가면 추위가 오고, 해가 지면 달이 뜨며, 봄에 생겨나면 여름에 성장하고, 가을에 시들어지면 겨울에 저장하는 것이, 원형이정元亨利貞이 끊임없이 순환하여 영원히 항상 이와 같으니, 이는 모두 진실된 도리가 주재하는 것이다.[40]

여기서 보는 바와 같이 진실한 도리인 성誠이 바로 천명이요, 천도인 것이다. 천도의 유행은 끊임없이 순환하여 영원히 항상 하는 것이다. 사물의 본체가 결코 하나도 빠트림이 없고 남김없이 있는 경지가 바로 성이다. 고명高明을 다하여 빠뜨릴 수 없는 경지가 자연히 드러나서 감출 수 없는 점이 있게 되는 것이다.

'순은 어떤 사람이며 나는 어떤 사람인가.'라는 말도 있고 보면, 여기에 목

則喟然之嘆 一貫之唯 如在目前 雖日不至 吾不信也 然則所至之地 能至之功 果可二乎哉

40. 『性理大全』 卷1, 「太極圖說」, 112쪽 : 誠者 本就天道論'維天之命 於穆不已 只是一箇誠 天道流行 自古及今無一毫之妄 暑往則寒來 日往則月來 春生了便夏長 秋殺了便冬藏 元亨利貞 終始循環 萬古常如此 皆是真實道理為之主宰

표를 두고 위에서 모범을 취하기만 하면 될 뿐이요 결코 자포자기해서는 안 될 것이니, 백유는 더욱 힘써 노력해야 할 것이다. 도덕이든 문장이든 간에 하늘이 사람에게 내려주는 것을 어찌 아까워할 리가 있겠는가. 그래서 '하늘이 명한 것을 성이라 하고, 그 성을 따르는 것을 도라고 한다.'고 말한 것이니, 백유는 명明과 성誠의 가르침에 대해서 소홀이 하지를 말기를 바란다. 그렇게 하면 체물의 본체가 되어 결코 빠뜨릴 수 없는 경지가 자연히 드러나서 감출 수 없는 점이 있게 될 것이니, 무용無用이니 유용有用이니 하는 말을 거론하고 말 것이 뭐가 있겠는가.[41]

여기서 말하는 명明과 성誠의 가르침은 『중용장구』 21장에서 "(하늘의 참됨)정성스러움으로 말미암아 밝아지는 것을 성性이라 하고, 밝음으로 말미암아 정성스러워짐을 회복하는 것을 교하고 하니, 정성스러우면 밝아지고 밝아지면 정성스러워지는 것이다."고 말한다. 정성스러우면 저절로 모든 것을 알게 되어 성을 충실히 따를 수 있게 된다. 하늘과 땅 사이에 가득 찬 것이 사물인데, 눈에 보이지 않고 귀에 들리지도 않지만, 모든 변화를 주도하는 귀신의 작용이 사물의 본체가 되어 빠뜨릴 수 없는 것이다. 이것이 덕의 성대함이니 쓸모 있고 없고의 문제는 아니라는 것이다.

이것을 하늘의 봄이라 하나니	是日天之春
만물이 싹트게 되는 바이다.	萬物所由萌
인심도 물욕에 가려졌다가도	人心敝於欲
선한 단서가 수시로 드러나는데	善端時露呈
이를 배양하는 것은 군자에 달렸으되	養之在君子
다름이 아니라 성誠을 세움이 우선이니	匪他先立誠

41. 『牧隱文藁』 卷5, 「樗亭記」 : 天命之謂性 率性之謂道 伯濡 無怠於明誠之敎, 則於體物不可遺之地 自有呈露 而不可掩者, 尙何無用有用之可言哉

예가 아닌 것을 부지런히 버려야만 勤勤去非禮
비로소 밝은 본성을 보게 되리라 始見本然明[42]

여기에서, 하늘의 봄이 만물을 싹트게 하는 것은 모든 물체가 각각의 삶을 최선으로 유지하는 것으로서 바로 천도인 성誠이라고 해석할 수 있다. 목은은 일상에서 수시로 드러나는 선단善端을 배양하는 것은 예가 아닌 행동을 버려야 한다고 말하고 있다. 『중용장구』 20장에서 "도가 미리 정해지면 궁하게 되지 않는다."고 말하니 바로 올바른 도를 지키기 위하여 미리미리 대비해 놓는 것이 바로 성誠인 것이다. 그것을 목은은 성誠을 세워야만 밝은 본성을 볼 수 있다고 말하는 것이다.

목은牧隱의 중화적中和的 실천實踐

목은의 철학적 사유구조는 모든 사상事象을 두 가지로 나누어보는 것이 아니라 하나로 융화시키는 중화사상과 중정의식이 근간을 이룬다. 또한 목은의 사상은 철학적 인간학이라고 말할 수 있다. 인간의 본성은 인간에 내재한 천성이라고 하여 인간의 본심이 바로 천지의 중심이라고 보는 것이다.

천지나 만물이나 그 체體로 말하면 동일하다고 할 것이니, 이렇게 본다면 조그마한 사람의 몸 하나 속에도 천지와 만물이 모두 갖추어져 있다고 해야 할 것이다. 따라서 그 몸을 닦되 뜻을 먼저 확고하게 견지하고, 뜻을 확고하게 견지하되 그 기운을 잘 길러서, 불식不息과 불이不已의 경지에 이르도록 순치馴致시킨다면, 이른바 조그마한 사람의 몸 하나가 위로는

42. 『牧隱詩藁』 권27, 「冬至豆粥」.

하늘과 짝이 되고 아래로는 땅과 짝이 되어 함께 유행流行하게 될 것이니, 초목이나 금수와 더불어 순식간에 썩어 버리지 않고 백년 천년 뒤에까지도 그 빛을 드리우게 될 것이다. 이처럼 초목이나 금수와 더불어 순식간에 썩어 버리지 않고 백년 천년 뒤에까지도 그 빛을 드리울 수 있는 것은, 바로 그 몸의 호연지기가 우주 사이에 웅혼하게 가득 들어찼기 때문이라고 하겠다.[43]

목은은 천지나 만물이나 체로 본다면 동일한 것이니, 사람의 일신 속에도 천지와 만물이 구비되어 있다고 말한다. 내 몸을 수양함에 먼저 그 뜻을 확고하게 견지하여 기운을 자포자기 없이 순치시키면, 호연지기浩然之氣가 가득 차 있게 된다는 것이다. 기운을 제대로 잘 기른다는 것은 맹자가 말하기를 뜻은 기운의 통수자요, 기운은 몸을 채워주는 것이다. 따라서 뜻이 우선이요, 기운이 그 다음이다. 그런 까닭에 뜻을 확고하게 견지하면서도 그 기운이 포악하게 되도록 자극하지 말라[44] 고 말한다. 먼저 뜻을 확고하게 견지하여, 이 기운을 불식不息과 불이不已의 경지에 이르도록 끊임없이 순치할 것 같으면 성인의 경지에 이른다는 것이다. 이러한 인간적 성숙은 앎의 문제만이 아니라, 인간이 어떻게 생명기운을 길러가야 하는가에 대한 삶의 문제인 것이다. 맹자가 호연지기浩然之氣를 설명하면서 "호연지기는 지극히 크고 지극히 강하니, 곧게 길러서 해침이 없게 하면, 하늘과 땅 사이에 가득 차게 된다."[45] 혹자가 목은에게 묻기를 "맹가 씨는 대大와 강剛과 직直을 가지고 해설하였는데,[46] 지금 그대는 강疆과 순純을

43. 『牧隱文稿』 卷10, 「浩然說贈鄭甫州別」 : 然天地也萬物也 同一體也 人之一身而天地萬物備 修其身 先持其志 持其志 氣斯可養 馴至於不息不已之地 則所謂眇然之身 上下與天地同流 已不與草木禽獸同腐於須臾之頃 而垂光於千百載之下者 卽浩然之氣充盈乎人寓者也

44. 『맹자』,「公孫丑上」: 夫志氣之師也 氣體之充也 夫志至焉 故曰持其志 無暴其氣.

45. 『맹자』,「公孫丑上」.

가지고 호연浩然을 풀이하고 있으니, 이는 어째서인가?"하기에, 목은이 대답하기를, "나는 그 뜻을 풀어 보려고 한 것이지 그 말을 해설하려고는 하지 않았다. 내가 공부하는 방식은 이와 같다."하였다.[47] 목은이 말하는 호연지기는 다음과 같다.

> 호연지기는 천지의 원초적인 기운으로서 만물의 근원적인 기운이다. 그래서 천지가 이로 인하여 제자리를 잡게 되는 것이며, 만물이 이로 인하여 제대로 육성되는 것이다. 이 기운이 하나로 합쳐진 것을 체體라 하고, 따라서 이 기운이 발휘되는 것을 용用이라 한다. 이 기운은 범위가 제한되어 있지도 않고, 틈새로 빠져 나가 줄어드는 법도 없으며, 기질의 후박厚薄·청탁淸濁이나 이하夷夏의 구분이 있다고 해서 차별하는 일도 없다.[48]

목은의 실천사상은 호연지기의 배양으로, 그의 수양론의 핵심은 양기설이다. 그 기운이란 의리가 안에 축적된 결과 나오는 것으로 '집의集義'라고 하는 것이다. 집의集義는 『맹자』에 나오는 말이다. 목은은 "불의를 보면 비분강개하는 군자인 것은 그의 자가 바로 호연이기 때문이라"[49]고 말하고 있다. 이는 군자가 되고자 한다면 호연지기를 잘 기르라는 뜻이다. 권근은 목은을 다음과 같이 평한다.

46. 『맹자』, 「公孫丑上」: 맹자가 호연지기를 묻는 질문에 대해서, 일단 말로 설명하기가 어렵다고 전제한 뒤에, 그 기의 속성은 지극히 크고 지극히 강한 데, 이것을 곧은 방향으로 길러서 해가 되는 것이 없게 하면 천지 사이에 가득 차게 된다.라고 말한다

47. 『牧隱文稿』 卷10, 「浩然說贈鄭甫州別」.

48. 『牧隱文稿』 卷10, 「浩然說贈鄭甫州別」: 然天地也萬物也 同一體也 人之一身而天地萬物備 修其身 先持其志 持其志 氣斯可養 馴至於不息不已之地 則所謂眇然之身 上下與天地同流 已不與草木禽獸同腐於須臾之頃 而垂光於千百載之下者 卽浩然之氣充盈乎人寓者也

49. 『牧隱文藁』 卷13, 「題浩然字說後」: 惟廣李氏 慷慨君子 字曰浩然

목은은 자질이 순수하고 기氣가 밝으며, 학문이 해박하고 이치가 밝아서, 속에 간직한 것은 지정至精한 이치에 묘합하였고, 배양한 것은 지대至大한 호연지기에 짝할 만하였다.[50]

한편 목은은 「자송사自訟辭」라는 시에서 자신을 반성하고 순일함을 견지하기 위해 반관反觀의식을 중시하고 있다.[51] 북송의 소옹邵雍은 이른바 '이물관물론以物觀物論'을 제시한다. 일명 반관이라 하는 이론은 소옹邵雍이 제창한 수양방법으로 주관에 집착하지 않고 사물을 객관적으로 관찰하는 것을 이른다. 목은은 이러한 반관의식을 바탕으로, 사물을 관찰함이 또한 나 자신을 관찰함이라고 말하고 있다.[52] 이러한 인식은 그의 물아일체관物我一體觀과 만물일체관에 의한 것이며, 또한 원대유학 뿐만 아니라 송학의 정수를 종합하여 한국유학을 발전시키고 있음을 유추할 수 있다.

한편 목은은 "정미精微에 관한 16글자[53]는 분명하게 가슴 속에 들어 있다."[54]고 말한 것처럼 그의 사상적 기반은 중용에 두고 있는 것이다. 그는 중용이 공문에 전수되는 사유방법인 심법心法이라고 하는 정호程顥의 설에 충실 한다. 그것은 '사람으로 사람을 다스리는 법은 곧 순임금이 우임금에게 전수한 바'[55]이므로, 그는 실리로서 중리中理를 제시한다.

이른바 중화설中和說은 중中과 화和의 두 개념이 연이어 쓰이게 된 것은 『중용』에서 비로소 시작되었다. 중화 개념은 그 의의가 비교적 복잡하여

50. 『牧隱詩藁』 牧隱先生文集序, 權近

51. 『牧隱詩藁』 卷1, 「自訟辭」 … 豈予德之回譎兮 予則懷其純一也… 罔之生也是敵 胡反觀之不蚤兮…

52. 『牧隱詩藁』 卷9, 「對酒吟」 : 觀物亦觀我

53. 人心惟危 道心惟微 惟精惟一 允執厥中

54. 『牧隱詩藁』 卷7, 「讀書」 : 精微十六字 的的在胸憶.

55. 『牧隱詩藁』 卷6, 「雜詠」 : 以人理人耳 唐虞之所傳

우주론적 의의와 방법론적 의의, 그리고 윤리 도덕적 의의가 있다. 목은은 "한 덩이 화기和氣 밖에 다른 물건 없으니 중화中和를 빚어 만들어 작은 시에 넣으려다."[56]라고 말하여, 중화 개념의 세 가지 의의를 아우르는 융해로 제시했다. 그는 중화를 같으면서도 다르고 다르면서도 같은 화해의 의미로 풀이하고 있는 것이다.

모든 것이 변화하는 것은 자연의 운행에 따라 올바름을 구하고 있는 것이다. 그러므로 인간의 실천행위에서 올바름을 구하는 것은 바로 중화의 올바름을 통해 융해하는 것이라고 말할 수 있다. 인간이 만사에 응하는 것은 원리로서의 천도를 본받아 그 상황에 알맞게 행하는 시중時中 의식에 의해 변화하는 현실에 적응하는 것이다. 이러한 현상에 대한 감응은 지성至誠스럽게 화해함으로써 중절中節함이 가능한 것이다. 이와 같이 목은은 현실에 대해 강한 긍정성을 갖고 곡진하게 응한다면 중화를 이룰 수 있다[57]는 것이다. 인간이 실천할 수 있는 일은 바로 일상의 동정어묵動靜語默에서 중화를 이루어 행하는 것이다. 따라서 인간행위는 시비와 유무 등의 대립이 아닌 중도中道로써 이루어져야 하며, 그것은 중도中途에 폐廢하지 말아야 하는 것이다.[58]

일반적으로 인의예지仁義禮智는 천리踐履한 뒤에 이루어지는 것 아니라 실천하는 그 행위 속에 인의예지가 융해되어 있는 것이다. 목은은 사군事君하고 사친事親하는 이륜彛倫의 실천이나 자신을 단속하고 만사萬事에 응하는 행위 자체가 중화적 실천이라고 한다. 바로 도덕적인 덕목이 몸소 실천되는 천리踐履과정은 성경誠敬관념을 바탕으로 이루어져야 하는 것이 바로 중용적 융해의 실천인 것이다.

56. 『牧隱詩藁』 卷7, 「則事」 : 釀作中和入小詩

57. 『牧隱文藁』 卷3, 「澄泉軒記」 : 泛應曲當而爲中節之和

58. 『牧隱文藁』 卷9, 「送峯上人遊方序」 : 不中道廢

목은은 중화를 이루는 안빈낙도에 자신의 뜻[59]을 두고 있는 것이다. 그러나 마음이 물처럼 맑지 못하고 파도가 일어나 무슨 일이 생겨서 뭔가 부족해지는 것은 자신의 마음을 정정靜定공부로 단속하지 못해서 중화되지 않는다[60]는 것이다.

목은의 중화적 실천은 '군자' 라는 제목의 시편들을 통해 이해할 수 있다. 진사에 급제하여서는 소인이 되는 건 부끄러운 일이라 다만 군자가 되기를 기원했다고 술회하고 있다. 그 후 중국에 유학해서는 지난날의 뜻을 더욱 면려勉勵했지만 중간에 명리名利에 빠져서 세인世人들과 별 다르지 않게 군자의 도와 멀어졌음을 자탄하고 있다. 그는 군자와 소인의 구분을 오직 명리名利만을 추구하는지의 여부에 달려 있다고 말하고 있는 것이다.[61] 또한 군자의 즐거움이란 제가齊家에서 평천하에 이르기까지 굽어보나 우러러보아도 부끄러움이 없는 것이며, 효도하고 화목 하는 데 중화를 이루는 삶에서 오는 것이다.[62]

목은은, 군자가 본래의 뜻을 잘 붙들어 굳게 지키는 것은 중화를 이룩하는 것이요, 그것은 다만 천명을 아는 것이다. 문장文章과 정사政事에 능한 재능을 가지고 단지 내 몸에 끼치는 성리聲利만 추구해서는 안 된다는 것이다. 군자는 군왕의 정치를 돕고 백성들에게 덕택을 입히는 것으로 그 뜻을 삼아야 한다는 것이다.[63] 또한 그는 군자가 귀하게 여기는 것은

59. 『牧隱文藁』 卷28, 「有感」: 安貧是吾志

60. 『牧隱詩藁』 卷28, 「有感」 安貧是吾志 自請淸如水 遇事物不及 還如浪波起 乃知守不約 所以致如此 靜定妄施工 驅馳不知止 老病猶未歸 栖栖復何俟 自責復自恕 爲名非爲利

61. 『牧隱詩藁』 卷23, 「我昔」 : 我昔歲辛巳 行年十又四 立成百字詩 僥倖取進士 已恥爲小人 祇願爲君子 及游學中華 益勵前日志 中爲名利蝕 中爲名利蝕 與世無人異 頹摧去道遠 自歎何日已 抑戒儻不擧 甘心穢靑史

62. 『牧隱詩藁』 卷15, 「君子有三樂」 : 君子有三樂 自家及天下 俯仰旣無歉 保此神明舍 愧怍無從生 聲名遍夷夏

63. 『牧隱詩藁』 卷7, 「君子秉素志三首」 중 三首 : 君子秉素志 祇與天爲徒 文章與政事 豈

화해和諧라고 전제한다. 화해란 남과 어울린다고 해서 그 마음이 남을 따라 하는 것이 아니라는 것이다. 군자가 중화를 이루는 것은 마치 금석金石의 여러 소리가 서로 다르나 조화를 잘 이루어 질서를 잃지 않으면, 소리가 분명하고도 잘 연속되어 지극히 순조로워 신명神明한 마음에 통하는 것과 같다는 것이다.[64] 따라서 중화의 참다운 뜻을 따라 세상살이를 거짓되지 않게 해야 한다는 것이다. 그는 군자의 마음은 마치 흐르는 물과 같아 순리대로 따를 뿐이요, 마치 산과 같아 후중厚重하여 옮겨가질 않는 법이라고 한다. 그런데도 소인은 동정動靜이 대부분 타당함을 잃어서 실제로 행할 때는 자취를 감추고, 그쳐야 할 때는 도리어 세속적인 것을 좇아 한다고 말하고, 자신을 소인에 비겨 자책하고 있다.[65]

이와 같이 목은은 군자가 소중하게 여기는 것은 중용적 화해이며, 이를 만사에 응하고 자신을 단속하는 지표로 삼아 일상에서 실천하여야 한다는 점을 강조하고 있다. 이러한 군자의 처세관의 실천적 기준은 정중의식正中意識인 것이다. 그는 공문심법의 진수로 중용사상을 파악하고 있으며 그 이론체계보다는 실천성을 중시하고 있다. 따라서 그의 정중의식은 실천적 경세관에서 체계를 수립하고 있다. 그는 세상을 경륜하는 실리實理는 중中이라고 말하고 있다. 이러한 정중의식은 『소학』을 중시하는 학풍[66]을 계승하여 인간의 심성心性을 수양하는 실천의식인 것이다. 그는 이러한 중화적 실천은 계신戒愼으로부터 시작한다고 말한다.[67] 이른바 군자

止寧吾軀

64. 『牧隱詩藁』 卷20, 「君子」 : 君子和爲貴 其心非殉人 金石衆音異 克諧無奪倫 皦如繹如也 至順通明神.

65. 『牧隱詩藁』 卷23, 「君子」 : 君子心如水 曲折隨所之 君子心如山 厚重無所移 嗟嗟我小人 動靜多失宜 可行輒屛跡 可居還趨時

66. 『魯齋遺書』 卷9, 「與子師可」 : 小學四書 吾敬信如神明 自汝孩提便令講習 望於此有得 他書雖不治無憾也

67. 『牧隱文稿』 卷10, 「伯中說」 : 是則事君事親 行已應物 中和而已 欲致中和 自戒愼始

가 중화中和를 이루는 것은 공구恐懼하고 계신戒愼하는 수양을 통하는 것이다. 중의 전체가 서면 천지가 제자리를 잡아, 화의 대용이 행해짐으로써 만물이 발육한다. 여기에 또 성인이 천지의 화육에 참여하여 찬조한 묘용 덕분에 덕성이 높아지고 인륜이 펼쳐지게 된 것이다. 그리하여 오륜五倫이 찬연히 빛나면서 환히 드러나게 되었다.[68] 목은은 집에서 효성을 바치고 나라에서 충성을 바치려면 장차 무엇을 근본으로 삼아야 합니까? 란 물음에 그는 중中이라 답한다.

> 어버이를 잘 모시는 것을 효라고 이름하고 그것을 임금에게 옮겨 적용하는 것을 충이라고 한다. 이름은 비록 다르다고 할지라도 이치는 하나라고 할 것이다. 이치가 하나라는 것은 곧 이른바 중中을 의미한다.[69]

충과 효는 물의 근원이 같은 것처럼 근원적인 이치로 근본은 하나이다. 그 이치는 중이다. 그 중은 부자간을 매개해주는 효 관념이요, 군과 신의 관계를 매개하는 충 관념이다.

> 도는 사물 바깥에 있는 어떤 공허한 것이 아니라 사실 사물과 떨어지지 않으니, 만약 사물에서 떨어지면 도라고 할 것이 없다. 예컨대 '군신유의君臣有義'에서, 의로움은 바로 도道이고 임금과 신하는 기器이다, 만약 의로움의 도리를 보려고 하면 반드시 임금과 신하에서 보아야지, 임금과 신하를 벗어난 바깥에 별도로 이른바 의로움이 있다고 할 수 없다. '부자

68. 『牧隱文藁』卷10,「伯中說贈李壯元別」: 夫人之生也 具建順五常之德 所謂性也 曷嘗有忠與孝哉 寂然不動 鑑空衡平 性之體也 其名曰中 感而遂通 雲行水流 性之用也 其名曰和 中之體立 則天地位 和之用行 則萬物育 聖人參贊之妙 德性尊 人倫叙 天叙天秩 粲然明白 曰忠曰孝曰中曰和 夫豈異致哉

69. 『牧隱文藁』卷10,「伯中說贈李壯元別」: 予曰 大哉問乎 中焉而已矣 善事父母 其名曰孝 移之於君 其名曰忠 名雖殊而理則一 理之一 則所謂中也 何也

유친父子有親'에서, 친함은 도이고 아버지와 자식은 기器인데, 만약 친함의 도리를 보려고 하면 반드시 아버지와 자식에서 보아야지, 아버지와 자식을 벗어난 바깥에 별도로 이른바 친함이 있다고 할 수 없다.[70]

친함의 도리를 보려고 하면 반드시 아버지와 자식에서 보아야지, 아버지와 자식을 벗어난 바깥에 별도로 이른바 친함이 없는 것이다.

효는 대개 천리본연이니, 아랫사람 무육撫育하는 인仁이나 윗사람 섬기는 충이 모두 여기서 나온다.[71]

목은은 효를 천리의 본연으로 파악하는 한편 인간의 차이가 생기는 것은 기질적인 물욕에 의하는 것이라 한다.

착한 마음은 본래부터 있는 것이다. 사람에게 현인賢人, 불초인不肖人, 지인智人, 우인愚人 등의 차이가 있는 것은 무슨 까닭인가. 기질이 앞에서 가리고 물욕이 뒤에서 구속하여 날마다 어두운 곳으로 치달려 막히고 병이 되어 버리면 다시 구해낼 약이 없게 될 것이다. 아아! 사람으로서 이러한 상황에 이른다면 슬픈 일이 아니겠는가. 어느 날 자기의 욕심을 극복하여 예禮로 돌아가고 보면 마치 맑은 바람이 일고 모든 어두운 것이 사라지는 것과 같이 마음속이 찬란하게 빛나고 밝아서 하늘과 땅의 이치를 다 살피고 신명神明에 통하게 될 것이다. 거슬러 올라 찾아보면 바로 요堯가 그 높은 덕을 잘 밝히어 그 빛이 온 천하에 퍼졌다는 것이다.[72]

70. 『性理大全』 卷1, 「太極圖說」 112~113쪽 : 道非是外事物有箇空虛底, 其實不離乎物; 若離物則無所謂道. 且如'君臣有義', 義底是道, 君臣是器; 若要看義底道理, 須就君臣上看; 不成脫了君臣之外, 別有所謂義. '父子有親', 親底是道, 父子是器; 若要看親底道理, 須就父子上看; 不成脫了父子之外別有所謂親

71. 『牧隱文藁』 卷1, 「眞宗寺記」 : 孝蓋理本 撫下仁事上忠 皆於是乎出

공자는 사람의 본성은 비슷한데 습관에 따라 다양한 차이가 달라진다 하였다. 그러므로 목은은 착한 도덕능력은 누구나 가지고 있어 건강하였는데, 기질이 앞에서 가리고 물욕이 뒤에서 구속하여 병이 들었다는 것이다. 초기의 병이야 약으로 치료할 수 있지만 급기야는 약으로도 구할 수 없다는 것이다. 그러므로 천성을 보존하여 힘쓰고 힘써 자기의 욕을 극복하여 보편적 진리로 돌아가 극기복례克己復禮하면 마음이 환하고 밝아져, 물은 맑고 하늘이 빛남을 항상 간직할 것이다.[73]것이다. 그는 이어서 이러한 천성을 보존함은 천과 인의 입장에서 명명明命과 명덕明德으로 그 표현이 다르지만 실상 한 가지로 만나는 것으로 『중용』에서의 성誠이라는 관념을 제시하고 있다.

아, 하늘에 있을 때에는 이것을 명명明命이라 하고, 사람에게 있을 때에는 이것을 명덕明德이라고 하니, 이것은 원래 별개의 것이 아니라고 할 것이다. 그럼에도 불구하고 하늘과 사람이 판연히 갈라져서 서로 떨어진 지가 오래되었으므로, 중니가 대개 이것을 슬프게 여긴 것이다. 그동안 도통道統이 실낱처럼 간신히 끊어지지 않고 전해 오다가, 다행히도 재전하면서 성손 자사子思가 나와 『중용』 한 권을 저술하였으니, 후세 사람들에게 바란 것이 지극했다. 대체로 생지生知의 소유자는 드물다. 따라서 곤고한 상황에 처해 아는 곤지困知와 배워서 아는 학지學知의 선비들에게는 오직 노력하고 실천하는 역행力行만이 실로 입도入道의 문門이 된다. 역행이란 단지 게으름을 부리지 않고 주야晝夜로 쉬지 않는 것이다. 그리하여 처음에는 나의 마음이 별빛처럼 어렴풋이 밝아지다가 마침내 일월과 더

72. 『牧隱文藁』 卷10, 「可明說」: 本然之善, 固在也, 而人有賢不肖智愚之相去也, 何哉, 氣質, 蔽之於前, 物欲, 拘之於後, 日趨於晦昧之地, 否塞沉痼, 不可救藥矣, 嗚呼, 人而至此, 可不悲哉, 一日, 克己復禮, 則如淸風與, 而群陰之消也, 方寸之間 粲然光明, 察乎天地, 通于神明矣, 泝而求之, 則堯之克明峻德, 光被四表者也,

73. 『牧隱詩藁』 卷15, 「君子有所思」.

> 불어 그 빛이 합치되는[74] 경지에 이르게 된다. 요 임금의 지극한 공이 빛나게 퍼지는 것도 여기에서 멀리 벗어나지 않을 것이다. 이것이 바로 준덕俊德을 능히 밝히는 큰 효과인 것이다.[75]

여기에서 그는 『중용』에서 말하고 있는 것처럼 인간의 성품에 대하여 혹 태어나면서 알고(생지生知), 혹 배워서 알며(학지學知), 혹 어렵게 안다(곤지困知)는 세 부류로 나누어 설명하고, 곤지와 학지는 오직 흘러가는 물과 같이 '불사주야不舍晝夜'[76]로 쉼 없이 학문에 매진하는 역행力行만이 덕을 밝힐 수 있다고 성誠을 말한다. 밝은 슬기로 지극히 공정한 마음으로 강건하게 사람의 도리에 힘쓰는 것이다. 그는 요 임금의 지극한 공이 빛나게 퍼지는 것도 여기에서 멀리 벗어나지 않을 것이라 하여 성인이 될 수 있다고 말하는 것이다.

목은은 천명을 밝히는 명명明命, 마음의 덕을 밝히는 명덕明德으로 명明을 공유하고 있다는 관점에서 천인이 다름이 없다는 것을 해석하고 있는 것이다. 그는 태극과 인극人極의 상관성을 지적하고, 그 이치로서 하나가 된다는 것은 바로 중中이라는 것이다. 여기서 그는 인성, 그 자체가 중이며 그 작용이 화라고 하여, 적연부동寂然不動한 본질과 감이수통感而遂通하는 작용이 하나를 이루는 치중화致中和를 말하고 있다. 따라서 중의 전체가 제대로 섬으로써 천지가 제자리를 잡고, 화의 대용이 제대로 행해짐으로써 만물이 육성되는 것이며, 성인이 천지의 화육에 참여하여 찬조한 묘

74. 『周易』(乾卦) 文言

75. 『牧隱文藁』卷10, 「可明說」: 嗚乎, 在天曰明命, 在人曰明德, 非二物也, 而天與人, 判而離也, 久矣, 仲尼, 蓋悲之, 道統之傳, 不絶如線, 幸而再傳, 有聖孫焉, 著爲一書, 所以望後人者, 至矣, 生知, 鮮矣, 困學之士, 惟力行一言, 實入道之門也, 力行之道, 孜孜屹屹, 不舍晝夜, 始也, 吾心也, 昭昭之明也, 終也, 吾心也, 與日月合其明, 則堯之放勳光被, 亦不能遠過於此, 其克明之人驗歟,

76. 『論語』子罕

용 덕분에 덕성이 높아지고 인륜이 펼쳐지는 것이다. 이와 같이 중화는 전체대용관계로서 두 갈래가 아니라는 것이다.

이상에서 목은은 군자의 처세란 중정의식을 바탕으로 실천할 것을 주장하고 있는 것이다.

이렇듯 목은은 자연과 인간이 일기一氣라는 일관된 관점에서, 인간의 생사生死 또한 구별하지 않는다.

> 생사는 무상한 것이다. 그러므로 오늘 존재한다고 해서 내일도 존재하리라 보장하기는 어렵다. 사람의 살고 죽는 문제는 가히 대사大事라고 할 만하다.[77]

목은은 죽고 사는 것은 천이니, 의당 천명을 따를 뿐이라고 하여, 죽음에 대하여서도 태연하게 대처하였다.[78] 그에게 있어서 사생은 오직 천명을 따르는 것이다. 그는 너무 늙어 달리 장성한 때가 아니거니, 천명을 알아 즐김을 무얼 다시 의심하랴[79]고 하여 '낙천지명樂天知命'을 말하고 있다.

한편 인간의 생사는 유교에서 중시하는 '입신안명立身安命'하는 문제라고 할 것이다. 이는 인간이 살아서는 입신을 하고 죽어서는 불후不朽하기를 바라는 것으로서, 인생의 가치를 중시하고 사회적 공헌을 강조하기 때문이다. 따라서 인생은 사는 동안 어떻게 살 것인가를 묻게 된다.

목은은, 덕을 세우는 것이 가장 높은 것이요, 그 다음은 공을 세우는 것이요, 또 그 다음은 훌륭한 말을 남기는 것이라고 한다. 이 세 가지는 아무리 오래되어도 없어지지 않으며 이것은 영원히 썩지 않는다고 말한다.[80]

77. 『牧隱文藁』 卷5, 「寶蓋山石台菴地藏殿記」 : 生死無常矣, 故曰今日雖存, 明亦難保, 人之生死, 可謂人事矣

78. 『牧隱詩稿』 卷1, 「牧隱先生李文靖公行狀」 : 死生天也 當順義命耳 處之自若也

79. 『牧隱詩稿』 卷7, 「遣興二首」 : 老人殊非少壯時 樂天知命復奚疑

이렇듯 자신의 삶을 온전히 하여 의리를 실천하는 것을 소중하게 여긴다. 목은은 난세에 처하는 도리를 『중용』과 『주역』으로부터 배웠다. 두 경전으로부터 얻은 것은 상황에 따라 최선을 이루어 내는 '시중時中'이라는 창조적 정의正義였고, 치우침이 없고 넘치고 모자람이 없으면서 최고의 시너지 효과를 거두어 내는 참여와 연대連帶요, 어울림이다. 이는 전통적 용어로는 중화의 논리이고 권도權道의 개념이다.[81] 그의 시중時中관념은 권도의 실행으로 드러난다.

고려 말 고려왕조를 수호하기 위해 충절을 다한 목은을 포함한 삼은三隱[82] 그들이 실천한 경상經常의 도는 각각 차이가 있다. 일반적으로 경상론經常論에서 상도常道와 권도權道에 관한 명확한 구분은 쉽지 아니하다. 목은은 상도를 원칙으로 하면서 현실적으로 부득이한 상황에서 도를 행하는 권도를 말하고 있다. 그는 상도와 권도의 구분을 중中과 화和 그리고 권權 등의 세 단계로 나누고 있다. 다음에서 그 실천한 인물을 나열하여 세 관념의 정도를 구분해 주고 있다.

> 순舜 임금이 천하를 가지고 어버이를 봉양한 그 효가 참으로 위대하니 이것은 바로 순 임금의 중中이요, 고수瞽叟가 살인을 했다면 업고서 도망쳤을 것이니 이것도 순 임금의 중이다. 주공이 성왕을 품에 안고서 주周 나라 왕실을 안정시킨 그 충이 참으로 지극하니, 이것은 바로 주공의 중이요, 관숙선管叔鮮과 채숙도蔡叔度의 유언비어로 동쪽에 3년 동안이나 머

80. 『牧隱詩藁』 卷25, 「有感一首示伯至廉使」 : 立德如登天 立功吾已衰 立言不足傳

81. 郭信煥, 「李穡의 學問觀과 君子論」, 中韓2005 牧隱 이색학술사상연토회 논문집.

82. 三隱에 관한 설은 목은 이색과 포은 정몽주, 도은 이숭인, 또한 목은, 포은, 冶隱 吉再를 말하는 두 가지 설이 있다. 후자는 계룡산 동학사의 삼은각에 삼은을 향사한데 연유한다. 그러나 河崙은 야은 대신 도은을 삼은이라 한다. (『東文選』 卷93, 「遁村先生雜識序」 참조) 목은은 「포은재기」와 「도은재기」에서 삼은을 논하고 있다. 또한 益齋 李齊賢과 목은을 二隱이라 하며, 목은, 포은, 도은을 삼은이라 한다. (『湖巖全集』, 文一平 참조)

물렀으니, 이것도 주공의 중이다. 화하기만 하고 중을 못한 이는 유하혜柳下惠 뿐이요. 중하기만 하고 권을 못한 이는 자막子莫일 따름이다.[83]

여기에 나오는 순 임금은 천자가 되어 천하를 가지고 어버이를 봉양했으니 중中을 실천한 것이며, 또한 순 임금은 그의 부친인 고수가 사람을 죽였다면 천자의 자리도 헌신짝처럼 버리고서 몰래 업고 도망쳤을 것이니,[84] 이것도 중의 실천이다. 성왕은 주나라의 두 번째 왕으로 무왕의 아들인데, 나이가 어렸으므로 숙부인 주공이 그를 도와서 나라를 안정시켰으니, 이것도 중의 실천이다. 관숙선管叔鮮과 채숙도蔡叔度는 주공을 모함하는 유언비어를 퍼뜨리며 반란을 일으켰으나 주공이 그들을 평정하였다.[85] 이것이 주공의 중이다. 그러나 유하혜柳下惠는 성스럽기는 하지만 화에 치우친 사람이다.[86] 자막子莫은 양주楊朱와 묵적墨翟의 중간을 잡았으니, 중간을 잡은 그것이 도에 가까운 듯하나, "중간을 잡되 임기응변을 하지 못한 그것은 하나를 고집한 것과 같다."[87] 따라서 무조건 화和하거나 청淸하거나가 아니라 오직 권도로 중을 잡아야 집대성할 수 있는 것이다.[88]

성학의 규모는 갖추어지고 聖學規模具
인륜의 시종이 온전하여라 人倫終始全
관통하는 덴 체와 용을 겸하고 貫穿兼體用

83. 『牧隱文稿』 卷10, 「伯中說贈李壯元別」

84. 『孟子』 盡心上.

85. 『詩經』 豳風 東山 註 周公東征已三年矣.

86. 『孟子』 萬章下 聖之和者

87. 『孟子』 盡心上. 子莫執中 執中爲近之 執中無權 猶執一也

88. 『牧隱詩稿』 卷7, 「書政堂記後尾」 : 柳下惠之和 伯夷乃是清 子莫却執中 然非權也明 聲利固酣夢 山林亦偏情 從容乃中道 然後集大成

변화하는 데는 경과 권이 있도다	開合有經權
쉬지 않는 것은 바다로 흐르는 강이요	不息江朝海
빠뜨림 없는 것은 하늘에 뜬 태양일세	無遺日照天
평상시 홀로 있을 때를 삼가야지	平居須愼獨
우리 도를 그 누구에게 전할거나	吾道是誰傳[89]

목은의 인생관은 변화하는 일상에서 언제나 상도常道인 경도와 권도를 헤아려 살피는 것이다. 중中을 안 연후에 권權을 할 수 있고, 권을 말미암은 연후에 중을 얻을 수 있다. 중이란 이치의 당연함이어서 과불급이 없는 것이다. 권이란 사리를 헤아려 그 당연함을 취하여 과불급이 없도록 하는 것이다.[90] 따라서 권이란 사리를 헤아려 그 당연함을 취하는 시중時中의 도라고 할 수 있다. 그러므로 상도와 권도는 모두 현실적 기반위에서 다루어져야 한다. 상도는 영원성을 갖는 원칙이므로 누구나 지킬 수 있지만, 권도는 한 때에 부득이한 상황에서 적용하는 것으로 자칫 잘못하면 도의 본질에서 벗어날 수 있으므로, 이러한 권도의 실행은 도를 체득한 사람이 아니면 올바로 실천하기가 어려운 것이다. 그러므로 원칙을 숙달한 사람이어야 올바른 권도의 실천이 가능하다는 것이다.[91] 시의時宜에 맞는 중도中道를 이루는 것이 의리의 실천이다. 현실상황에 따라 시의에 맞는 중도를 추구하는 것은 절대적 긍정으로만 추종하거나 또는 전면적 부정으로서 배척함이 없는 시중과 권도의 입장에서의 의행義行을 권하는 것이다.[92] 군자는 천하의 일에 있어서 오로지 주장함도 없으며, 그렇게 하지

89. 『牧隱詩藁』卷16, 「進講篤信好學守死善道八字」.

90. 『孟子』「离婁上」, : 男女授受不親禮也 條, 細注 : 北溪陳氏 又曰 知中然後能權 由權然後得中 中者理所當然 而無過不及者也 權者所以度事理 而取其當然 使無過不及者也

91. 오석원, 『한국 도학파의 의리사상』, 성균관대출판부, 2005, 166쪽.

92. 오석원, 『한국 도학파의 의리사상』, 성균관대출판부, 2005, 169쪽.

않는다는 것도 없어서 의리를 따를 뿐이다.[93] 바로 이러한 의미에서 목은은 시중으로, 현실상황에서 일의 형세를 헤아려 상도를 권도로 실천함으로써 자신을 바로 세운 것이다. 따라서 목은의 의리 실천은 상도常道와 권도權道의 총체적 통일이라고 말 할 수 있다.

유하혜는 화하기만 하였고	柳下惠之和
백이는 곧 청하기만 하였고	伯夷乃是清
자막은 집중하기는 했으나	子莫却執中
권도가 없었음은 분명하였네	然非權也明
성리는 본디 빠지기 쉽거니와	聲利固酣夢
산림 또한 정에 치우치게 되니	山林亦偏情
조용히 중도를 얻어야만	從容乃中道
집대성이 될 수 있으리라.	然後集大成
이단을 어찌 나무랄 것 있으랴	異端豈足責
절로 변화 못시킴이 개탄스럽네	永慨時靡爭[94]

여기에서 목은은 유하혜 백이 자막 등은 중화를 실천하였지만 권도가 없었음을 말하고, 조용히 시중時中을 실천하여 중도를 얻어야만 공자와 같이 집대성할 수 있다고 하였다. 목은은 권도에 의한 중용적 실천에 대하여 중화와 시중으로 해석하고 있는 것이다. 인륜의 시종과 체용이 겸해서 관통되어 있기 때문에 변화 속에는 경도와 권도가 같이 있는 것이다.

목은이 권도를 실천한 것은 그의 정사를 돌보는 일을 통하여 살필 수 있다. 그는 "지금 나라사이에 틈이 났으니, 가지 않으면 변명할 길이 없

93. 『論語』, 「里仁」 10 : 子曰 君子之於天下也 無適也 無莫也 義之與比

94. 『牧隱詩藁』 卷7, 「書政堂記後」.

다. 그러나 왕은 어려서 갈 수 없으니, 이는 노부老夫의 책임이다." 말하면서 즉시 북경에 갈 것을 자청했던 것이다. 또한 목은은 "신이 포의布衣로부터 재상의 지위에 이르렀으므로, 항상 죽음으로써 나라에 보답하려고 했었는데, 이제야 죽을 곳을 얻었으니, 설령 도중에 죽어 시신으로 국명國命을 전한다 하더라도, 진실로 천자에게 국명을 전달할 수만 있다면 비록 죽더라도 사는 것이나 마찬가지이다."하고, 북경에 입조入朝한다. 이에 명나라의 고高황제가 목은을 가상히 여겨 관례를 초월하여 하사하고 예우를 두터이 하여 보냈다[95]는 기사가 있다. 이와 같이 권도를 행하는 것은 시의時宜에 맞는 의리의 실천이다.

한편 이러한 목은의 의리 실천에 대하여 송시열은 다음과 같이 평가를 내리고 있다.

> 당시 목은이 명나라에 갔을 때 목은은 명의 황제를 3차, 4차 인견引見하고 조용한 시간을 가졌으니, 그 때 선생께서는 고려를 위하는 일이라면 마땅히 도모하지 않을 일이 없었을 것인데, 지금 역사에 나타나 있는 것을 보면 다만 친히 명나라에 가기를 청했다는 말 뿐이다.[96]

목은이 명나라에 입조하여 고황제가 목은을 가상히 여겨 관례를 초월하여 하사하고 예우를 두터이 받고, 황제를 3차, 4차 인견하고 조용한 시간을 가졌을 때 충분히 목은만의 사사로이 욕私慾을 챙기거나, 혹은 고려를 지키고자 하는 마음으로 이성계에게 불리한 일을 도모할 수도 있었을텐데, 그러하지 않았다는 것이다. 여기서 송시열의 진의는 알 수 없으나,

95. 李光靖撰,『牧隱先生年譜』, 述先錄, 回想社, 1987, 61세條 137쪽.

96.『國譯 稼亭集牧隱集』, 農耕出版社, 1980 附錄 宋時烈의「牧隱先生神道碑陰記」: 最是先生以戊辰自請朝京也 皇帝引見數四從容賜語則 其時先生所以爲麗朝計者宜無不至而今見於史者只請親朝一句而已

목은이 언제나 주워진 현실상황에서 일의 형세를 헤아려서 의리에 맞게 실천한 자임을 송시열은 아는 것이라 할 수 있다.

목은 나이 69세 되던 해 "죽고 사는 이치를 나는 의심치 않는다."[97]는 말을 마친 후 5월에 여강에 가서 피서하다 여주 청심루 아래의 연자탄에 이르러 배에서 세상을 떠난다. 목은이 말년에 많은 곤혹됨을 몸소 겪어야 하는 정치적 상황에서도 죽음을 두려워하지 않은 것은 사생이 천명에 달려 있다는 신념에 따른 것이다. 목은에게서는 죽고 사는 것은 인사가 미칠 수 있는 범위가 아닌 천명이기 때문에 묵묵히 인생수양의 도를 함양하는 데 힘썼다. 이를테면 끊임없이 자기 몸을 닦고 인仁·의義를 실천덕목으로 삼으면서 언제나 주어진 현실세계와 함께 함을 참된 것으로 알고 살았던 것이다.

목은은 65세 때에 이성계가 태조로 즉위하자, 목은을 꺼리던 자들이 누차 계략을 써서 기필코 사지死地에 빠뜨려 극형을 가하려고 하자, 목은은 "나는 평생에 망령된 말을 한 적이 없는데, 감히 무복誣服을 할 수 있겠는가. 비록 죽더라도 나는 바른 귀신이 될 것이다."[98]라고 말한다. 이와 같이 그는 천명을 알고 정중正中하는 태도를 굳게 견지하여 스스로를 바로 잡아 살아가는 것이다.

그는 맏아들이 살해당하고, 나머지 아들들도 유배를 당하는 슬픔을 겪으면서 그 심경을 다음과 같이 술회하고 있다.

소리 없이 울면 내 마음 번거롭고	無聲煩我心
소리 내어 울면 남의 귀에 들리고	有聲落人肄

97. 『牧隱詩藁』卷1, 「朝鮮牧隱先生李文靖公行狀」: 死生之理吾無疑矣

98. 李光靖撰, 『牧隱先生年譜』「朝鮮牧隱先生李文靖公行狀」, 述先錄, 回想社, 1987, 190쪽: 吾平生不妄語 敢誣腹乎 雖死吾爲直鬼也

이 두 일은 하나도 옳은 것이 없구나 兩思無一可
깊은 산속 들어 가 버리는 것만 못하다 不如走入深山裏
소리 높여 종일 운다고 擧聲終日哭
부자간의 정이 어찌 끝나버리겠는가 父子之情豈終極
애간장 끊어지고 눈은 메말라 腸寸斷眼長枯
상기 꿈에도 이러한 것 만날 수 없는 일 夢裏曾見此事無[99]

이와 같이 꿈에도 생각할 수 없는 일에 애간장 끊어질 듯하고 눈은 메말랐다. 그러나 그러한 역경 속에서도 자제할 수 있었던 것은 그의 중화적 인생관에 힘입은 것이다 하겠다.

이제 목은의 군도君道에 대한 견해와 공론에 대한 의식을 통하여 권도의 실천을 살펴보기로 한다.

조선조 태조가 목은의 부음을 전해 듣고 내린 교시 내용을 보면, 목은의 군도관君道觀과 공론公論에 대한 의지를 살필 수 있다. 태조는 목은에게 한산군을 봉해 주고, 직접 중문까지 나와 전송하며 예를 다하는 사이였다.[100]

> 군도는 반드시 노성老成한 이에게 도움을 받아야 하고 인정은 친구보다 더 친할 수 없는 것이다. 이는 고금이 마찬가지 이치이거늘 어찌 끝내 혹시라도 변함이 있겠는가. 오직 경은 기품이 맑고 밝으며 경술이 해박하고 고아하여, 진신縉紳들의 사표가 되고 국가의 시구蓍龜가 되었다.[101]

99. 大山 李光靖, 『牧隱 先生年譜』, 「有入山哭詩」, 165쪽, 『牧隱集』에는 없으나, 그의 후손의 家門에 전해 내려오는 시다. 牧隱의 3000여수의 시가 조선조 초기에 逸失되어 버렸으니, 이 시는 아마 조선조 건국과 유관한 시였기에 망실 되어 버린 것이 아닌가 추측된다.

100. 太祖 李成桂가 가을에 關東지방을 유람하다가 五臺山에 들어가서 머물러 있다가 사자를 보내서 불러 맞이하여 牧隱을 다시 韓山君에 봉하였다. 牧隱이 왕을 만나고 물러나오자, 왕이 中門까지 나와 전송하면서 친구간의 예로 대접하였다는 기록이 있다.

여기에서 태조는 목은에 대해 기품이 맑고 밝으며 경술이 해박하고 고아하여, 진신縉紳들의 사표가 되고 국가의 시구蓍龜가 되었다고 칭송하고 있다. 그가 군도는 노성老成한 이에게 도움을 받아야 한다고 말하는 것은 목은이 주어진 현실의 문제를 실행함에 중화로써 실천하는 것을 말하는 것이다. 또한, 정의情誼로는 옛 친구로 아주 친하다고 하며, 이러한 일은 옛날이나 지금이나 똑 같으니 어찌 처음부터 끝까지 혹여 변함이 있겠는가 라고 말한다. 여기서 옛날이나 지금이나 한결같다고 말한 것도 우의를 중용의 융해적으로 맺어 왔음을 보여주고 있는 말이다. 이것은 태조와 목은의 정치적 견해가 일치하는 데에서 생기는 정의를 말하는 것이 아니다. 또 그 둘의 정의가 옛날이나 지금이나 같을 수는 없다. 전술한바 이미 자식을 둘이나 죽임을 당하고 옛날이나 지금이나 같은 정의를 나눌 일은 아니다. 그러나 목은이 한산군의 봉함을 받고, 왕의 전송을 받았다는 것. 이것이 바로 권도에 의한 시중적 실천인 것이다.

당당하게 장부가 조정반열에 서서　　堂堂丈夫立朝著
정사와 이론을 세움에 차례가 있어야 하리　　立政立言須有序
의리만 바루고 이끗을 안 꾀한다는 말을　　正義不謨利
옛날의 군자에게서 들었거니와　　聞諸古君子
어찌하여 재부를 가지고 계책을 삼아　　奈何財賦便爲策
관저의 아름다운 뜻을 구명하지 않는고　　不究關雎有美意[102]

이렇듯 목은은 조정 반열에 서서 정교를 세움은 차례가 있어야 함을 말하고, 다만 이록利祿을 취할 것이 아니라 의리를 내세워야 화기가 충만한

101. 『국역 牧隱集』 卷1, 「敎示卒特進輔國崇祿人夫韓山伯」 : 君道必資於老成 人情莫親於古舊 此古今之一致 豈終始之或渝 惟卿氣稟淸明 經術博雅 縉紳之師表 國家之蓍 龜

102. 『牧隱詩藁』 卷4, 「有感」.

교화가 이루어진다고 말한다.

모두 보게나 우리 추나라의	請看我趨國
일개 전국시대 선비는	一箇戰國士
임금 얻어 정사하는 게 바로 진심이라	得君行政是眞心
감히 입을 열어 이 일을 말하지 않았네	不敢開口談此事
이끗 근원 한번 열리면 형세가 물 같아서	利源一開勢如水
만 리를 세차게 흘러 끝내 그치기 어렵다오	奔流萬里終難止
끝내 길에서 늙은 것 또한 천명이거늘	卒老于行亦天命
어찌 도를 폐하여 나의 뜻을 어길손가	豈可廢道違我志[103]

여기서는 맹자가 말하는 의리지변義利之辨으로 예를 들어, 올바른 정사를 베품은 의리를 실천하는데 있다고 강조하는 것이다.

간관의 이름으로 대부반열에 올랐으니	以諫爲名列大夫
아 뜻을 굳게 세워 요순시대를 본받아서	嗚呼立志追唐虞
한번 반대함에 인하여 또 찬성해야지	一吁一咈仍都兪
어이해 팔뚝 뽐내며 이의異議를 낸단 말인가	奈何攘臂吐異議
다만 염려된 건 후일에 역사를 더럽히어	祇恐他年穢青史
덮으려면 더 드러남을 내 부끄러워함이니	欲蓋彌彰吾益恥
반드시 은하수 끌어다가 허물을 씻으련다	滌愆須挽銀河水
이 본심이 처음부터 그러한 게 아니리오	不是本心初偶爾[104]

목은의 염려됨은 후일에 역사를 더럽히는 것이다. 허물을 덮으려면 오

103. 『牧隱詩藁』 卷4, 「有感」.

104. 『牧隱詩藁』 卷4, 「有感」.

히려 더 드러남을 부끄러워하여, 죽어서라도 은하수를 끌어다가 허물을 씻겠다는 것이다. 이러한 그는 요순시대를 본받아, 정론을 의론함에 있어서 역사에 길이 남을 수 있는 부끄러움이 없는 의리를 실천해야 한다고 말하고 있는 것이다.

이렇듯 천명을 두려워하며, 한평생을 살아간 목은의 일생을 두고, 후대의 여러 학자들은 상반된 평가를 내리고 있다. 목은은 고려 사대부의 면모를 유지하지 못한다는 취지에서 비난 받는 후배들을 옹위하고, 조선조 건국에 적극적으로 가담하지 않는다는 이유로 그의 제자인 정도전으로부터 많은 비난을 받고 있음을 알 수 있다.

정도전이 목은에 대한 규탄은 당연히 목은 일파의 제거가 주목적이기에 다음과 같은 이유를 문제 삼는다. 정도전이 이성계가 우왕을 폐위시켰을 당시 목은이 여주로 가서 우왕을 배알하고 우왕을 맞아 드리자고 청하고 또 우왕의 아들 창昌을 마땅히 전왕의 아들로 세워야 한다고 주장했다는 사실이다. 창왕이 왕 씨족이 아니고 신돈의 아들임을 알면서도 왕으로 계승시켰다는 것이 주된 이유이다.

그러나 송시열은 이점에 대해서 목은의 무죄를 다음과 같이 변호하고 있다.

> 아아 공자가 말하기를 '나를 아는 자는 오직 『춘추』 뿐이요 나를 벌 줄 자는 오직 『춘추』 뿐이다.' 했는데, 내가 선생에 대해서는 이렇게 말 할 수 있겠다. … 역사를 상고하건대, 이고가 장단에서 선생(목은)을 국문하자 선생이 두 손을 마주잡고 경의를 표하면서 말하기를, 신창辛昌을 세우는 일은 내가 알 바가 아니라 했다 하고, 사람들에게 말하기를, '호치당(胡寅)은 원제元帝의 성인 우 씨牛氏이다. 그러나 동진東晋의 여러 신하들이 이를 그대로 두고 고치지 않은 것은 반드시 호갈胡羯(전노甸奴)이 상관해서 낳은 것이긴 하지만 만일 그대로 두어두지 않으면 어찌 인심들을 따르

> 게 할 수 가 있겠는가. 내가 신 씨辛氏에 대하여 감히 다른 의논을 하지 않은 것도 또한 이러한 뜻이다.' 라고 했다. 이 두 가지 일은 잘못 기록한 것 같다. 이는 당시의 임금을 돕던 여러 분들이 선생의 소중한 인격에 의지해서 신창辛昌을 폐하는 것이 바르다고 하는 것을 조작해 낸 것이 아닌가? 정말로 역사에 말한 대로라면 이는 바로 정도전이 한 일과 같은 것이니, 어찌 선생을 위한 말이 되겠는가? 맹자가 말하기를, '책을 다 믿는다면 책 없는 것 만 같지 못하다'고 하여, 옛날에도 그러했는데, 하물며 나라가 바뀌는 이 세상이야 말 할 것 있겠는가.[105]

여기 송시열의 「목은선생신도비음기」에서 주목할 수 있는 것은 목은에 대한 단죄는 춘추정신에 따라야 한다는 점이다. 이러한 역사적 상황을 목은의 입장에서 말하면, 인심에 따르는 본마음을 간직하여 쓰는 것이 바로 춘추정신이며, 책을 다 믿는다면 책 없는 것만 못하다는 사실적 서술이 중요한 것이다. 목은이 천명을 두려워하며, 한평생을 살아갔다는 것도 모두가 사실적 의리의 실천임을 알 수 있는 것이다. 참된 길이 무엇인가를 몸소 행하며, 죽음에 직면할 때마다 그 죽음과 함께 의리에 합하게 한 것이다.

목은은 정도전에게 세상 욕심을 버리고 천명을 알아야 한다고 말한다.

105. 『國譯稼亭集牧隱集附原文』, 1980, 農經出版社, 宋時烈의 「牧隱先生神道碑陰記」: 嗚呼 孔子曰知我者 其惟春秋乎 罪我者 其惟春秋乎 吾於先生亦云 (爾其後論 先生者接跡而起 故先生流離困欲無所不至 而國亦亡矣 先生旣沒 明朝陳學士璉撰其墓誌有言其所書多有不可書者故其神道之銘則本朝普山君河崙所作也噫彼旣不足以銘先生則又其可書而不書者無惑而至以先生係爲本朝之人則其誣甚矣河固不足言而權吉昌近撰先生行狀亦復如是史亦云麗亡入我朝何其罪先生者多而知先生者少也又)按史云李翱鞠先生于長湍先生拱曰立辛昌非某所知又云先生語人曰胡致堂以爲元帝姓牛而東晋群臣安而不革者必以胡羯交侵若不遇依舊業安能係屬人心某於辛氏不敢有異議者亦此意也此二者似涉曲筆豈當時佐命諸公欲藉先生重以成廢昌之爲正也歟信如史氏所言則直道傳之同浴爾何以爲先生哉孟子曰盡信書則不如無書在三古猶然況叔季之時乎況革除之際乎

나는 유자로서 일찍이 천명을 알았고　　爲儒早知命
불교를 배워서 육신도 잊게 되었소　　學佛又忘身
도미원을 고개 돌려 바라보니　　回首都迷院
삼봉이 배웅해 주는듯하네　　三峯似送人
세상 욕심은 가을 터럭만큼 작고　　世利秋毫小
서로의 정분은 죽의 거죽보다 끈끈하다 하리　　交情粥面濃
가르침에 임해서 그 중이 어긋나고　　任敎中齟齬
강물은 백번 꺾여 흘러도 동을 향해 흐른다　　百折水流東[106]

여기에서 목은은 정도전과의 정분의 끈끈함은 변함이 없으나, 가르침에 임해서 그 중이 어긋나고 있음을 말하고, 진리란 물이 백번 꺾여 흘러도 동쪽을 향해 흐르는 것이라고 한다.

이러한 목은의 의리적 실천에 대하여 그의 사후 삼백년이 지난 후에 기록된 송시열의 목은에 대한 비판의 초점은 일반 사가들과는 전혀 달리 목은 입장에서 비판하고 있음에 주목한다.

송시열은 목은을 죄 주는 자는 많고 목은을 아는 자는 적음이 오히려 이태조에게 누가 되고 있다고 지적하여 말한다. 그는, "나는 고려사를 읽다가 정도전이 목은선생의 죄를 의론하는 데 이르러서는 일찍이 책을 덮고 길이 탄식하지 않을 수 없었다."[107]고 말하며, 목은이 최초로 3년상을 행하고 승도僧徒와 교류가 있었으나 불교의 제도적 폐해를 말하고, 또한 정자 주자의 학문을 밝혔음에도 불구하고, 유독 불교에 아첨했다는 말을 가지고 후생들의 의심을 일으키고, 포은 정몽주의 아름다움만 오로지 내세웠다고 말한다.

106. 『牧隱詩藁』 卷35, 「咸昌吟」〈寄三峯〉.

107. 『國譯 稼亭集牧隱集』 附錄, 宋時烈 撰 「牧隱先生神道碑陰記」 農耕出版社, 1980

이와 같이 목은에 대한 역사적 기록의 잘못된 점을 우암 송시열은 지적하고 있는 것이다.

인간이 큰 나(대의)를 품으면 사는 것도 큰사람이 되는 것이다. 죽는 것도 대의니, 생각할 줄 알아서 생각하면 터득하여 인간이 실천해야 하는 도를 실천하는 것이다. 하륜河崙은 목은에 대해서 다음과 같이 평한다.

> 한산의 뛰어난 영재가 중국의 과거에 급제하였고 일찍 태학에 들어가 경학을 공부하여 연이어 을과에 급제하여 뒤이어 한림원에 들어가서 명성이 더욱 크게 알려졌다. 온 나라의 사범이 되었고 의리는 정하고 치밀하여 실로 경학을 전수하였다. 도가 그 몸에 축적되었기에 처사가 안온하고 자상했다. 덕과 연치가 함께 높아서 사명 받들고 중국에 가서는 천왕에게 예우를 받았고, 돌아와선 사직을 요청하니 진퇴를 다 바르게 했다. 오직 시기가 어려움이 많고 하늘의 뜻 또한 아득하여 진퇴양난의 처지에 빠지니 나라 사람들 마음 아파했다.[108]

또한 이첨李詹도 목은의 의리적 실천은 덕성의 깊이에서 나오는 것이라고 말한다.

> 문사는 덕이 밖으로 발현된 것이니, 화순함이 속에 쌓여 영화가 겉으로 발현되는 것은 참으로 가릴 수 없는 것이 있다. 문사는 정화와 더불어 유통하고, 체제는 세도에 따라서 오르내리며, 음절은 풍기를 인해서 변천하는 것이니, 진실로 삼광오악의 영령의 기를 타고나서 성명의 정미한 이치를 환히 깨닫고 사물의 무궁한 변천을 통달한다면, 그 웅심아건雄深

108. 『國譯稼亭集牧隱集附原文』, 1980, 農經出版社, 河崙의 「牧隱先生神道碑銘幷序晋山府院君」: 維韓之英 有翼稼亭 瓊琚厥辭 射策帝庭 於赫文靖 實維傳經 蚤入辟雍 大播其馨 聯中乙科 繼踵玉堂 厥鳴益大 國家之光 斂而東歸 師範一方 義理精微 上接程張 文辭高古 下視蘇黃 道積厥躬 處事安詳 德與齒尊 位冠巖廊…

> 雅健함과 요묘한 정화가 원기와 짝하여 조화와 동등해질 수 있을 것이니, 어찌 세상이 내려감에 따라 풍기가 변하는 것을 염려할 것이 있겠는가.[109]

위와 같이 하륜은 목은의 학문과 인격은 성명의 정미한 이치를 환히 깨닫고 사물의 무궁한 변천을 통달하여, 그 묘한 정화精華가 원기元氣와 짝하여 조화造化와 동등해질 수 있다고 평하는 것이다.

그러나 일반 사가들은 고려의 삼은三隱 중의 한 사람인 정몽주에 대해서는 충절로 숭앙되고, 길재吉再는 조선조 사림파 도학의 연원으로 보는 평가에 비하여, 오히려 목은에 대해서는 고려 말의 왕위 문제 등으로 폄하한다. 이러한 경향은 조선조에서는 목은 사상을 높이 평가할수록 태조에 대한 비방이 될 수 있다는 우려에서 올바른 평가가 나오지 않았던 것이다. 뿐만 아니라 목은에 대한 정도전의 비판은 정치적 의도에서 행해진 것이요, 목은의 학문과 의리 실천에 초점을 둔 것은 아닌 것이다.

109. 『牧隱詩藁』「牧隱先生文集序」(李詹) : 隨世道而乘除 音節因風氣而變遷 苟有稟光獄靈之氣 洞性命精微之理 達事物無窮之變 則其雄深雅健 要妙精華 可以配元氣而侔造化 何世降風變之足慮哉

맺음 글

조선조 성리학의 토착화

성리학의 기본적 체계는 형이상학적 존재론과 윤리학적인 수양론으로 나누어 볼 수 있다. 형이상학적 존재론은 가장 근원적인 원리를 탐구하는 것으로서 리기理氣 개념을 분석하는 것이다. 인간학의 수양론은 이론체계에 초점을 두는 것이 아니라 실천적 성격을 강조하는 특징이 있는 것이다. 이러한 존재와 수양의 두 가지 방면을 종합적으로 말한다면 철학적 인간학이라고 할 수 있다.

한국의 성리학은 창업과 수성守成의 두 단계로 말한다면, 고려후기의 정주학 수용은 창업단계에 해당되고, 조선조 초기로부터 전개되는 성리학은 수성의 단계로서 발전하는 것이라 할 것이다. 이러한 창업 시기가 되는 고려후기의 성리학의 집대성자는 바로 목은 이색이다. 그의 철학사상의 핵심은 형이상학적으로 천인이 무간無間하다는 기반 위에서 중화사상의 실천을 통한 철학적 인간학의 관점에서 파악했다.

목은은 한국고대로부터 전해오는 하나이면서 둘이며 둘이면서도 하나라는 이른바 "일이이一而二 이이일二而一"의 논리체계를 지니고 있는 대원일大圓一이라는 한 사상을 계승하고 있다. 그가 유불선을 회통하고 융화하는 차원에서 보면, 단군설화에 나오는 삼부三府사상과 같이 일중一中의 논리로 통합하고 있음을 알 수가 있다. 목은의 학문적 성장은 고려 사대부 출신의 선배들이 송원宋元의 정주학을 수용한 것을 계승하는 것에 의한다. 그는 당시 원나라 태학에 유학하여 원유元儒 가운데 정주학파들과의 교유를 통해 유학의 도학적 정수를 '성문심학聖門心學'이라고 체득하는 도통의식을 가지게 된다. 이러한 성문심학은 『중용장구』 서문에 나오는 공문에서의 도통적 심법을 보다 더 체계적으로 표현한 것이다. 요순으로부터 전해져 오는 유학의 진수는 '정일집중精一執中'을 근간으로 하는 중용사상이 그 핵심이다. 따라서 그의 철학사상은 중화적 실천을 강조하고 있는 점에서 송원유학의 도통을 계승한다고 할 것이다.

목은의 학술적 연원은 그의 부친 가정稼亭 이곡李穀의 가학家學을 계승한다. 이곡은 지방 향리 한산군리인 이자성李子成의 아들로 과거를 통해 중앙에 진출한 신진 사대부의 한사람이다. 한미한 가문 출신의 이곡은 1320(충숙 7)년에 등제하여 10년 동안 중앙에 발탁되지 못하다가 예문검열이 된다. 이후 정동성향시를 통해 원나라 제과制科에 급제하여 원의 관직을 제수받고 중앙의 요직인 한림국사원검열관이 된다. 『주역』에 밝은 이곡은 신진 사대부의 대표자로 고려와 원의 이중구조 체제 속에서 벼슬하고 정주학을 수용하여 이를 전하는 역할을 하였다. 따라서 목은의 학문 형성에 실천적인 방면이 더 뚜렷한 도학의 성격을 가지게 한다. 도학전은 송사에만 나온다. 이는 유학전과는 달리 바로 이론과 실천을 겸한 군자가 바로 도학자라는 것이다.

목은의 도통관은 송유들의 관점과는 다소 다르다. 그는 공자 · 한유 · 구양수 · 주돈이 · 정호, 정이 · 허형으로 도통이 이어짐을 밝히고 있어 송학의 도통관과는 달리 주희朱熹가 빠져있다. 원대의 허형을 한유나 정주程朱와 같은 계통으로 학맥을 파악할 정도로 원대 유학의 영향이 크다. 원대 유학은 바로 『소학』의 실천을 강조한 점에서 인생 수양의 지경持敬,

행의行義, 계신戒愼를 중시하여, 몸소 체험하는 이론을 제시하고 있는 것이다. 목은은 원나라 구양현에게서 훌륭한 평가를 받았다. 그는 원나라가 고려조에 원의 법제를 적용하라는 요구에, 고려는 고려대로의 전통과 습속이 있어 중국과 다르므로 강제성을 띄면 오히려 역효과를 낼 것이라고 하여 고려의 독립성을 고취하였다. 이러한 독자성을 유지한 가친 이곡, 최해 이제현등의 영향으로 그는 동인의식이 매우 강하였다.

목은에게는 이제현의 학문적 영향이 컸다. 이제현은 안향에 이어 성리학을 본격적으로 연구한 백이정의 문하에서 수학하였다. 목은은 불교는 자비와 희사喜捨를 근본으로 하는 도인데, 자비는 인仁의 일이며 희사는 의義의 일이라고 해석하는 이제현에게서 영향을 받아 불교의 도와 유교의 도가 근본적으로 다르지 않다고 인식한다. 그는 한편 이암에게서는 선교仙敎인식에 대한 영향을 받아 유불선 삼교의 회통과 원융을 도모하고 있는 것이다.

목은은 성균관을 중흥하여 대사성이 되어서 사대부의 사회적 진출을 도모하였다. 그 당시 사장학 공부나 경학연구 위주의 기송記誦하는 학문을 지양止揚하고 성리철학의 사유체계를 재생들에게 제시하여 교육했다. 그러한 공헌으로 많은 사대부 출신의 제자들을 배출하여, 하륜, 이첨李詹, 권근 등이 조선조 성리학의 정초를 마련하게 하였으며, 정몽주의 절의 정신은 『주자가례』의 보급에 따라 일반백성의 유교적 예속화에 크게 공헌한 것이다.

이와 같이 그는 유학을 고려 후기 사대부의 관학으로 정착시키고, 고려 유학의 철학적 인식을 토착화하는 중심인물이다.

중화설中和說은 유교에서 제창하는 학설로서 중과 화의 두 개념이 연이어 쓰이게 된 것은 『중용』에서 비로소 시작되었다. 중화 개념은 그 의의가 비교적 복잡하여 우주론적 의의와 방법론적 의의, 그리고 윤리 도덕적 의의가 있다. 이와 같이 목은이 인식하고 있는 중화에 대한 기본 개념도

방법론적 실천으로 해석한다.

목은의 중화 개념은 선과 후로 나누거나 둘로 보는 것이 아니다. 예를 들어 종이를 접었을 때 접혀 둘이 되며, 그 접혀진 가운데 지점은 하나가 둘이 되며, 둘이 하나가 되는 접전으로서, 바로 그러한 관념이 중의 개념이며 중화의 개념인 것이며, 그리고 이 중中을 꽃 한 송이와 그 꽃의 한 잎사귀가 하나인 것처럼 상등대相等對의 관계로 드러나는 융해적 표현이라고 할 것이다. 따라서 그는 중화를 같으면서도 다르고, 다르면서도 같은 화해의 의미를 시종일관 전개하고 있다. 이러한 개념은 우주론적으로는 천즉리天則理의 사고를 기초로 하고 있다. 그는 천지자연이 서로 이반하지 않음을 천지자연의 문文과 천지자연의 리理가 서로 분리되지 않는 예로 설명한다.

또한 그는 윤리 도덕적으로서의 중화 개념은 조리條理를 바르게 하는 정중正中의 의미로 설명하고 있다. "집중執中의 두어 마디 말은 곧 심법을 전한 거네."[1]라고 말하듯이 공문 심법의 핵심 주제를 집중에 두고, 정일精一은 실천적 방법론이라고 지적하는 것이다. "한 덩이 화기和氣 밖에 다른 물건 없으니 중화中和를 빚어 만들어 작은 시에 넣으련다."[2]라고 중화 개념의 세 가지 의의를 아우르는 화해로 제시한다.

목은은 리기론적 기반을 리理 주도적 세계관으로 일기一氣론의 체계를 제시하여 원리原理와 현상세계가 일원一源이 되는 것을 강조하고 있다. 목은은 천리와 인성을 동일한 것으로 파악하고 있다. 사람의 윤리와 물物의 법칙이 천리에서 나오고 그 전체가 곧 하늘이라고 생각했다. 따라서 천天이 곧 리理라는 논리에 따르면 인사人事도 천리 아님이 없음을 알게 된다. 무릇 성性은 인人과 물物에 있는 것이요, 그 소이연을 추구하여 말한다면 인에 있는 것도 성이고 물에 있는 것도 성이므로 동일한 성이요,

1. 『牧隱詩藁』 卷7, 「讀虞書」: 執中數語是傳心.

2. 『牧隱詩藁』 卷7, 「卽事」: 釀作中和入小詩

동일한 천이라고 말하고 있다.[3] 이와 같이 인물은 존재론적으로 근원적 차이가 없고 서로 연결되어 하나를 이룬다. 따라서 그의 형이상학적 관념은 천리에 근거를 두고 인성人性과 물성物性이 동일한 것으로 그 보편성을 강조하고 있는 것이다. 천리天理로 보면 나와 남이 없는 것이다. 태어나면서 남과 내가 있는 것이다. 인간의 본질 심층에는 너와 내가 통할 수 있으니 도에 들게 되는 것은 성의誠意에 있는 것이므로, 노력으로 이 성의의 문을 통과한다면 천하를 평치할 수 있는 경지에 이른다는 것이다.

목은의 철학적 기반으로서의 사유체계는 체용體用이 하나로 같은 근원이라는 관념과 현상과 본질이 무간無間하다는 관념을 기초로 삼고 있다. 구체적으로는 모든 이치가 만사만물을 통하여 드러나는 관계를 은미함과 현저顯著함이 무간한 것으로 말하고 있는 것이다. 리理는 물物을 통하여 드러나는 것이기 때문에 리理를 은隱하다고 말할 수 있다. 리理는 보이지 않는 것이요. 또한 보이지 않지만 작용을 멈추지 않기 때문에 사물의 본체가 되어 빠트릴 수가 없는 것이다. 그러므로 은隱의 성질을 가진 리理가 작용을 하면 그것이 바로 현顯이 되는 것이다.

사유와 존재의 관계 문제는 철학의 근본 문제이다. 이른바 천인의 분변分辨은 천과 인, 천도와 인도 혹은 자연과 인간과의 관계를 변론辯論하는 것이다. 천명과 인덕人德을 연계하여 정치, 종교, 윤리를 하나로 종합하기도 하는 주제이다. 인간이 천지만물과 일체가 되는 것이 마음이다. 다시 말하면 자연 속에서 인간을 보고 인간 속에서 자연을 보는 관점이 천인무간설天人無間說의 핵심이다.

그는 하늘에 있는 것을 명명明命이라 하고 사람에게 있는 것을 명덕明德이라고 말한다. 이것은 다른 것이 아니다. 하늘과 사람이 떨어져 분리되어서는 아니 된다는 것이다. 이는 천인 관계를 천도에 인도가 합일 된

3. 『牧隱文藁』 卷10, 「直說三篇」

다는 정주학의 '천인합일天人合一'사상과 달리, 인도가 천도와 접전으로서 다름이 없다는 것으로 인간 생명체 중심의 관점으로 전환되었다. 이러한 관점은 인간의 입장에 서서 하늘을 이해하고 있는 것으로 천인합일 사상과는 다르다고 할 것이다.

하늘의 명명明命과 사람의 명덕明德은 다른 것이 아닌데도 현상적으로는 분리되어 있기 때문에 다시 하늘과 사람이 일체가 되는 노력을 기울이지 않으면 안 된다는 것이다. 이것을 실천하려면 반드시 삼달덕三達德에서 시작해야 한다. 또 이 삼달덕[知仁用]은 천하에 두루 통하는 덕이니 이것을 실천하려면 반드시 한 가지에서 시작해야 하는데, 그것은 바로 성誠을 뜻한다. 성誠의 도란 하늘과 땅에 있어서는 양양하게 변하는 귀신의 덕이요, 성인聖人에 있어서는 하늘에 이르는 도이기 때문이다. 하늘의 본체는 태극에 바탕을 두고 만물에 흩어져서 맥락이 정제整齊하므로 그 밝음이 큰 것이다. 그러나 그러한 태극이 사람에게 허령불매虛靈不昧한 마음속에 있으므로 하늘과 조금도 다른 것이 없다는 것이다. 천天의 운행은 성誠으로 일관되므로 사람도 성실하게 실천하기만 하면 바로 하늘에서 타고난 본래성을 실현할 수 있어 해와 달과 함께 빛나고 천지와 그 덕을 합일하는 경지에 이른다는 것이다."[4]

가능한 목은이 살았던 고려 말의 사상적 풍토에서 목은의 심정으로 목은을 평가하려고 했다. 목은자신이 "나는 그 뜻을 풀어 보려고 한 것이지 그 말을 해설하려고는 하지 않았다. 내가 공부하는 방식은 이와 같다."[5]라고 말하는 것을 미루어 그의 학문태도 또한 기존의 개념을 중시하는 것이 아니라 그 실질의 의미를 중시하고 있음을 알 수 있다. 이른바 삼교융합을 혁파하는 조선조 유교, 특히 주자학적 유교의 체계화와는 다른 고려 사

4. 이기동 『동양삼국주자학』 성균관대학교출판부 2003년

5. 『牧隱文稿』 卷10, 「浩然說贈鄭甫州別」 : 予曰箋其義 不箋其語

상만의 진수를 목은에게서 찾아보는 일이 중요하다.

목은사상의 배경을 이루는 유학 사상의 연원을 살펴 그 사상을 낳은 시대적 요인과 불교 그리고 한국고유의 종교와의 관계를 중심으로 고찰하였다. 다시 말하면 목은의 핵심사상은 성리학을 묵시적으로 수용 계승하는 것이 아니라 유불도 삼교회통의 경향성이 강조되었다. 목은사상의 삼교회통은 최치원과 유사한 점이 많다. 최치원의 학문적 특성이 경사자집經史子集에 능통하였으며 유불도 삼교를 깊이 이해하고 회통하여, 여래如來와 주공周孔이 일규一揆로서 유・불이 겸하였던 것이다. 다만 불교가 사회적으로 끼치는 폐단을 지적하여 배불한 것이다. 한편 불교의 공적空寂은 유학의 정정靜定・계구戒懼와 개념적으로 상통하고, 유교의 덕화德化사상은 선교의 교화敎化로 설명한다.

목은의 선교사상은 동인의식에 의해 한국사상의 소양素養을 이해하려는데 그 뿌리를 두고 있다. 그러나 목은의 선교인식은 유유자적하는 자재自在로움의 생활을 영위할 수 있는 삶을 통하여 선인적인 기상을 중심으로 파악하였다. 그의 정신수양은 존심存心에 치중하였으며, 본성이 발현된 호연한 정신적 경지로 승화함에 있어 자연의 원기元氣와 교감하는 것이라 할 것이다.

정주학의 형성에도 도道・불佛의 영향을 간과할 수 없다. 중국 리학理學도 중국 전통사상의 소양을 흡수하기 위하여 유교의 수신, 양성養性과 도가의 좌망坐忘, 현학玄學의 소요逍遙 등은 사상적 재창조를 실현해 낸 결과이다. 송명이학宋明理學은 불교 선학 이론과 힐항頡頏하기 위하여 『주역』, 『대학』, 『중용』에서 유교 고유의 심성心性의 학을 발굴해 내고, 천인합일의 의의를 진성眞性과 지천知天의 논리로 체계화 하는 것이다. 수심양성修心養性의 수양론과 리기론 등의 용어가 북송시대의 유학자들이 불佛・노老를 출입하여 제시된 것이기도 한 것이다.

목은은 유교의 중화사상의 한 계념인 화동和同의식에 입각하여 불교의 중도中道의식과 선교의 일중一中의식, 그리고 도가의 융화融化의식이 회통할 수 있는 가능성을 제시해 준다. 목은에게서 중화의 실천은 윤리 도덕의 방법론적 실천이다. 그가 접한 유학이 또한 도학적 성격을 지닌 것이다. 유학에서 실천철학은 도학이다. 도학은 본래 인간의 윤리적 내면성을 밝히는 것이 본질이며, 인간의 도리를 다하는 인간학이다. 인륜을 인간답게 수양하여 실천하는 학문이다. 다시 말하면 도학자들은 자신의 내면의 성실성으로 '무자기毋自欺'하는 마음가짐과 수신의 대법으로 목은이 중시하는 『소학』에서 제시하고 있는 몸가짐을 아울러 중시하는 것이다. 학문의 진위眞僞보다는 실천의 성위誠僞를 문제 삼아 득도得道보다는 행도行道를 중시한다.[6]

목은은 수양실천의 방법으로 계구戒懼와 신독愼獨을 제시한다. 즉 마음속에 들어있는 사단과 욕심 중에서 사단을 확충하고 욕심을 제거하는 것이다. 말하자면 계구는 사단을 확충하는 것이 되고, 신독은 욕심이 생기지 않도록 하는 것이다. 사단을 확충하는 방법으로 제시된 것이 성誠을 실천하는 것이고, 욕심이 생기지 않도록 하는 방법으로 제시된 것이 마음을 경건하게 유지하는 것이다.[7] 목은은 성 공부와 경 공부를 통한 성인의 도를 실천함을 중시하고 있다. 그가 말하는 성誠관념은 수양을 통한 실천을 의미한다.

모든 것이 변화하는 것은 자연의 운행에 따라 올바름을 구하고 있는 것과 같이 인간의 실천 행위에서 올바름을 구하는 것은 바로 중화中和의 올바름을 통해 융해하는 것이라고 말할 수 있다. 따라서 목은은 군자가 소중하게 여기는 것은 중용적 화해이며, 이를 만사에 응하고 자신을 단속하는 지표로 삼아 일상에서 실천하여야 한다는 점을 강조하고 있는 것이다.

6. 서경요, 『한국유교지성론』, 성균관대출판부, 2003. 116쪽.

7. 이기동, 『李穡』 성균관대학교출판부, 2005, 116쪽

또한 중용은 관념이 아니라 실천방법의 이론이다. 이른바 중화를 이루는 것은 공구하고 계신하는 실천을 통하여 자신을 수양하는 것을 말한다. 따라서 신독하는 공부이며 경敬공부라고 하는 것이다. 그는 수양실천의 방법으로 중화의식中和意識을 강조하고 있는 것이다.

다시 말하면 목은은 유가도통을 계승하여 불가와 도가의 사상을 비판함과 아울러 융합한다. 그는 유가의 인륜의식을 원칙으로 삼아 도가와 불가의 사상적 자료와 사변적 방법을 흡수한 것이다. 따라서 그는 도의 개념과 성性의 개념을 천도, 성명性命 등으로 제시하여 우주와 인생의 근본문제를 토론함으로써 그의 철학체계를 수립한 것이다. 그는 자연과 인간이 하나가 되는 정중正中의 실천을 제시하고 바로 도학적 실천공부를 중시하며, 유유자적하는 삶을 살았던 것이다.

이러한 고찰을 통하여 목은의 철학사상은 체용일원적 사유체계에 기반을 두고, 인간을 심성의 수양을 통해 현실에서 유유자적할 수 있는

존재로 파악함으로써 유·불·선 3교를 아우르는 원융철학적 견해를 지니는 것이라 할 수 있다. 따라서 한국유학의 도학적 전통이 『소학』의 실천에 있고, 성학적 도통 계승은 공문 심법의 요체가 되는 『중용』에 있으며, 조선조 성리학이 인간이해를 위한 인성론으로 발전하는 기반을 이해할 수 있다. 목은 사상의 특징은 철학적 논리구조와 윤리적 실천체계를 하나의 범주 속에 총괄시키고 있다고 볼 수 있다.

목은 철학의 핵심은 인간학에 있다. 인간 중심의 인생 수양에 있어 중화사상의 융해적 실천에 있다고 할 것이다. 인성이 천리를 내포하고 있는 그 자신을 단속하고 세워나가 '안신입명安身立命'하는 것은 『소학』의 존양存養공부와 『대학』의 성경誠敬공부를 통해 중화적 실천이 중요한 것이다.

이와 같이 목은을 통하여 고려 후기 유학은 정주학을 바탕으로 중화사상에 관한 철학적 사유와 실천을 함께 강조하는 실천유학으로서 한국성리학의 정초가 된 것이다.

목은은 「함창음咸昌吟」에서 스스로 자신은 본디 트인 사람이라 이것저것이 없다[8]고 하듯 모든 종교를 근본에서는 같다고 보는 열린 마음의 소유자이다. 이렇듯 목은은 현실 안에서 비관도 낙관도 하지 않는 자연관으로 살았다. 이러한 점으로 인하여 고려 말 목은의 사상을 비판하는 사람들로 부터 "유종儒宗으로서 부처에 아첨하여 사람들의 심술을 무너뜨리고 풍속을 패란시켰다."는 말을 듣게 되었다. 외적 형식에 구애받는 사람들의 경솔한 이분법은 개체의 현상에만 집착하는 잘못을 저지르고 있는 것이다.

목은이 살았던 고려 후기는 중국과는 원말명초의 시기에 해당하며, 여말선초의 왕조 교체기이었다. 정치적으로는 다음과 같은 두 계층이 이해를 달리하여 상호 갈등하는 시기이다. 한 계층은 대토지 소유자인 호족豪族으로서 현 상태를 계속 유지하려는 세력이었고, 또 하나의 계층은 집권자에 속하면서도 토지겸병에 반대하며 급진적 개혁파를 반대하는 온화한 개량파이다. 목은은 후자의 계층으로 조선조에 와서 확립된 사대부의 계층에 해당된다. 따라서 사상적으로는 이론적인 바탕이 불교에서 정주학으로의 전환을 꾀하는 때이다. 이러한 시기에 목은 이전에는 안향, 백이정, 이제현이 주자학의 도입과 전파에 일정한 역할을 하였으나, 그것은 개별적인 사학에 의한 것이었을 뿐 국가적 규모에서의 발전은 목은에 의한 것이다. 그러므로 그의 유학사적 공로는 성균관의 중흥을 통하여 계왕개래繼往開來한 성과를 들 수가 있다. 학문적 분위기를 사장학詞章學보다는 정주학의 이론탐구에 단초를 열고 그의 문하에서 정도전, 권근과 하륜 등의 학자가 나온 것이다. 그는 또한 당시 척불론이 전개되는 상황에서 그 폐단을 개혁할 것을 건의하고, 이론적으로는 유불철학의 공통점 이해를 통하여 성리철학의 이론과 실천유학의 정초를 마련하는데 힘을 기울인 것이다. 그에게서는 성리학자로서의 뚜렷한 저서가 없다. 그러나 그의 「문록」

8. 『牧隱詩藁』 卷35, 「咸昌吟」: 我本通者無彼此

과「시록」에 산재해 있는 내용을 어느 정도 체계화한다면 조선 성리학의 특징을 말해주는 요소들을 파악할 수 있을 것이다. 구체적으로 말한다면, 천관, 태극론, 리기상관론 등의 이론의 시발점을 볼 수 있으며, 조선조 성리학의 실천적 구조로서 도학, 성학, 예학에 관한 논의의 시작을 열고 있다는 점이라 할 것이다. 그의 '천인무간'하다는 학설은 인간 중심의 인성론적 경향성을 갖게 되는 조선 성리학의 문제와 깊은 관련을 가진다.[9] 또한 왕조 교체기에 있어서 단군 숭상의 이념은 조선조 개국의 관학자에게, 불사이군不事二君의 절의정신은 도학자에게 많은 영향력을 끼친 것이다.

인간학의 수양론은 이론체계에 초점을 두는 것이 아니라 실천적 성격을 강조하는 특징이 있다. 고려 후기의 정주학 수용은 창업단계에 해당한다. 이러한 창업 시기에 성리학의 집대성자는 바로 목은이다. 그의 철학사상의 핵심은 형이상학적으로 천인이 무간하다는 기반 위에서 중화사상의 실천을 통한 철학적 인간학의 관점에서 파악한 것이다. 따라서 목은의 학문 형성에 실천적 도학의 성격을 가지고, 원대 유학의 실천성에 비중을 둔 영향이 크다. 원대 유학은 바로『소학』의 실천을 강조한 점에서 인생 수양의 지경持敬, 행의行義, 계신戒愼을 중시하여, 몸소 체험하는 이론을 제시하고 있는 것이다.

그는 수양실천의 방법으로『중용』에서의 계신戒愼 공구恐懼를 제시하고, 근거로서 중정中正의식과 정고貞固의식과 반관反觀의식을 강조하고 있는 것이다. 종합적으로 말하면 그는 자신을 객관화시키고자 노력하여 군자가 되려는 중정의식을 실천해낸 것이며, 본마음을 있는 그대로 현실에 드러내 보인 것이라고 하겠다. 이러한 목은의 중화의식은 군자다운 의리 실천을 통하여 철학적 인간학을 현실적으로 실현하는 점에 그 현대적 의의가 있는 것이다.

9. 이기동,「목은 이색」,『한국인물유학사』1, 참조. 한길사. 1996.

참고문헌

1. 經典類

『經書』(大學 · 論語 · 孟子 · 中庸), 성균관대 대동문화연구원, 1988.

『詩經』·『書經』·『易經』·『春秋』·『禮記』, 학민문화사.

『十三經注疏』, 中華書局, 1980.

『性理大全』, 보경문화사, 1984.

『韓國經學資料集成』 87 易經 1. 대동문화연구원 1996

『朱熹集』, 사천교육출판사, 1997.

『朱子語類』, 中華書局, 1983.

『北溪字義』, 中華書局, 1983.

『元史』.

『二程全書』.

2. 國內資料

『東文選』

『櫟翁稗說』

『東國文獻錄』.

『世宗實錄』.

『楞嚴經』.

『益齋亂藁』.

『淡庵逸集』.

『容軒集』.
『朝鮮金石總覽』上.
『國譯稼亭集牧隱集』, 農耕出版社, 1980.
『稼亭集 麟齋集』, 牧隱 연구회, 2000.
『牧隱集』, 牧隱 연구회, 2000.
『國譯牧隱集』, 민족추진위원회, 2002~2004.
『牧隱先生年譜』, 李光靖撰, 한산이씨대종회, 1985.
『陶隱集』·『三峰集』·『退溪集』, 민족문화추진회, 『韓國文集叢刊』.
『韓山文獻叢書』, 농경출판사, 1987.
『麗末忠義列傳』, 高麗崇義會, 1994.
『麗史辨誣錄』, 回想社, 1997.
『述先錄』, 回想社, 한산이씨대종회, 1987.
『高麗史』, 아세아문화사.
『慕先考集』, 三信寫眞製版社, 1982.
『國譯 三經淺見錄』, 청명문화재단, 1999.
『周易淺見錄』易說序, 書誌學報4, 1991.
『懶翁禪師의 生涯와 思想』, 牧隱 연구회, 2001.
『麗史 辨誣錄』, 回想社, 1997.
『東方思想論攷』, 柳承國博士華甲紀念論文集간행위원회, 1990.
『韓國史論文選集』高麗篇, 歷史學會篇, 一潮閣, 1995.
『韓國佛教全書 』, 동국대출판부, 1986.
『高麗末 朝鮮前期의 佛教文化와 會巖寺』, 경기도박물관.
『韓國佛教全書』, 동국대출판부, 1986.
『道教와 韓國思想』, 범양사, 1987.
『牧隱李穡先生의 生涯와 思想 論文集』, 牧隱 연구회, 2000.
『牧隱李穡先生 誕辰700週年紀念學術大會 發表論文集』, 牧隱 연구회, 1998.

『牧隱家의 學脈과 麟齋 李種學』, 성균관대 유교문화연구소, 2002.

3. 單行本

馮友蘭, 정인재 역『中國哲學史』, 형설출판사, 1989.

高亨, 김상섭 역주,『周易古經今注』, 1996.

高惠玲,『高麗後期 士大夫와 性理學 受容』, 一潮閣, 2001.

곽춘근,『太古史學과 高句麗 建國 秘事』, 천사연, 2004.

金基榮,『太極書論』, 三國出版社, 1999.

金忠烈,『高麗儒學史』, 고려대출판부, 1987.

金憲銓,『桓國正統史』, 三省出版社, 2000.

琴章泰,『儒教와 韓國思想』, 성균관대출판부, 1988.

柳承國,『韓國의 儒學』 세종대왕기념사업회, 1974.

無比 역주,『懶翁和尙語錄』, 민족사, 1996.

裵宗鎬,『韓國儒學史』, 연세대출판부, 1983.

徐坰遙,『한국유교지성론』, 성균관대출판부, 2003.

徐遠和,『程朱哲學의 뿌리를 찾아서』, 동과서, 2000.

申千湜,『牧隱李穡의 學問과 學脈』, 一潮閣, 1998.

吳錫源,『韓國 道學派의 義理思想』, 성균관대출판부, 2005.

尹絲淳,『韓國儒學 思想論』, 열음사, 1998.

李基東,『東洋三國의 朱子學』, 성균관대출판부, 2003.

______,『이색』, 성균관대출판부, 2005.

李熙德,『高麗儒教思想의 硏究』, 일조각, 1995.

李熙德.『고려유교정치사상의 연구』 일조각 1995

이병혁,『牧隱集』, 고려대 민족문화연구소, 1995.

李鍾益,『韓國華嚴思想硏究』, 동국대학교 불교문화연구원, 1986.

이철교,『大衆佛教』, 1997.

張東翼,『元代歷史資料集錄』, 서울대출판부, 1997.

______,『高句麗後期外交史研究』, 一潮閣, 1994.

______,『高麗文人의 交游』, 一潮閣, 1994.

정재철,『李穡 詩의 思想的 照明』, 집문당, 2002.

______,『牧隱의 佛敎性向 漢詩의 思想的 特質』, 동양학연구소, 1998.

蔡尙植,『高麗後期佛敎史研究』, 일조각, 1996.

최영성,『韓國儒學思想史』, 아세아문화사, 1994.

한영우,『禹倬先生의 思想과 易東書院의 역사』, 안동문화연구소, 1992.

한영우 · 이익주 · 윤경진 · 염정섭 공저,『杏村 李嵒의 생애와 사상』, 일지사, 2002.

洪潤植,『佛敎와 民俗』, 동국대학원 역경원, 1981.

勞思光,『中國哲學史(宋明篇)』, 탐구당, 1997.

마루티나도이힐러 저, 이훈상 역,『韓國社會의 儒敎的變換』, 대우학술총서, 2003.

닐도날드월시지음 조경숙옮김,『신과 나눈 이야기』, 아름드리, 2005.

4. 論文類

徐坰遙,「한국유학사상의 특성에 관한 연구」 성균관대 대학원 박사논문, 1980.

郭稹,「牧隱 李穡 詩에 대한 연구」, 성균관대 대학원 석사논문, 1982.

黃在國,「李穀文學研究」, 경희대 대학원 박사논문, 1984.

吳錫源「19세기한국도학파의 의리사상에 관한 연구」, 성균관대 대학원 박사논문, 1992,

李基東,「동아시아에서의 朱子學의 地域的 展開」 일본 쯔꾸바대 대학원, 박사논문, 1985.

金宗鎭,「鄭道傳 文學의 研究」, 고려대 대학원 박사논문, 1990.

______,「李穀의 對元意識」,『泰東古典研究』 창간호, 태동고전연구소 1984.

金時鄴,「高麗 後期 士大夫 문학의 성격」 성균관대 대학원 박사논문, 1989.

______, 「高麗 後期 士大夫 리얼리즘의 형성에 대하여」, 『성대문학』 제27 집, 1990.

______, 「牧隱의 君子意識과 民生 風俗詩」, 『牧隱李穡의 生涯와 思想』, 일조각, 1996.

柳廣眞, 「牧隱 李穡의 詩文學 研究」, 성신여대 대학원 박사논문, 1992.

呂運弼, 「李穡詩의 研究」, 서울대 대학원 박사논문, 1993.

朴熹, 「牧隱 李穡의 詩文學 연구」, 세종대 대학원 박사논문, 1994.

鄭載喆, 「牧隱 李穡 詩의 연구」, 고려대 대학원 박사논문, 1996.

柳浩珍, 「李穡 詩 연구」, 고려대 대학원 박사논문, 1999.

朴性奎, 「李奎報 漢詩의 研究」, 고려대 대학원 박사논문, 1982.

곽신환, 「牧隱 이색 군자론」, 「中韓(2005) 牧隱 李穡 學術思想研討會」.

金知見, 「雪岑의 華嚴과 禪의 世界」, 『柳承國博士華甲紀念論文集』, 1983.

金昌淑, 「禪苑淸規와 勅修百丈淸規의 亡僧條에 관한 考察」, 『韓國佛教學』.

朴性奎, 「陶隱 李崇仁論」, 『東洋學』 21집, 단국대 동양학연구소, 1991.

朴天圭, 「牧隱과 麗末漢文學」, 『東洋學』 9집, 단국대 동양학연구소, 1979.

孫洛範, 「李穡 研究」, 『國際大論文集』 3, 국제대 인문과학연구소, 1975.

宋載卲, 「禑王代의 牧隱詩」, 『牧隱 李穡의 生涯와 思想』, 일조각, 1996.

오승희, 「목은 이색의 선적취향의 한시에 대하여」 『비교문학』 9 · 10 한국비교문학회, 1985

柳承國, 「牧隱사상과 세계화시대」, 「中韓(2005) 牧隱 李穡 學術思想研討會」

柳仁熙, 「신유학의 발전과 유학적 각색」, 「中韓(2005) 牧隱 李穡 學術思想研討會」.

李東歡, 「退溪의 詩에 대하여」, 『退溪學報』 제19집, 퇴계학연구소, 1978.

______, 「高麗前期의 教育과文化」, 『韓國史』 17, 國史編纂委員會, 1995.

______, 「李穡에게 있어서의 道學의 文學的 闡發」, 중국인민대 동방문연구소/ 한국牧隱연구회 공동주최, 1997.

李炳赫, 「程朱學의 傳來와 麗末 漢文學」, 『한국문학논총』 5, 1982.

李佑成, 「高麗詩人에 있어서의 文明意識의 形成」, 『한국의 역사상』, 창작의 비평사, 1984.

_____, 「牧隱에게 있어서의 禑昌問題 및 田制問題」, 『牧隱 李穡의 生涯와 思想』, 일조각. 1996.

李鍾益, 「普照禪과 華嚴」, 『韓國華嚴思想硏究』, 동국대 불교문화연구원, 1986.

林熒澤, 「高麗末 文人知識層의 東人意識과 文明意識」, 『牧隱 李穡의 生涯와 思想』, 일조각, 1996.

崔柄憲, 「新羅下代 禪宗九山派의 成立」, 『韓國史硏究』 7, 1972.

崔英辰, 「高麗末期朝鮮初의 思想動向과 牧隱의 歷史價值」, 「中韓(2005) 牧隱 李穡 學術思想硏討會」

崔一凡, 「儒敎의 中庸思想과 佛敎의 中道思想에 관한 연구」, 성균관대 대학원 박사논문, 1990.

陳來, (中) 「牧隱理學思想 簡論」, 「中韓(2005) 牧隱 李穡 學術思想硏討會」.

陳戰國, (中) 「仁者之樂 – 牧隱의 정신경계」, 「中韓(2005) 牧隱 李穡 學術思想硏討會」.

胡軍, (中) 「李穡木隱“天地萬物一體”說 解讀」, 「中韓(2005) 牧隱 李穡學術思想硏討會」.

중문초록

关于牧隐李穡的思惟體系和其實踐之研究

朴镜深

本论文是关于高丽后期理性学大家 牧隐 李穡(1328～1396) 的思维体系和实践要谛的研究. 他以圣学心法领悟儒学精髓, 继往开来, 将个人的价值判断发展为哲学的人间学范畴. 通过和中国国子监学者的交流和教授, 进一步将道学发扬光大, 并在任成军馆大司成期间成功地把哲学思维引入高丽后期的儒学学风中, 从而奠定了程朱学作为东方理学的基础. 虽然他没有程朱学者那样具体独立的理气论修养论价值论等论著, 但是他却有着高丽时代儒学者中罕见的庞大个人文集, 这其中包括相当数量的记说类散文和道题诗性格的诗篇. 记说类虽然是关于周边人物的纪录, 但内容却无处不体现着他的哲学思维体系. 同时, 他的诗篇也不仅仅是"吟风弄月"的内容, 绝大多数都是他高明思维的载体. 因此, 本论文主要通过对其散文和韵文的整理, 进而明确其哲学思想.

在其父李穀(1298～1351) 和导师李齐贤(1287～1367) 的学术思想影响下, 李穡开始学习程朱学深奥的理论, 他开创了用圣门心学把握程朱学的先河, 进而奠定了韩国性理学的根基. 韩国性理学的特性可以理解为对继承了儒学思想精髓中“精一执中”心法的中和思想的展开和道学实践及圣学理论.

其哲学思维的基础并不是宋代儒学者主张的天人合一, 而是天人无间. 牧隐通过对『中庸』和『易经』的研究, 综合了宇宙论的天道观和关于人类存在的理论和实践, 从而提出了天人无间思想. 这天人合一思想有着很大的不同, 他认为人道和天道并无二致. 即, 他从道学的角度认识所有的生命体的本质, 讨论的是物我一体的境地. 这种天人关系的见解并不是以宇宙观为中心, 而是以人类为中心的人间学.

其学术体系受到了高丽前期儒学者和元代儒学者的众多影响. 宋元性理学自高丽安珦引入后在韩国获得了不断的发展. 牧隐年少时即进入高丽的崇文馆学习儒学, 后来在父亲李穀的帮助下进入元朝国子监, 从而获得了掌握程朱学真髓机遇, 也创造了发展韩国儒学的契机. 这些是他在获得了宋代士大夫阶层思想的启蒙和高丽士大夫出身学者的影响, 以及在同元代士大夫学者的交流中形成的. 牧隐思想的哲学基础是天理和人文的不离性 天理和人性的普遍性, 以及从体用同源和天人无间观点上进行的评议. 本文以这样的哲学命题为前提, 以人间修养为中心的实践学为主进行研究. 即, 从天人无间的天道人道不分的人间论观点对人间存在进行分析, 以物我一体和古今一理为主题对万物一体论进行评释, 进而以中和人生观为中心对中和的经世思想进行分析. 其思想的核心是圆融的会通意识. 他以儒释佛, 会通儒佛. 因此他对佛教的认识是从对“为人”的关注和理解而来. 他对三韩以来的神仙思想的认识来自于李嵒(1297~1364)的教授. 对仙教的认识也是他努力寻求悠悠自适的世界. 他对儒佛仙三教的圆融也融合了其中道观念. 其次, 本文着重分析对他如何实践道学和圣学的人生体验. 其道学思想的实践依存于中正意识, 展现日常行道状况, 因此对圣人之道的实践可以从以诚敬思想为中心的修养方面分析. 另外, 通过它的实践道德中对 『中庸』的诚思想的言论, 进一步讨论其融释中和思想的实践. 牧隐在韩国儒学史上的地位在于其接受程朱学, 并将哲学思维融会于儒学思想, 进而开了实践儒学的先河. 他重建高丽成均馆, 教授了众多的弟子. 他将程朱学理论化系统化地传授给成均馆弟子, 培育了一代儒学者. 其弟子中, 权近(1352~1409) 河仑(1347~1416) 郑道传(? ~1398) 等都是后来将朝鲜王朝建设成为儒教国家的理论和制度方面的奠基人物. 牧隐思想是体用一元化的思维体系, 通过人间心性修养进而达到人间存在在现实中悠悠自适的圆融的实践哲学. 因此, 他发扬光大了韩国儒学, 将程朱学发展为东方理学, 进而创立了韩国性理学的道学修养实践和圣学体系的基础.

찾아보기

ㄱ

ㅇ

ㅈ